호산 박문호
『칠서주상설』 연구번역총서 10

논어집주상설 10

호산 박문호 저

책임역주[주저자]: 신창호
전임역주: 김학목 · 윤원현 · 조기영
공동역주: 김언종 · 임헌규 · 허동현

박영story

이 저서는 2017년 대한민국 교육부와 한국연구재단의 지원을 받아 수행된 연구임
(NRF－2017S1A5B4056044)

연구번역자 서문

학문 연구의 토대를 다지는 작업은 지난하면서도 즐겁다. 동양학을 탐구하는 학자들이 상생상극(相生相剋)의 학문적 이치를 노정(路程)한다면, 학문 연구의 난제(難題)와 열락(悅樂)은 서로 스며들게 마련이기 때문이다. 공자가 유교를 집대성(集大成)한 이후, 주자의 주석(註釋)을 거치면서 전변(轉變)을 거쳐 온 유학은, 그 이론과 실천의 차원에서 엄청난 심사숙고를 요청한다. 우주자연과 인간 사회에 대한 근본, 그 알파와 오메가를 진지하고 투철하게 고려하도록 채찍질한다. 선현(先賢)들의 학문 활동을 돌아보건대, 상당수가 그러한 삶을 고민했음이 분명하다.

본 저술은 호산(壺山) 박문호(朴文鎬, 1846~1918)의 『칠서주상설(七書註詳說)』을 심도있게 연구하여 한글로 완역한 연구번역 성과이다. 『칠서주상설』은 말 그대로 '칠서(七書)'의 주석에 대해 자세하게 설명한 저술이다. <칠서주>는 회암(晦庵) 주희(朱熹, 1130~1200)의 『논어집주(論語集註)』, 『맹자집주(孟子集註)』, 『대학장구(大學章句)』, 『중용장구(中庸章句)』, 『시집전(詩集傳)』, 『서집전(書集傳)』, 『주역본의(周易本義)』를 가리키는 것으로, 유교의 핵심 경전인 사서삼경(四書三經)에 관한 주희(『서집전』의 경우는 채침(蔡沈, 1167~1230))의 주석을 말한다. 주지하다시피, 사서삼경과 그 주석은 조선 주자학의 뼈대를 이루는 중심 경전이다. 호산은 이 <칠서주>에 다시 상세하게 주석을 부가하여 조선 유교를 종합해내었다. 서구 근대 문명이 밀물처럼 밀려오던 19세기 중반에서 20세기 초반에 활동하면서도, 주자학의 정통 학문을 자신의 사명처럼 여기고, 유교의 핵심 경전을 집대성한 것이다.

호산은 『칠서주상설』을 편찬하면서, 자신이 연구한 나름의 소신을 저술의 편차(編次)에 반영하였다. 중국 송대의 사상가들을 비롯하여 주자학을 신봉하는 대부분의 학자들이 사서(四書)의 독서 순서를 『대학(大學)』으로 시작했던 것과 달리, 호산은 『칠서주상설』의 순서를 주석(註釋)의 명칭에 따라 『논어집주상설(論語集註詳說)』로부터 시작했다. 그것은 유학의 핵심 경전인 『논어』가 맨 앞에 자리해야 하는 당위성이기도 하다.

그렇게 하여 『칠서주상설』은 『논어집주상설』 20권, 『맹자집주상설』 14권, 『대학장구상설』 1권, 『중용장구상설』 1권, 『시집전상설』 18권, 『시서변설상설』 2권, 『주역본의상설』 12권, 『서집전상설』 14권, 『서서변설상설』 1권으로, 전체 83권에 이르는 방대한 저작이 되었다. 마치, 조선의 주자학을 마무리하듯이, 경전의 주석을 짜임새 있게 갖추었다. 사서삼경의 경문에 대한 중국 역대의 주석을 비롯하여, 조선시대 여러 학자들의 주석을 간단·명료하게 총망라하였다. 특히, 사서삼경에 대한 주자의 주해(註解)를 의리(義理)와 훈고(訓詁), 그리고 논리(論理)를 반영하는 등, 여러 측면에서 정밀하고 명확하게 분석하면서도, 사서삼경의 주요 텍스트인 <영락대전(永樂大全)>본의 오류를 바로잡은 엄밀한 주석서로 편찬해내었다.

주자 이후 중국의 주요 주석뿐 아니라, 퇴계(退溪), 율곡(栗谷), 사계(沙溪), 우암(尤庵), 남당(南塘), 농암(農巖) 등 조선 성리학을 대표하는 학자들의 학설과 호산 자신의 견해까지 담은 저술이기에, 주자학의 심오한 이해는 물론 조선 성리학의 맥락과 계보, 발전 양상을 포괄할 수 있는 학문성을 담보한다.

본 연구번역은 2017년도 한국연구재단의 토대연구 사업으로 시작되었다. 연구 기획을 할 무렵 연구진의 생각은 좀 단순했다. '『칠서주상설』이 조선 유교 경전 주석사의 대미를 장식하는 주요한 저작이므로 이를 번역하여 학계에 기여하면 좋겠다!'는 정도였다. 그러나 기획 단계에서 초역을 하고 연구계획서를 작성하면서, '토대'연구 사업에 어울리는 작업으로서 연구범위가 상당 부분 확장되었다. 분량도 그렇지만, 원문에는 없는 표점, 찾아보기 힘들게 되어 있는 원전의 구절과 문장의 정돈, 내용 가운데 보충 설명이 필요한 부분의 주석 등, 관련 전공자들의 수준 높은 연구를 곁들인 번역의 필요성이 요청되었다. 고민을 거듭한 결과, 연구 작업이 너무나 방대해졌다.

그러나 연구진들은 매월 2,000여 매(200자 원고지 기준)에 달하는 연구 번역에 온힘을 쏟아 부었다. 열정을 바친 만큼 원고는 계획대로 생산되었고 또한 다듬어졌다. 단행본 1권에 해당하는 분량이었다. 원본의 오탈자를 바로잡고, 표점을 찍고, 구절을 바르게 맞추고, 문장을 정렬하고, 관련 전거를 확인하는 등, 초역에서 교열·윤문, 그리고 출판에 이르기까지, 여러 과정을 반복했다. 정말이지, 연구번역이라는 학문의 토대 작업을 자임한, 고난의 행군이었다. 당초 계획대로 5년 동안의 연구기간에 『칠서주상설』을 마무리한다면, 매년 20,000여 매, 전체 100,000여 매의 원고가 성과물로 쌓일 것이다. 단행본으로는 약 50여 권이 될 것으로 예상된다.

어려우면서도 엄청난 작업이지만, 학문의 토대를 구축하는 데 기여할 수 있다는 자부심과 자긍심으로, 현재 2차년도 연구번역 작업이 마무리 단계에 와 있다. 분량이 많다 보니, 본 번역연구 성과물의 출간과 관련하여 고민하지 않을 수 없었다. 모든 작업이 끝나고 한꺼번에 출간하는 것은 다소 무리라는 판단이 들었다. 이에 매년 번역연구물이 산출되면, 다음년도 연구번역이 끝나기 전, 즉 1년 이내에 출간하는 것이 연구진이나 학계에 도움이 되겠다고 생각하였다.

이 책은 1차년도(2017년 9월~2018년 8월)의 결과물이다. 1차년도에는『논어집주상설』과『대학장구상설』을 연구번역하고 정본화 작업을 진행하였다. 책의 권수는 경전의 편제와 분량, 그리고 내용에 따라 나누어 조정하였는데, 17,000여 매에 달하는『논어집주상설』은 10권으로, 3,000매 가량인『대학장구상설』은 3권으로 출간하게 되었다.

무엇보다도 본 연구번역의 과정에 매진해준 연구진에게 큰 절을 올린다. '고맙다!'는 말 이외에 서로를 격려하고 용기를 북돋우며 동기부여할 수 있는 표현은 없는 것 같다. 전임연구교수로 연구번역에 힘써준 고려대학교 교육문제연구소의 김학목 박사님, 윤원현 박사님, 조기영 박사님의 초역은 본 연구의 밑거름이 되었다. 공동연구에 참여하신 고려대학교 김언종 명예교수님, 강남대학교 임헌규 교수님, 경희대학교 허동현 교수님은 각종 자문과 조언, 윤문과 교열 등을 맡아 고생해 주셨다. 이외에 연구보조원으로 참여한 한국외국어대의 서세영, 고려대의 우버들, 위민성, 장우재 등 대학원생들의 각종 보조가 도움이 컸다. 또한 자문에 응하여 충고를 아끼지 않으신 원로 한학자 중관(中觀) 최권흥 선생님을 비롯하여,『칠서주상설』의 가치와 중요성을 일깨워주신 일우(一愚) 이충구 선생님, 여기에서 일일이 거론하지는 못했지만, 본 연구와 관련하여 도움을 주신 여러 선생님들께 감사의 말씀을 전한다.

본 연구는 연구책임자를 비롯하여 자문에 이르기까지 우리 모두의 땀과 정성이 배어 있는 합작의 결실이다. 다시 한번 수고해주신 모든 분들에게 고마움과 감사의 인사를 건넨다. 그리고 본 연구번역을 원활하게 수행할 수 있도록 각종 편의를 제공해준 고려대학교 교육문제연구소와 행·재정적으로 지원해 준 한국연구재단, 고려대학교 산학단에도 감사드린다. 그런 지원이 없다면 본 사업은 쉽게 할 수 없는 학술 작업이다. 남은 연구기간에도 지속적인 관심을 부탁한다.

호산 박문호의 『칠서주상설』은 1921년에 발간되었다. 1918년 그의 사후 3년만이었다. 그 후 100년이 지났다. 1세기가 지난 2018년, 호산 선생 사후 100여 년 만에, 후학에 의해 본 『칠서주상설』이 연구번역되었다는 점에서 상당한 의미를 부여할 수도 있겠다. 여러 차원을 고려하여, 본 연구번역이 조선 유학을 집대성한 경전 주석서로서, 본 연구사업의 취지에 맞게 관련 학계의 연구 토대로 작용할 수 있기를 간절히 소망한다. 어떤 연구번역이건 완벽하려고 하지만, 한 점의 실수나 오류도 없이 완벽을 기하기란 쉽지 않다. 그만큼 완전한 연구번역은 어렵다. 본 연구번역도 최선을 다하려고 했지만, 미비한 부분이 있을 것이다. 오류가 있다면 많은 질정을 바라며, 잘못된 부분이 발견되면, 추후에 수정 보완할 수 있도록 노력할 것이다.

마지막으로, 심심한 감사를 표해야 할 분이 있다. 상당한 어려움을 감수하면서도 가치 있는 학술도서에 애정을 갖고 출판을 맡아준 박영스토리의 노현 대표님, 불철주야(不撤晝夜) 성심껏 원고를 꼼꼼하게 다듬어 편집해준 문선미 과장님을 비롯한 박영사 편집진에게 고마운 마음을 전한다.

2019. 6. 하지(夏至)절

연구책임자 신창호 씀

일러두기

1. 본서는 1921년 풍림정사(楓林精舍)에서 간행된 박문호의 『칠서주상설(七書註詳說)』(한국학중앙연구원 장서각 소장)을 저본으로 하였다. 아울러 아세아문화사(亞細亞文化社)에서 간행한 『호산전서(壺山全書)』 1~8(1987~1990)을 참고하였다.

2. 원전(原典)은 직역(直譯)을 원칙으로 하되, 필요한 경우에는 현대적 의미를 고려하여 의역(意譯)하며 풀이하였다. 원문은 번역문과 함께 제시하되, 원문을 앞에 번역문을 뒤에 배치하였다.

3. 역주(譯註)의 경우 각주로 처리하고 간단한 단어나 개념 설명의 경우 본문에서 그대로 병기하여 노출하였다(예 : 잡기(雜記 : 잡다하게 기록함)). 주석은 인용 출처 및 근거를 비롯한 관련 자료를 최대한 밝혀내어 제시하고, 관련 자료의 원문 내용과 번역문을 동시에 수록하는 것을 원칙으로 하였다. 자료의 성격과 독해상의 혼란을 고려하여 원문만을 그대로 노출하거나 내용이 중복되는 부분일지라도 편장이 달라질 경우 다시 수록하여 연구 토대 자료로서의 편리성을 도모하였다.

4. 원전의 원문은 칠서의 '경문(經文)', 주자의 주석인 '주주(朱註)', 박문호의 주석인 '상설(詳說)'로 구분하되, '경문－주주－상설'순으로 글자의 크기를 달리 하였다. 경문의 경우, 별도로 경문이라는 표시 없이 편장별로 번호를 붙였다(예 : 『논어』「선진」 1장 첫 구절은 「선진」이 『논어』의 11편이므로 [11－1－1]로 표시). 상설은 모든 구절에 ○를 붙여 의미를 분명하게 하였다.

5. 원문의 표점 및 정본화 작업은 연구번역 저본과 참고로 활용한 판본을 충분히 대조하여 정돈하였다. 『칠서주상설』 편제의 특성상, 혼란의 소지가 있는 부분은 글자를 추가하거나 삭제한 경우도 있으나 번역에서 원전 그대로 확인할 수 있도록 다시 전체 문장

을 제시하였다. 원문의 정본화 및 역주에서 경전(經傳; 『 』)이나 편명(篇名; 「 」), 구두(句讀; , ; .), 인용문(따옴표; “ ” ; ‘ ’), 강조점(따옴표; ‘ ’) 등을 구분하여 표시하였다.

6. 원전의 특성상, 경문의 바로 아래에 제시되어 있는 음운(音韻)이나 음가(音價)는 주자의 주석인 주주(朱註)로 처리하였다.

7. 원문이나 역주 가운데, 인명이나 개념어는 기본적으로 한글과 한문을 병기하되, 상황에 맞추어서 정돈하였다(예: ‘주자(朱子)’의 경우, 때로는 주희(朱熹)로 표기. 개념어는 원문을 그대로 노출하기도 하고 풀이하기도 하였는데, 도(道)의 경우, 도리(道理), 이치(理致), 방법(方法) 등으로 해석).

8. <참고문헌>과 인명 및 개념·용어 등은 최종 <별책 부록>으로 정돈한다.

차례

— 논어집주상설 총 목차 —

차례

— 논어집주상설 10 —

권18

논어집주상설

論語集註詳說

미자。微子 第十八

제18편

朱註

此篇, 多記聖賢之出處. 凡十一章.

이 편에서는 성인(聖人)과 현인(賢人)의 출처에 대한 기록이 많다. 모두 11장이다.

詳說

○ 孔子.

'성현(聖賢)'에서 '성인(聖人)'은 공자이다.

○ 三仁以下.

'성현(聖賢)'에서 '현인(賢人)'은 세 사람의 인자(仁者)[1] 이하이다.

1) 세 사람의 인자(仁者) : 미자(微子) · 기자(箕子) · 비간(比干)을 가리킨다.

[18-1-1]

微子去之, 箕子爲之奴, 比干諫而死.
미자(微子)는 떠나가고, 기자(箕子)는 종이 되고, 비간(比干)은 간(諫)하다가 죽었다.

詳說

○ 二之字, 不必泥其文勢.
두 번의 '지(之)'자는 굳이 그 문장의 흐름에 구애될 필요가 없다.

朱註

微箕, 二國名, 子, 爵也. 微子, 紂庶兄, 箕子比干, 紂諸父.
미(微)와 기(箕)는 두 나라 이름이고, 자(子)는 작위(爵位)이다. 미자(微子)는 주왕(紂王)의 서형(庶兄)이고, 기자(箕子)와 비간(比干)은 주왕의 제부(諸父)이다.

詳說

○ 意比干未及受封, 故『史』止稱王子. 『書』稱微子亦云王子.
아마도 비간은 아직 봉토를 받지 못했기 때문에 『사기(史記)』에서는 단지 왕자라고 하였다.[2] 『서경(書經)』에서는 미자도 왕자라고 하였다.[3]

○ 『大全』曰 : "伯叔父."[4]
'기자비간, 주제부(箕子比干, 紂諸父 : 기자(箕子)와 비간(比干)은 주왕의 제부(諸父)이다)'에 대해, 『논어집주대전』에서 말하였다. "백부와 숙부이다."

○ 訓畢.
훈고가 끝났다.

---

2) 『사기(史記)』에서는 단지 왕자라고 하였다 : 『사기(史記)』「송미자세가(宋微子世家)」에 "왕자 비간도 주왕의 친척이다.(王子比干者, 亦紂之親戚也.)"라는 말이 있다.

3) 『서경(書經)』에서는 미자도 왕자라고 하였다 : 『서경(書經)』「상서(商書)」<미자(微子)>에 "父師若曰, 王子, 天毒降災, 荒殷邦, 方興, 沈酗于酒(보사가 다음과 같이 말하였다. 왕자여! 하늘이 독하게 재앙을 내려 은나라를 황폐하게 하시는데, 막 일어나서 술에 빠져 주정하는구나)"라고 하였는데, 여기에서 왕자는 미자를 가리킨다.

4) 호광 편(胡廣 編), 『논어집주대전(論語集註大全)』「미자(微子)」에는 "伯叔父也."라고 되어 있다.

朱註

微子見紂無道去之，以存宗祀，
미자(微子)는 주왕(紂王)이 무도(無道)한 것을 보고 떠나가서 종사(宗祀)를 보존하였으며，

詳說

○ 亡去.
'무도거지(無道去之 : 무도(無道)한 것을 보고 떠나가서)'는 도망갔다는 말이다.

○ 周封於宋，以奉湯祀.
'이존종사(以存宗祀 : 종사(宗祀)를 보존하였으며)'는 주나라에서 송나라에 봉토를 주어 탕왕의 제사를 받들게 하였다는 뜻이다.

朱註

箕子比干，皆諫，紂殺比干，囚箕子以爲奴. 箕子因佯狂而受辱.
기자(箕子)와 비간(比干)은 모두 간(諫)했는데，주왕(紂王)이 비간을 죽이고 기자를 가두어 종으로 삼았다. 기자는 이로 인하여 미친 체하고 욕을 받았다.[5)]

詳說

○ 放以爲奴.
'수기자이위노(囚箕子以爲奴 : 기자를 가두어 종으로 삼았다)'는 추방해서 종으로 삼았다는 말이다.

○ 音羊.
'인양(因佯)'에서 '양(佯 : 거짓)'자는 음이 '양(羊 : 양)'이다.

---

5) 『주자어류(朱子語類)』 권48, 「논어30(論語三十)」, 1조목에는 다음과 같이 되어 있다. "물었다. '기자는 당시에 왜 거짓으로 미친 체 했습니까?' 주희가 말하였다. '그는 이미 갇혀서 노예가 되어 일반 사람이 될 수 없었기 때문에 거짓으로 미친 체 하여 욕을 받았던 것이다.' 또 물었다. '기자의 지위로는 오히려 간언할 수 있는데 생각해 보면 기꺼이 머무르고자 하지 않았던 것 같습니다. 이미 갇혀서 노예가 되었기 때문에 다시는 간언할 수 없었을 것입니다.' 주희가 말하였다. '이미 갇혀서 노예가 되었는데 어떻게 다시 간언할 수 있었겠는가?'(問 : '箕子當時，何必佯狂?' 曰 : '他已爲囚奴，做人不成了，故只得佯狂受辱.' 又問 : '若箕子地位尙可以諫，想亦未肯住在. 必是旣已爲囚奴，則不復可諫矣.' 曰 : '旣已爲囚奴，如何更可以諫!')"

○ 行奴事.

‘인양광이수욕(因佯狂而受辱)’에서 ‘수욕(受辱 : 욕을 받았다)’은 노예의 일을 하였다는 말이다.

○ 出『史記』「殷紀」.

‘기자인양광이수욕(箕子因佯狂而受辱 : 기자는 이로 인하여 미친 체하고 욕을 받았다)’는 『사기(史記)』「은본기」에 나온다.

○ 釋畢.

경문의 의미 풀이가 끝났다.

○ 朱子曰 : “『史記』先後事之實, 此以事之難易爲先後.”6)

주자(朱子 : 朱熹)가 말하였다. “『사기(史記)』에서는 일의 내용에 따라 선후로 하였고, 여기에서는 일의 어렵고 쉬움에 따라 선후로 하였다.”7)

---

6) 호광 편(胡廣 編), 『논어집주대전(論語集註大全)』「미자(微子)」.

7) 『사기(史記)』에서는 일의 내용에 따라 선후로 하였고, 여기에서는 일의 어렵고 쉬움에 따라 선후로 하였다 : 호광 편(胡廣 編), 『논어집주대전(論語集註大全)』「미자(微子)」에는 “어떤 이가 물었다. ‘살펴보건대, 「은본기」에서는 미자가 먼저 떠나고 비간이 간하다가 죽은 다음에 기자가 미친 체하며 노예가 되었다가 주왕에게 갇혔습니다.’ ‘미자는 제을의 원자로 선왕의 종사를 중요하게 여겨야 함에 의리상 빨리 떠나야 했고, 또 주왕에게는 간할 수 없음을 분별해서 알았기 때문에 마침내 떠났어도 불평할 필요가 없는 것입니다. 비간은 소사(少師)로 의리상 힘써 간해야 함에 간할 수 없음을 알았을지라도 그만둘 수 없었기 때문에 마침내 간하다가 죽어도 후회할 필요가 없는 것입니다. 기자는 비간이 죽는 것을 보고는 자신이 간할 수 없음을 알았으니, 또 다시 죽는 것으로 차마 위에 누를 끼칠 필요가 없는 것입니다. 미자가 떠나는 것을 보고는 자신이 굳이 떠날 필요가 없는 것을 알았으니, 또 다시 떠나는 것으로 임금을 등질 필요가 없는 것입니다. 그러므로 미친 체하며 노예가 되고도 치욕으로 여기지 않았습니다. 이런 점에서 세 사람의 인자(仁者)가 한 일은 처지를 바꾸어놓아도 모두 그렇게 했음을 알 수 있습니다. 간혹 기자는 하늘이 준 구주(九疇)를 전하지 못해 감히 죽지 못했다고 하는데, 그런 설명은 잘못된 것입니다. 그들을 함께 인자라고 한 것은 그들 모두 사욕이 없고 이치에 합당하기 때문입니다. 사욕이 없으므로 마음의 본체를 얻어 어김이 없고, 이치에 합당하므로 마음의 작용을 얻어 잘못됨이 없으니, 이 때문에 마음의 덕을 온전히 하여 함께 인자라고 한 것입니다. 『사기(史記)』에서 세 사람의 일이 공자가 여기에서 말한 선후와 같지 않은 것은, 『사기(史記)』에서 말한 것은 일의 내용이고, 여기에서는 일의 어렵고 쉬움으로 선후를 삼았기 때문입니다.’(或問 : ‘按「殷紀」, 微子先去, 比干乃諫而死, 然後箕子佯狂爲奴, 爲紂所囚.’ ‘蓋微子帝乙元子, 當以先王宗祀爲重, 義當早去, 又決知紂之不可諫也, 故遂去之, 而不以爲嫌. 比干少師, 義當力諫, 雖知其不可諫而不可已也, 故遂以諫死而不以爲悔. 箕子見比干之死, 則知己之不可諫, 且不忍復死以累其上也. 見微子之去, 則知己之不必去, 且不忍復去以背其君也. 故佯狂爲奴而不以爲辱. 此可見三仁之所爲, 易地皆然. 或以爲箕子天畀九疇未傳而不敢死, 則其爲說迂矣. 同謂之仁者, 以其皆無私

○ 按, 「宋世家」之先後, 又與此章同.

살펴보건대, 『사기(史記)』「송세가」의 선후는 또 이 장과 같다.

○ 雙峯饒氏曰 : "門人因孔子殷有三仁一句, 却記上三事爲提顯, 然當時所記, 必有次序. 竊意箕子先諫, 紂尙能容, 止囚奴而已, 比干繼之, 則忿甚殺之. 當以『論語』爲正."8)

쌍봉 요씨(雙峰饒氏 : 饒魯)가 말하였다. "제자들이 공자의 '은나라에 세 사람의 인자가 있었다.'라는 하나의 구절에 따라 또 위에 세 가지 일을 기록하여 제시했는데, 당시의 기록에는 반드시 순서가 있었다. 곰곰이 생각해 보면, 기자가 먼저 간함에 주왕이 오히려 용납할 수 있어 가두어놓고 노예로 삼았을 뿐이고, 비간이 계속함에는 분노가 심해져서 죽였던 것이다. 『논어(論語)』의 말을 바른 것으로 보아야 한다."9)

而各當理也. 無私, 故得心之體, 而無違, 當理, 故得心之用而不失, 此所以全心之德而同謂之仁歟. 史記三子之事, 與夫子此言先後不同者, 史所書者, 事之實, 此以事之難易爲先後耳.')"라고 되어 있다.

8) 호광 편(胡廣 編), 『논어집주대전(論語集註大全)』「미자(微子)」.

9) 제자들이 공자의 …… 『논어(論語)』의 말을 바른 것으로 보아야 한다 : 『논어집주대전』「미자(微子)」에는 "앞의 세 구절은 제자들이 공자의 '은나라에 세 사람의 인자가 있었다.'라는 하나의 구절에 따라 또 위에 세 가지 일을 기록하여 제시했는데, 당시의 기록에는 반드시 순서가 있었다. 기자가 아직 노예가 되지 않고 비간이 아직 죽지 않았을 때, 미자는 이미 떠날 마음이 있었으니, 『서경(書經)』에서 '우리 임금이 미친 짓을 하기에 우리나라의 원로들이 황야로 도망간다.'라고 하였다. 기자가 또 도망가려고 '왕자에게 떠나가는 것이 올바른 도리임을 알려준다. 왕자가 떠나가지 않으면 우리의 종사는 전복되고 무너질 것이다.'라고 하였다. 그렇다면 미자가 떠난 것이 앞임은 의심할 것이 없다. 그 다음 기자가 노예가 되고 비간이 죽은 것은 어느 것이 앞이고 어느 것이 뒤인지 모르겠다. 곰곰이 생각해 보면, 기자가 먼저 간함에 반드시 앞에 있었을 것이니, 이때는 주왕이 오히려 용납할 수 있어 가둬놓고 노예로 삼았을 뿐이고, 비간이 계속함에는 분노가 이미 심해졌기 때문에 죽었던 것이다. 세 사람의 행동은 비록 같지 않을지라도 모두 할 것이 있어서 한 것은 아니다. 어떤 이가 물었다. '『사기(史記)』「은본기」에 의거하면 기자가 노예로 된 것은 비간이 이미 죽은 다음이니, 순서가 여기와 같지 않습니다. 『논어(論語)』의 말을 바른 것으로 보아야 할 것 같습니다.' 또 답하였다. '『집주(集註)』의 '인을 구하여 인을 구하였다.'는 장에서 '천리의 바름에 합하고 인심의 편안함에 나아갔다.'라고 하였고, 여기에서는 '이치에 어긋나지 않았다.'라고 하였으니, 이것들에는 차등이 있는 것입니다. 합한다고 하고 나아간다고 한 것은 이치에 따라 말한 것이고, 어긋나지 않는다고 한 것은 어긋나는 것 같은데 사실 어긋나는 일이 없습니다. 게다가 미자는 주왕의 형이고, 기자와 비간은 주왕의 백부와 숙부로 모두 같은 성의 친척들이니, 이제 때로는 떠나고 때로는 노예로 되고 때로는 간하다가 죽는 것은 모두 사랑의 이치를 해치는 일 같지만 그 본심은 임금과 나라를 사랑하는 것으로 모두 지극한 정성과 가엽게 여기는 마음이 있는 것입니다. 그러므로 사랑의 이치에 어긋

○ 沙溪曰："『小學』箕子爲先，比干微子次之，先後又不同."

사계(沙溪 : 金長生)가 말하였다. "『소학』에는 기자가 앞이고 비간과 미자가 다음이니, 선후가 또 같지 않다."10)

[18-1-2]

孔子曰："殷有三仁焉."

공자가 말하였다. "은(殷)나라에 세 사람의 인자(仁者)가 있었다."

나지 않는다고 하였고, 『중용(中庸)』에서 순임금에 대해 '대덕은 반드시 그 이름을 얻었다.'라고 하면서 무왕에게는 '천하의 훌륭한 이름을 잃지 않았다.'라고만 하였습니다. 무왕이 주왕을 죽인 일은 이름을 잃은 것 같지만 사실은 잃지 않은 것이기 때문입니다.」'(前三句門人因孔子殷有三仁一句，却記上三事爲提頭，然當時所記，必有次序．當箕子未奴比干未死時，微子已有去志，書曰'我其發出狂，吾家耄遜于荒．' 箕子又勉其去曰，'詔王子出迪，王子弗出我乃顚隮．' 則微子之去在先無疑．其次箕子之奴比干之死，雖未知孰先孰後．竊意箕子之諫必在先，是時紂尙能容，止囚奴之而已，及比干繼之，則忿嫉已甚，故竟殺之．三人之行雖不同，皆非有所爲而爲之也．或問'據史記殷紀，以爲箕子之奴在比干既死之後，次序與此不同．疑當以論語爲正．' 又曰：'『集註』於伯夷叔齊'求仁得仁'章曰，'合乎天理之正，卽乎人心之安'，於此則云'不咈乎愛之理'，此處便有差等．蓋合字卽字是順說，不咈則似有所咈，而實無所咈，且如微子是紂之兄，箕子比干是紂之諸父，皆同姓之親，今或去或奴或諫死，皆似傷乎愛之理，然其本心只是愛君憂國，皆有至誠惻怛之意．故曰'不咈乎愛之理'，中庸稱舜曰大德，必得其名，至武王只說不失天下之顯名．蓋武王殺紂，似乎失名，其實不失.')"라고 되어 있다.

10) 『소학』에는 기자가 앞이고 비간과 미자가 다음이니, 선후가 또 같지 않다 : 『소학』「계고(稽古)」에 "기자는 주왕의 친척이다. …… 주왕이 방탕하니, 기자가 간하였는데, 주왕이 듣지 않고 옥에 가두었다. …… 왕자 비간도 주왕의 친척이다. 기자가 간함에 듣지 않고 노예로 삼는 것을 보고 '임금에게 허물이 있는데 죽음으로 간쟁하지 않으면 백성들은 무슨 죄란 말인가?'라고 하고는 주왕에게 직언으로 간하였다. …… 미자는 '부자 사이는 골육으로 묶여 있고, 군신 사이는 의리로 묶여 있기 때문에 아비에게 잘못이 있으면 자식이 세 번 간하고 듣지 않으면 소리 내어 울부짖고, 신하가 세 번 간해도 듣지 않으면 의리상으로 떠나도 된다.'라고 하고는 이때 마침내 떠나갔다.(箕子者，紂親戚也．…… 紂爲淫泆，箕子諫，紂不聽而囚之．…… 王子比干者，亦紂之親戚也．見箕子諫不聽而爲奴，則曰：'君有過而不以死爭，則百姓何辜，' 乃直言諫紂．…… 微子曰：'父子有骨肉，而臣主以義屬，故父有過，子三諫而不聽，則隨而號之，人臣三諫而不聽，則其義可以去矣'，於是遂行.)"라는 말이 있다.

朱註

三人之行, 不同, 而同出於至誠惻怛之意.

세 사람의 행동은 같지 않으나 똑같이 지극한 정성과 가엽게 여기는 마음에서 나왔다.

詳說

○ 去聲.

'삼인지행(三人之行)'에서 '행(行 : 행동)'자는 거성이다.

○ 當葛反

'측달지의(惻怛之意)'에서 '달(怛 : 슬픔)'은 '당(當)'과 '갈(葛)'의 반절(反切)이다.

○ 雲峰胡氏曰 : "至誠者, 仁之存, 惻怛者, 仁之發."[11]

'동출어지성측달지의(同出於至誠惻怛之意 : 똑같이 지극한 정성과 가엽게 여기는 마음에서 나왔다)'에 대해, 운봉 호씨(雲峯胡氏 : 胡炳文)가 말하였다. "지극한 정성은 인이 보존된 것이고, 가엽게 여기는 마음은 인이 드러난 것이다."[12]

朱註

故不咈乎愛之理, 而有以全其心之德也.

그러므로 사랑의 이치에 어긋나지 않아 마음의 덕(德)을 온전히 할 수 있었다.

---

11) 호광 편(胡廣 編), 『논어집주대전(論語集註大全)』「미자(微子)」.

12) 지극한 정성은 인이 보존된 것이고, 가엽게 여기는 마음은 인이 드러난 것이다 : 『논어집주대전』「미자(微子)」에는 "지극한 정성과 가엽게 여기는 마음은 모두 세 사람의 인자를 말한다. 임금을 사랑하고 나라를 걱정하는 일은 모두 하려고 해서 하는 것이 아니다. 한번 하려고 하는 것은 가엽게 여기는 마음이 있을지라도 지극한 정성에서 나온 것이 아니다. 지극한 정성은 인이 보존된 것이고, 가엽게 여기는 마음은 인이 드러난 것이다. 『논어집주(論語集註)』에서는 단지 '어긋나지 않는다.'라는 말로 했는데, 앞의 글과 같지 않은 말에서 온 것이다. 세 사람의 행동은 같지 않고 그 자취가 서로 어긋나는 것 같으니, 떠나가는 것을 인으로 여기면 떠나가지 않는 것은 인에 어긋나는 것 같고, 죽는 것을 인으로 여기면 죽지 않는 것은 인에 어긋나는 것 같다. 단지 모두 지극한 정성과 가엽게 여기는 마음만 있으면, 그 거취와 생사가 같지 않을지라도 모두 사랑의 이치에 어긋나지 않는 것이 바로 마음의 덕을 온전히 하는 까닭이다.(至誠惻怛, 蓋謂三仁. 愛君憂國, 皆非有所爲而爲也. 一有所爲而爲之, 則雖有惻怛之意, 而非出於至誠矣. 至誠者, 仁之存, 惻怛者, 仁之發. 『集註』特下'不咈'二字, 蓋自上文不同字生來. 三子之行不同, 其跡似相違, 以去者爲仁, 則不去者, 似咈乎仁矣, 以死者爲仁, 則不死者, 似咈乎仁矣. 惟其皆有至誠惻怛之意, 則其去就死生雖不同, 而皆不咈乎愛之理, 卽所以全其心之德也.)"라고 되어 있다.

詳說

○ 音佛

'불불(不咈)'에서 '불(咈 : 어긋나다)'자는 음이 '불(佛 : 발끈함)'이다.

○ 慶源輔氏曰 : "指惻怛而言."[13)]

'불불호애지리(不咈乎愛之理 : 사랑의 이치에 어긋나지 않아)'에 대해, 경원 보씨(慶源輔氏 : 輔廣)가 말하였다. "가엽게 여기는 마음을 가리켜서 말하였다."[14)]

○ 雲峯胡氏曰 : "不咈, 自上文不同字來."[15)]

'불불호애지리(不咈乎愛之理 : 사랑의 이치에 어긋나지 않아)'에 대해, 운봉 호씨(雲峯胡氏 : 胡炳文)가 말하였다. "'어긋나지 않는다.'라는 말은 앞의 글과 같지 않은 말에서 온 것이다."[16)]

○ 慶源輔氏曰 : "指至誠而言."[17)]

'유이전기심지덕야(有以全其心之德也 : 마음의 덕(德)을 온전히 할 수 있었다)'에 대해, 경원 보씨(慶源輔氏 : 輔廣)가 말하였다. "지극한 정성을 가리켜서 말하였다."[18)]

---

13) 호광 편(胡廣 編), 『논어집주대전(論語集註大全)』「미자(微子)」.

14) 가엽게 여기는 마음을 가리켜서 말하였다 : 『논어집주대전』「미자(微子)」에는 "사랑의 이치를 나누어서 말한 것이다. 인은 마음의 덕으로 오로지 말하면 인이다. '사랑의 이치에 어긋나지 않는다.'라는 구절은 가여운 마음을 가리켜서 말한 것이고, '마음의 덕을 온전히 할 수 있다.'라는 구절은 지극한 정성을 가리켜서 말한 것이다.(愛之理, 分言之. 仁也, 心之德, 專言之仁也. 不咈乎愛之理, 指惻怛而言, 有以全其心之德, 指至誠而言也.)"라고 되어 있다.

15) 호광 편(胡廣 編), 『논어집주대전(論語集註大全)』「미자(微子)」.

16) '어긋나지 않는다.'라는 말은 앞의 글과 같지 않은 말에서 온 것이다 : 『논어집주대전』「미자(微子)」에는 "…… 지극한 정성은 인이 보존된 것이고, 가엽게 여기는 마음은 인이 드러난 것이다. 『논어집주(論語集註)』에서는 단지 '어긋나지 않는다.'라는 말로 했는데, 앞의 글과 같지 않은 말에서 온 것이다. 세 사람의 행동은 같지 않고 그 자취가 서로 어긋나는 것 같으니, 떠나가는 것을 인으로 여기면 떠나가지 않는 것은 인에 어긋나는 것 같고, 죽는 것을 인으로 여기면 죽지 않는 것은 인에 어긋나는 것 같다. 단지 모두 지극한 정성과 가엽게 여기는 마음만 있으면, 그 거취와 생사가 같지 않을지라도 모두 사랑의 이치에 어긋나지 않는 것이 바로 마음의 덕을 온전히 하는 까닭이다.(至誠惻怛, 蓋謂三仁. 愛君憂國, 皆非有所爲而爲也. 一有所爲而爲之, 則雖有惻怛之意, 而非出於至誠矣. 至誠者, 仁之存, 惻怛者, 仁之發. 『集註』特下不咈二字, 蓋自上文不同字生來. 三子之行不同, 其跡似相違, 以去者爲仁, 則不去者, 似咈乎仁矣, 以死者爲仁, 則不死者, 似咈乎仁矣. 惟其皆有至誠惻怛之意, 則其去就死生雖不同, 而皆不咈乎愛之理, 卽所以全其心之德也.)"라고 되어 있다.

17) 호광 편(胡廣 編), 『논어집주대전(論語集註大全)』「미자(微子)」.

○ 有釋無訓.

경문의 의미 해석은 있으나 훈고는 없다.

○ 勉齋黃氏曰 : "或問, 以無私當理言仁, 指三子之所以至於仁而言. 『集註』正指仁之義而言, 曰全曰不咈, 則或問之意亦在其中."[19]

면재 황씨(勉齋黃氏 : 黃榦)가 말하였다. "어떤 사람의 물음은 사사로움이 없어 이치에 합당한 것으로 인을 말하였으니, 세 사람이 인하게 된 것으로 말하였다. 『논어집주(論語集註)』에서는 인의 의미를 가리켜 말하면서 '온전히 할 수 있다.'라고 하고 '어긋나지 않는다.'라고 하였으니, 어떤 사람이 묻는 의미도 그 속에 있다."[20]

○ 朱子曰 : "去却易, 諫死又却索性. 箕子在半上落下, 最是難處. 不忍復去以背其君, 不忍復死以累其上, 所以『易』中特說箕子明夷, 外雖狂, 心則定也."[21]

주자(朱子 : 朱熹)가 말하였다. "떠나간 것은 쉬운 일이고, 간하다가 죽는 것은 또 합당한 일이다. 기자가 반쯤 위에서 아래로 떨어진 것은 가장 어려운 일이다. 원망하며 다시 떠나 그 임금을 등지지 않고, 원망하며 다시 죽어 위에 누를 끼치지 않았으니, 『주역(周易)』에서 특별히 기자의 명이(明夷)를 말한 까닭은[22] 겉으

---

18) 지극한 정성을 가리켜서 말하였다 : 『논어집주대전』「미자(微子)」에는 "사랑의 이치를 나누어서 말한 것이다. 인은 마음의 덕으로 오로지 말하면 인이다. '사랑의 이치에 어긋나지 않는다.'라는 구절은 가여운 마음을 가리켜서 말한 것이고, '마음의 덕을 온전히 할 수 있다.'라는 구절은 지극한 정성을 가리켜서 말한 것이다.(愛之理, 分言之. 仁也, 心之德, 專言之仁也. 不咈乎愛之理, 指惻怛而言, 有以全其心之德, 指至誠而言也.)"라고 되어 있다.

19) 호광 편(胡廣 編), 『논어집주대전(論語集註大全)』「미자(微子)」.

20) 어떤 이의 물음은 사사로움이 없어 …… 어떤 이가 묻는 의미도 그 속에 있다 : 『논어집주대전』「미자(微子)」에는 "어떤 이의 물음에서 인을 말한 것은 『집주(集註)』와 같지 않은 것이다. 공자가 인을 말한 의미는 진실로 마음의 덕과 사랑의 이치를 위주로 해서 사람이 인하게 되는 까닭을 말하였으니, 사사로운 마음이 없어 모두 이치에 합당하게 되는 것이다. 어떤 이의 물음에서 말은 세 사람이 인하게 된 까닭을 가리켜서 말한 것이고, 『집주(集註)』에서 말은 바로 인의 의미를 가리켜서 말한 것이다. 그런데 '사랑의 이치에 어긋나지 않아 마음의 덕을 온전히 할 수 있었다.'라고 하였으니, '온전히 할 수 있다.'라고 하고 '어긋나지 않는다.'라고 한 것에 어떤 이가 묻는 의미도 그 속에 있다. 독자들은 말없는 가운데서 알아야 한다.(或問言仁, 與『集註』不同者. 先師言仁之義, 則固以心之德愛之理爲主矣, 言人之所以至於仁, 則以爲無私心而皆當理也. 或問之言, 指三子之所以至於仁而言也, 『集註』之言, 正指仁之義而言也. 然其曰不咈乎愛之理而有以全其心之德, 曰全曰不咈, 則或問之意, 亦在其中矣. 讀者黙而識之可也.)"라고 되어 있다.

21) 호광 편(胡廣 編), 『논어집주대전(論語集註大全)』「미자(微子)」.

22) 『주역(周易)』에서 특별히 기자의 명이(明夷)를 말한 까닭은 : 『주역(周易)』「명이괘(明夷卦)」에 "어려울 때 올바름을 굳게 지키는 것이 이로움은 그 밝음을 감추는 일이다. 안에 있어 어렵지

로 미친 것 같았을지라도 마음은 안정되어 있었기 때문이다."[23]

○ 『語』中惟三仁. 夷齊之仁, 是全體之仁也.

『논어(論語)』 가운데는 오직 세 사람의 인자(仁者)뿐이다. 백이(伯夷)와 숙제(叔齊)의 인(仁)은 전체의 인이다.

朱註

楊氏曰: "此三人者, 各得其本心, 故同謂之仁."

양씨가 말하였다. "이 세 사람은 각각 그 본심(本心)을 얻었기 때문에 똑같이 인자(仁者)라고 말한 것이다."

만 그 뜻을 바르게 하였으니, 기자가 이것을 사용하였다.(利艱貞, 晦其明也. 內難而能正其志, 箕子以之.)"라는 말이 있다.

23) 떠나간 것은 쉬운 일이고 …… 미친 것 같았을지라도 마음은 안정되어 있었기 때문이다: 『논어집주대전』「미자(微子)」. 『주자어류(朱子語類)』 권48, 「논어30(論語三十)」, 7조목. "물었다. '미자가 떠나간 것은 종사를 보존하려는 마음이고, 비간이 죽은 것은 주왕이 행동을 고치게 하려는 뜻이니, 그들의 지극한 정성과 가여운 마음을 알 수 있는 것입니다. 그런데 기자의 지극한 정성과 가여운 마음은 어떻게 봐야 할지 모르겠습니다.' 주자(朱子: 朱熹)가 답하였다. '기자와 비간은 모두 한마음입니다. 기자는 우연히 주왕의 분노에 걸려들지 않아 죽지 않았던 것입니다. 그러나 어찌 죽었는지를 보고 다시 죽으면서까지 간하는 것은 나라에 무익하고 게다가 임금에게 간하는 신하를 죽였다는 이름만 남기게 하니, 그의 처신에서 이것이 가장 어려운 일입니다. 미자가 떠나간 것은 쉬운 일이고, 비간이 한결같이 간하다가 죽은 것은 또 합당한 일입니다. 기자가 반쯤 위에서 떨어진 것은 가장 어려운 일입니다. 그가 이런 것에 묶여있어 미친 체하였던 것입니다. 『주역(周易)』에서 특별히 기자의 명이를 말한 것은 그의 어려운 처지를 알 만하기 때문입니다. 그러므로 '어려울 때 올바름을 굳게 지키는 것이 이로움은 그 밝음을 감추는 일이다. 안에 있어 어렵지만 그 뜻을 바르게 하였으니, 기자(箕子)가 이것을 사용하였다.'라고 한 것이니, 그가 겉으로 미친 것 같았을지라도 마음은 안정되어 있었기 때문입니다.'(問: '微子之去, 欲存宗祀, 比干之死, 欲紂改行, 可見其至誠惻怛處. 不知箕子至誠惻怛, 何以見.' 朱子曰: '箕子比干, 都是一樣心. 箕子偶然不銜著紂之怒, 不殺他. 然見比干恁地死, 若更死諫無益於國, 徒使君有殺諫臣之名. 他處此最難. 微子去却易, 比干一向諫死, 又却索性. 箕子在半上落下, 最是難處. 被他緊縶在那裏, 不免佯狂. 所以易中特說箕子之明夷, 可見其難處. 故曰: '利艱貞, 晦其明也. 內難而能正其志, 箕子以之.' 他外雖狂, 心則定也.')"라고 되어 있다.

[18-2-1]

柳下惠爲士師, 三黜, 人曰 : "子未可以去乎." 曰 : "直道而事人, 焉往而不三黜, 枉道而事人, 何必去父母之邦."
유하혜(柳下惠)가 사사(士師)가 되어 세 번 내침을 당하자, 어떤 사람이 말하였다. "그대는 아직 떠나갈 만하지 않은가?" 대답하였다. "도를 곧게 하여 사람을 섬기면 어디를 간들 세 번 내침을 당하지 않겠으며, 도를 굽혀 사람을 섬긴다면 무엇 때문에 굳이 부모의 나라를 떠나가겠는가?"

朱註

三, 去聲. 焉, 於虔反.
'삼출(三黜)'에서 '삼(三 : 세 번)'자는 거성이다. '언왕(焉往)'에서 '언(焉)'은 '어(於)'와 '건(虔)'의 반절(反切)이다.

詳說

○ 上而字, 讀如以字義.
위에서 '이(而)'자는 '이(以)'자의 의미처럼 읽는다.

朱註

士師, 獄官. 黜, 退也.
사사(士師)는 옥관(獄官)이다. '내침을 당했다[黜]'라는 말은 퇴출되었다는 뜻이다.

詳說

○ 魯齋王氏曰 : "刑官曰士, 其長曰師."[24]
'사사(士師)'에 대해, 노재 왕씨(魯齋王氏 : 王柏)[25]가 말하였다. "형관(刑官 : 형벌

---

24) 호광 편(胡廣 編), 『논어집주대전(論語集註大全)』「미자(微子)」.

25) 왕백(王柏 : 1197~1274) : 남송 시대 말기 무주(婺州) 금화(金華) 사람으로 자는 회지(會之) 또는 백회(伯會)이고, 호는 노재(魯齋) 또는 장소(長嘯)이며, 시호는 문헌(文憲)이다. 어릴 때 고아가 되어 백형(伯兄)을 공손하게 섬겼다. 황간(黃幹)의 문인 하기(何基)를 좇아 공부했고, 질박하고 착실하면서 견실하고 굳세게 살았다. 일찍이 여택서원사(麗澤書院師)와 상채서원사(上蔡書院師)를 지냈다. 김이상(金履祥), 허겸(許謙)과 함께 '금화사선생(金華四先生)' 또는 '북산사선생(北山四先生)'으로 일컬어졌다. 『시경(詩經)』과 『상서(尙書)』에 대해 의문을 제기한 『시

을 맡은 관리)을 사(士)라 하고, 그 수장을 사(師)라고 한다."[26]

○ **訓畢.**

훈고가 끝났다.

朱註

柳下惠三黜不去, 而其辭氣, 雍容如此, 可謂和矣.

유하혜가 세 번 내침을 당하여도 떠나가지 않고 그의 말투가 의젓하고 점잖음이 이와 같았으니, 화합했다고 말할 수 있다.

詳說

○ **洪氏曰 : "不曲法以徇三家之私, 故三黜."**[27]

'삼출불거(三黜不去 : 세 번 내침을 당하여도 떠나가지 않고)'에 대해, 홍씨(洪氏)가 말하였다. "법을 굽혀 삼가(三家)의 사사로움을 주창하지 않았기 때문에 세 번 내침을 당하였다."[28]

○ **胡氏泳曰 : "蚳鼃辭靈丘而請士師. 士師在邑宰下, 惠三爲之, 不卑小官, 可見三黜,**

의(詩疑)』와 『서의(書疑)』를 지었고, 주희(朱熹)가 주해한 『사서(四書)』에 대해서도 의문을 가졌다. 그 밖의 저서에 『독역기(讀易記)』와 『독서기(讀書記)』, 『시변설(詩辨說)』, 『함고역설(涵古易說)』, 『오경장구(五經章句)』, 『연기도(研幾圖)』, 『주자지요(朱子指要)』, 『천관고(天官考)』, 『지리고(地理考)』 등이 있다.

26) 형관(刑官 : 형벌을 맡은 관리)을 사(士)라 하고, 그 수장을 사(師)라고 한다 : 『논어집주대전』「미자(微子)」에는 "순 임금이 고요에게 '너를 사(士)로 삼는다.'라고 명을 내렸다. 사(士)라는 명칭은 형관(刑官)에서 처음 나타난다. 『주례』「추관(秋官)·사구(司寇)」의 소속에 사사(士師)라는 직분이 있으니, 형관(刑官)을 사(士)라 하고, 그 수장을 사(師)라고 한다. 그러므로 사사(士師)의 아래에 향사(鄕士)·수사(遂士)·현사(縣士)·방사(方士)·아사(訝士)가 있으니, 모두 옥사(獄詞)를 담당하는 자들이다.(舜命皐陶汝作士. 士之名, 始見於刑官. 周禮秋官司寇之屬, 有士師之職, 刑官曰士, 其長曰師. 故士師之下, 有鄕士遂士縣士方士訝士, 皆掌獄詞者.)"라고 되어 있다.

27) 호광 편(胡廣 編), 『논어집주대전(論語集註大全)』「미자(微子)」.

28) 법을 굽혀 삼가(三家)의 사사로움을 주창하지 않았기 때문에 세 번 내침을 당하였다 : 『논어집주대전』「미자(微子)」에는 "이때 점차로 이미 삼가가 일을 함에 그 옥사에 반드시 사사로운 뜻으로 행하는 것이 있었는데, 그가 법을 굽혀 주창하지 않았기 때문에 세 번 내침을 당한 것이다. 그런데 아첨을 좋아하고 곧음을 싫어하는 것은 천하에 모두 이와 같은데, 무엇 때문에 굳이 떠나가야 하겠는가?(是時三家漸已用事, 其於獄必有以私意行之者, 禽不曲法以徇之, 所以三黜也. 然悅佞而惡直者, 天下皆是, 何必去哉.)"라고 되어 있다.

亦想因諫諍刑罰, 不中而然."29)

'삼출불거(三黜不去 : 세 번 내침을 당하여도 떠나가지 않고)'에 대해, 호영(胡詠)이 말하였다. "지와(鼃鼃)가 영구(靈邱)의 읍재를 사양하고 사사(士師)가 되기를 청하였다. 사사는 읍재의 아래에서 일하는데, 유하혜가 그것이 됨에 작은 관직이라고 하찮게 여기지 않았으니, 세 번 내침을 당하고도 형벌을 간쟁한 것이 맞지 않아 그렇게 되었다고 여겼음을 알 수 있다."30)

○ 朱子曰 : "自信其直道, 不以三黜爲辱."31)

'삼출불거(三黜不去 : 세 번 내침을 당하여도 떠나가지 않고)'에 대해, 주자(朱子 : 朱熹)가 말하였다. "스스로 그 곧은 도를 믿어 세 번 내침을 당한 일에 대해서도 욕으로 여기지 않았다."32)

---

29) 호광 편(胡廣 編), 『논어집주대전(論語集註大全)』「미자(微子)」에 요로(饒魯)가 호영의 말을 인용한 것으로 실려 있다.

30) 지와(鼃鼃)가 영구(靈邱)의 읍재를 사양하고 …… 그렇게 되었다고 여겼음을 알 수 있다 : 『논어집주대전』「미자(微子)」에는 "쌍봉 요씨(雙峰饒氏 : 饒魯)가 말하였다. '유하혜가 '도를 곧게 하여 사람을 섬기면 어디를 간들 세 번 내침을 당하지 않겠는가?'라고 한 말은 천하에 섬길 임금 하나 없고 갈 만한 나라 하나 없다고 속인 사안이니, 이것이 그가 공손하지 않다는 말이다. 공자라면 제후의 나라를 찾아다녔으니, 어찌 천하에 큰일을 할 만한 인물이 없다고 여겼겠는가? 다만 유하혜의 말투가 부드럽고 박절하지 않아 도를 굽히지 않는다는 의미가 그 속에 저절로 있으니, 이것은 성인의 화합함이다. 호영은 일찍이 다음처럼 말하였다. '지와(鼃鼃)가 영구(靈邱)의 읍재를 사양하고 사사(士師)가 되기를 청하였는데, 사사는 읍재의 아래에서 일하고 있으니, 관직이 하찮음을 알 수 있다. 유하혜는 그것이 됨에 작은 관직이라고 하찮게 여기지 않았으니, 세 번 내침을 당하고도 형벌을 간쟁한 것이 맞지 않아 그렇게 되었다고 여겼음을 알 수 있다.''(雙峯饒氏曰 : '柳下惠謂直道事人, 焉往而不三黜, 是欺天下無一君之可事無一國之可往, 此便是他不恭處. 若夫子則歷聘侯國, 何嘗以天下爲無可有爲之人. 但惠辭氣雍容不迫, 而不枉道之意, 自在其中, 此所以爲聖之和也. 胡泳嘗云 : '蚳鼃辭靈邱而請士師, 士師在邑宰之下, 官小可知. 惠三爲之, 不卑小官, 可見三黜, 亦想因諫諍刑罰, 不中而然.'')"라고 되어 있다.

31) 호광 편(胡廣 編), 『논어집주대전(論語集註大全)』「미자(微子)」.

32) 스스로 그 곧은 도를 믿어 세 번 내침을 당한 일에 대해서도 욕으로 여기지 않았다 : 『논어집주대전』「미자(微子)」에는 "물었다. '유하혜가 세 번 내침을 당하고도 떠나가지 않고, 그 말이 '도를 곧게 하여 사람을 섬기면 다른 나라에 갈지라도 끝내 세 번 내침을 당할 것이고, 도를 굽혀 사람을 섬기면 저절로 세 번 내침을 당하지 않을 것이니, 또 무엇 때문에 굳이 부모의 나라를 떠나가겠는가?'라고 한 것과 같습니다. 그 뜻을 보면 스스로 그 곧은 도를 믿고 행하여 세 번 내침을 당한 것을 욕으로 여기지 않았습니다. 이 때문에 그가 다투지 않으면서도 절개가 있다고 여겨지는 것일 겁니다. 떠나가지 않는 것이 화합이 됨만 알고 세 번 내침을 당하는 것이 지킴이 있는 것이 됨을 모른다면, 아직 유하혜를 논하기에는 부족합니다. 옳은지 모르겠습니다.'

○ 朱子曰 : "其言汎然, 若無所指. 和者之氣象如此."[33]

'기사기, 옹용여차(其辭氣, 雍容如此 : 그의 말투가 의젓하고 점잖음이 이와 같았으니)'에 대해, 주자(朱子 : 朱熹)가 말하였다. "그 말이 넓어서 지적할 사안이 없을 것 같다. 화합하는 자의 기상은 이와 같다."[34]

○ 洪氏曰 : "惡直悅佞, 天下皆是, 何必去哉."[35]

'기사기, 옹용여차(其辭氣, 雍容如此 : 그의 말투가 의젓하고 점잖음이 이와 같았으니)'에 대해, 홍씨(洪氏)가 말하였다. "아첨을 좋아하고 곧음을 싫어하는 것은 천하에 모두 이와 같은데, 무엇 때문에 굳이 떠나가야 하겠는가?"[36]

답하였다. '맞습니다.'(問 : '柳下惠三黜而不去, 其言若曰'苟以直道事人, 雖適他國, 終未免三黜, 若肯枉道事人, 自不至三黜, 又何必去父母之邦.' 觀其意, 蓋自信其直道而行, 不以三黜爲辱也. 此其所以爲和而介歟. 若徒知其不去之爲和, 而不知其所以三黜者之爲有守, 未足以議柳下惠也, 未知是否.' 曰 : '得之.')"라고 되어 있다.

33) 호광 편(胡廣 編), 『논어집주대전(論語集註大全)』「미자(微子)」.

34) 그 말이 넓어서 지적할 사안이 없을 것 같다. 화합하는 자의 기상은 이와 같다 : 『논어집주대전』「미자(微子)」에는 "어떤 사람이 물었다. '유하혜는 벼슬하다가 자주 내침을 당했고, 그렇게 다시 벼슬하면서 세 번이나 내침을 당해도 또 떠나가지 않은 것은 무엇 때문입니까?' 대답하였다. '나아가 현명함을 숨기지 않고 반드시 그 도를 사용하며 삼공의 벼슬자리로도 그 절개를 바꾸지 않은 것이 자주 내침을 당해 세 번까지 가게 된 까닭입니다. 뜻을 굽혀 자신을 욕되게 하며 잡아당겨 멈추게 하면 멈추고, 내 옆에서 옷을 걷고 몸을 드러낼지라도 더럽다고 여기지 않은 것이 내침을 당해도 다시 벼슬한 까닭입니다.' 어떤 이가 말하였다. '유하혜는 도를 곧게 하여 반드시 내침을 당해도 떠나가지 않아야 하는 것을 알았습니다. 그렇다면 도를 굽혀 사람을 섬길 수 있습니까?' 답하였다. '그렇게 하지 않았습니다. 유하혜의 의도는 '내가 단지 도를 굽혀 사람을 섬길 수 있다면 진실로 굳이 노나라를 떠나 다른 나라로 갈 필요가 없다.'라고 하는 것과 같습니다. 그 말이 넓어 지적할 사안이 없을 것 같습니다. 화합하는 자의 기상은 이와 같고, 그 도는 진실로 스스로 도를 굽혀 사람을 섬길 수 없다는 것을 믿었습니다. 이 때문에 세 번 내침을 당한 다음에 떠나감을 좋게 여기지 않았을지라도 그 의도는 마침내 다시 벼슬하지 않는 것입니다. 그러므로 공자가 은둔한 사람들의 목록에 넣었던 것입니다.'(或問 : '柳下惠仕而屢黜, 黜而復仕, 至於三黜, 而又不去焉, 何也.' 曰 : '進不隱賢, 必以其道, 不以三公易其介, 所以屢黜而至於三. 降志辱身, 援而止之而止, 雖袒裼裸裎於我側, 不以爲浼, 所以黜而復仕. 旣三黜而遂不去也.' 或曰 : '惠知直道之必黜而不去, 然則其將枉道以事人乎.' 曰 : '不然也. 惠之意, 若曰我但能枉道事人, 則固不必去魯而適他國矣. 其言泛然, 若無所指. 蓋和者之氣象如此, 而其道, 則固自信其不能枉道而事人矣. 是以三黜之後, 雖不屑去, 然亦意其遂不復仕. 故孔子列之於逸民之目.)"라고 되어 있다.

35) 호광 편(胡廣 編), 『논어집주대전(論語集註大全)』「미자(微子)」.

36) 아첨을 좋아하고 곧음을 싫어하는 것은 …… 무엇 때문에 굳이 떠나가야 하겠는가 : 『논어집주

○ 以論釋之.

경문의 의미 설명으로 풀이하였다.

○ 此下則其言外意也.

이 아래는 말 밖의 의미이다.

朱註

然其不能在道之意, 則有確乎不可拔者, 是則所謂必以其道, 而不自失焉者也.

그러나 그가 도를 굽힐 수 없는 뜻은 확고하여 빼앗을 수 없으니, 이것이 이른 바 반드시 정도(正道)로써 하여 스스로 그 바름을 잃지 않았다는 말이다.

詳說

○ 此句見『易』「乾·文言」.

'확호불가발자(確乎不可拔者)'라는 이 구절은 『주역(周易)』「건괘(乾卦)·문언전」에 있다.[37)]

○ 確.

'필이기도(必以其道 : 반드시 정도(正道)로써 하여)'는 확고한 것이다.

○ 和.

'부자실언자야(不自失焉者也 : 스스로 그 바름을 잃지 않았다는 말이다)'는 화합하였다는 뜻이다.

○ 出『孟子』「公孫丑」.

대전』「미자(微子)」에는 "이때 점차로 이미 삼가(三家)가 일을 함에 그 옥사에 반드시 사사로운 뜻으로 행하는 것이 있었는데, 그가 법을 굽혀 주창하지 않았기 때문에 세 번 내침을 당한 것이다. 그런데 아첨을 좋아하고 곧음을 싫어하는 것은 천하에 모두 이와 같은데, 무엇 때문에 굳이 떠나가야 하겠는가?(是時三家漸已用事, 其於獄必有以私意行之者, 禽不曲法以狗之, 所以三黜也. 然悅佞而惡直者, 天下皆是, 何必去哉.)"라고 되어 있다.

37) 이 구절은 『주역(周易)』「건괘(乾卦)·문언전」에 있다 : 『주역(周易)』「건괘·문언전」에서 "초구(初九)에서 '잠겨 있는 용(龍)은 쓰지 말라.'라는 것은 무슨 말인가? 공자가 말하였다. '용의 덕을 가지고 은둔한 자로 세상에 따라 변치 않고 명성을 이루려 하지 않아, 세상에 은둔해 있으면서도 근심하지 않고, 남으로부터 인정을 받지 못하여도 고민하지 않으며, 즐거운 세상이면 도를 행하고 걱정스런 세상이면 떠나가니, 뜻이 확고하여 빼앗을 수 없는 것이 잠겨 있는 용이다.'(初九曰 : '潛龍勿用', 何謂也. 子曰 : '龍德而隱者也, 不易乎世, 不成乎名, 遯世无悶, 不見是而无悶, 樂則行之, 憂則違之, 確乎其不可拔, 潛龍也.')"라고 하였다.

'부자실언자야(不自失焉者也 : 스스로 그 바름을 잃지 않았다는 말이다)'는 『맹자(孟子)』「공손추」에 나온다.38)

○ 朱子曰 : "此其所以爲和而介. 三黜之後, 雖不屑去, 然亦意其遂不復仕, 故孔子列於逸民."39)

'부자실언자야(不自失焉者也 : 스스로 그 바름을 잃지 않았다는 말이다)'에 대해, 주자(朱子 : 朱熹)가 말하였다. "이는 그가 화합하면서도 절개가 있는 것이다. 세 번 내침을 당한 다음에 떠나감을 좋게 여기지 않았을지라도 그 의도는 마침내 다시 벼슬하지 않는 것이기 때문에 공자가 은둔한 사람들에 나열한 것이다."40)

---

38) 『맹자(孟子)』「공손추」에 나온다 : 『맹자(孟子)』「공손추상(公孫丑上)」에는 "유하혜(柳下惠)는 더러운 군주를 섬김에 부끄러워하지 않고, 작은 벼슬을 낮게 여기지 않으며, 나감에 어짊을 숨기지 않고 반드시 그 도리를 다하였으며, 벼슬길에서 누락되어도 원망하지 않으며 곤액을 당하여도 근심하지 않았기 때문에 그는 '너는 너이고 나는 나이니, 네 비록 내 곁에서 옷을 걷고 몸을 드러낸들 네 어찌 나를 더럽힐 수 있겠는가?'라고 하였다. 그러므로 유유하게 함께 있으면서도 스스로 올바름을 잃지 않고, 떠나려고 하다가도 잡아당겨 멈추게 하면 멈추었다. 잡아당겨 멈추게 하면 멈춘 것은 이 또한 떠나감을 좋게 여기지 않은 것이다.(柳下惠, 不羞汚君, 不卑小官, 進不隱賢, 必以其道, 遺佚而不怨, 阨窮而不憫, 故曰'爾爲爾我爲我, 雖袒裼裸裎於我側, 爾焉能浼我哉.' 故由由然與之偕而不自失焉, 援而止之而止. 援而止之而止者, 是亦不屑去已.)"라고 되어 있다.

39) 호광 편(胡廣 編), 『논어집주대전(論語集註大全)』「미자(微子)」.

40) 이는 그가 화합하면서도 …… 공자가 은둔한 사람들에 나열한 것이다 : 『논어집주대전』「미자(微子)」에는 "어떤 이가 물었다. '유하혜는 벼슬하다가 자주 내침을 당했고, 그렇게 다시 벼슬하면서 세 번이나 내침을 당해도 또 떠나가지 않은 것은 무엇 때문입니까?' 대답하였다. '나아가 현명함을 숨기지 않고 반드시 그 도를 사용하며 삼공의 벼슬자리로도 그 절개를 바꾸지 않은 것이 자주 내침을 당해 세 번까지 가게 된 까닭입니다. 뜻을 굽혀 자신을 욕되게 하며 잡아당겨 멈추게 하면 멈추고, 내 옆에서 옷을 걷고 몸을 드러낼지라도 더럽다고 여기지 않은 것이 내침을 당해도 다시 벼슬한 까닭입니다.' 어떤 이가 말하였다. '유하혜는 도를 곧게 하여 반드시 내침을 당해도 떠나가지 않아야 하는 것을 알았습니다. 그렇다면 도를 굽혀 사람을 섬길 수 있습니까?' 답하였다. '그렇게 하지 않았습니다. 유하혜의 의도는 '내가 단지 도를 굽혀 사람을 섬길 수 있다면 진실로 굳이 노나라를 떠나 다른 나라로 갈 필요가 없다.'라고 하는 것과 같습니다. 그 말이 넓어 지적할 것이 없을 것 같습니다. 화합하는 자의 기상은 이와 같고, 그 도는 진실로 스스로 도를 굽혀 사람을 섬길 수 없다는 것을 믿었습니다. 이 때문에 세 번 내침을 당한 다음에 떠나감을 좋게 여기지 않았을지라도 그 의도는 마침내 다시 벼슬하지 않는 것입니다. 그러므로 공자가 은둔한 사람들의 목록에 넣었던 것입니다.'(或問 : '柳下惠仕而屢黜, 黜而復仕, 至於三黜, 而又不去焉, 何也.' 曰 : '進不隱賢, 必以其道, 不以三公易其介, 所以屢黜而至於三. 降志辱身, 援而止之而止, 雖袒裼裸裎於我側, 不以爲浼, 所以黜而復仕. 旣三黜而遂不去也.' 或曰 : '惠知直道之必黜而不去, 然則其將枉道以事人乎.' 曰 : '不然也. 惠之意, 若曰我但能枉道事人, 則

朱註

胡氏曰："此必有孔子斷之之言，而亡之矣."
호씨(胡氏)가 말하였다. "여기에는 반드시 공자가 단정한 말이 있을 것인데, 없어졌다."

詳說

○ 者玩反.
'단(斷)'은 '자(者)'와 '완(玩)'의 반절(反切)이다.

○ 如上章殷有三仁
'차필유공자단지지언(此必有孔子斷之之言：여기에는 반드시 공자가 단정한 말이 있을 것인데)'은 위의 장에서 "은나라에 세 사람의 인자가 있었다."라는 구절과 같다.

○ 失亡.
'망지의(亡之矣)'에서 '없어졌다[亡]'는 것은 망실되었다는 말이다.

○ 一作也.
'망지의(亡之矣)'에서 '의(矣)'자는 어떤 판본에는 '야(也)'자로 되어 있다.

○ 朱子曰："惠有不恭意，故記者以孔子兩事序其後，觀惠之行，未得爲中道，然而潔其身則有餘."[41]
주자(朱子：朱熹)가 말하였다. "유하혜에게 공손하지 않은 의도가 있기 때문에 기록하는 사람이 공자의 두 가지 일을 그 뒤에 서술하였다. 유하혜의 행동을 보면 중도(中道)를 얻지 못했지만 그 자신을 깨끗이 하는 것으로는 충분하다."[42]

固不必去魯而適他國矣. 其言泛然，若無所指. 蓋和者之氣象如此，而其道，則固自信其不能枉道而事人矣. 是以三黜之後，雖不屑去，然亦意其遂不復仕. 故孔子列之於逸民之目.')"라고 되어 있다.

41) 『주자어류(朱子語類)』 권48 12조목.

42) 유하혜에게 공손하지 않은 의도가 …… 그 자신을 깨끗이 하는 것으로는 충분하다：『주자어류(朱子語類)』에는 "물었다. '유하혜는 '도를 곧게 하여 사람을 섬기면 어디를 간들 세 번 쫓겨나지 않을 것이며, 도를 굽혀 사람을 섬기면 무엇 때문에 부모의 나라를 떠나겠는가?'라고 하였습니다. 그가 도를 사용해서 잘못하지 않았다는 것을 알 수 있지만 또한 공손하지 못한 의도가 있었기 때문에 기록한 자가 공자의 두 가지 일을 그 뒤에 서술한 것입니다. 공자의 일을 보면 유하혜의 일은 또한 중도를 얻지 못했음을 알 수 있습니다.' 답하였다. '또한 그렇습니다. 맹자의 설명이 좋습니다.' '성인의 행동은 때로는 멀리 있기도 하고, 때로는 가까이 있기도 하며, 때로는 떠나가기도 하고, 때로는 떠나지 않기도 하나, 자신을 깨끗이 하는 것으로 돌아갈 뿐이

○ 雙峰饒氏曰:“焉徃不三黜, 是欺天下無一君之可事, 此是他不恭處.”[43]

쌍봉 요씨(雙峰饒氏 : 饒魯)가 말하였다. “‘어디를 간들 세 번 내침을 당하지 않겠는가?’라는 말은 천하에 섬길 임금 하나 없다고 속인 사안이니, 이것이 그가 공손하지 않다는 점이다.”[44]

○ 南軒張氏曰:“孔子道不行父母之邦亦去, 與惠異矣. 記於三仁之後, 以明其趨之一, 下文著孔子事以見聖人之爲至矣, 夷齊之下, 終之以聖人之無可無不可, 此孟子集大成之意.”[45]

남헌 장씨(南軒張氏 : 張栻)가 말하였다. “공자가 도가 행해지지 않으면 부모의 나라일지라도 떠나가는 것은 유하혜와 다르기 때문이다. ‘세 사람의 인자’ 뒤에 기록

다.’라고 하였습니다. 유하혜의 행동은 성인의 행동이 중도에 합치된 것에 비교할 수는 없지만 자기 자신을 깨끗하게 하는 것으로 돌아가기에는 충분합니다.’ 물었다. ‘때로는 멀리 있기도 하고 때로는 가까이 있기도 하다는 것은 서로의 거리가 멀고 가까운 것입니까?’ 답하였다. ‘그렇지 않습니다. 사람과 멀고 가까운 것입니다. 백이와 같은 사람은 곧게 해서 사람과 멀게 된 것입니다.’(問 : ‘柳下惠‘直道而事人, 焉往而不三黜, 枉道而事人, 何必去父母之邦.’ 雖可以見其必以其道而不失焉者, 然亦便有個不恭底意思, 故記者以孔子兩事序於其後. 觀孔子之事, 則知柳下惠之事亦未得爲中道.’ 曰 : ‘也是如此. 惟是孟子說得好. 曰 : ‘聖人之行, 或遠或近, 或去或不去, 歸潔其身而已矣.’ 下惠之行, 雖不比聖人合於中道, 然歸潔其身則有餘矣.’ 問 : ‘或遠或近, 是相去之遠近否.’ 曰 : ‘不然. 謂其去人有遠近. 若伯夷則直是去人遠矣.’)”라고 되어 있다.

43) 호광 편(胡廣 編), 『논어집주대전(論語集註大全)』「미자(微子)」.

44) ‘어디를 간들 세 번 내침을 당하지 않겠는가?’ …… 그가 공손하지 않다는 점이다 : 『논어집주대전』「미자(微子)」에는 “유하혜가 ‘도를 곧게 하여 사람을 섬기면 어디를 간들 세 번 내침을 당하지 않겠는가?’라고 한 것은 천하에 섬길 임금 하나 없고 갈 만한 나라 하나 없다고 속인 사안이니, 이것이 그가 공손하지 않다는 점이다. 공자라면 제후의 나라를 찾아다녔으니, 어찌 천하에 큰일을 할 만한 인물이 없다고 여겼겠는가? 다만 유하혜의 말투가 부드럽고 박절하지 않아 도를 굽히지 않는다는 의미가 그 속에 저절로 있으니, 이것은 성인의 화합함이다. 호영은 일찍이 다음처럼 말하였다. ‘지와(鼁鼃)가 영구(靈邱)의 읍재를 사양하고 사사(士師)가 되기를 청하였는데, 사사는 읍재의 아래에서 일하고 있으니, 관직이 하찮음을 알 수 있다. 유하혜는 그것이 됨에 작은 관직이라고 하찮게 여기지 않았으니, 세 번 내침을 당하고도 형벌을 간쟁한 것이 맞지 않아 그렇게 되었다고 여겼음을 알 수 있다.’(柳下惠謂直道事人, 焉往而不三黜, 是欺天下無一君之可事無一國之可往, 此便是他不恭處. 若夫子則歷聘侯國, 何嘗以天下爲無可有爲之人. 但惠辭氣雍容不迫, 而不枉道之意, 自在其中, 此所以爲聖之和也. 胡泳嘗云 : ‘蚳鼃辭靈邱而請士師, 士師在邑宰之下, 官小可知. 惠三爲之, 不卑小官, 可見三黜, 亦想因諫諍刑罰, 不中而然.’)”라고 되어 있다.

45) 장식(張栻), 『계사논어해(癸巳論語解)』「미자(微子)」. 호광 편(胡廣 編), 『논어집주대전(論語集註大全)』「미자(微子)」.

하여 그 취지의 하나를 밝히면서 아래의 글에서 공자의 일을 분명하게 하여 성인이 지극한 분임을 드러냈고, 백이와 숙제의 아래에서 성인은 '가한 것도 없고 불가한 것도 없다.'[46]라는 것으로 마쳤으니, 이것이 맹자가 집대성했다고 한 의미이다.[47]

○ 勉齋黃氏曰 : "列二章於篇首, 以見古人出處, 不同亦各有義."[48]

면재 황씨(勉齋黃氏 : 黄幹)가 말하였다. "편의 머리 부분인 2장에 놓음으로 옛사람들의 출처를 드러냈는데, 같지 않음에도 각기 의미가 있다."[49]

---

46) 가한 것도 없고 불가한 것도 없다 : 『논어(論語)』「미자(微子)」에 "공자가 말하였다. '그 뜻을 굽히지 않고 그 몸을 욕되게 하지 않는 사람은 백이(伯夷)와 숙제(叔齊)이다. …… 나는 이와 달라서 가(可)한 것도 없고 불가(不可)한 것도 없다.'(子曰 : '不降其志, 不辱其身, 伯夷叔齊與. …… 我則異於是, 無可無不可.')"라고 되어 있다.

47) 공자가 도가 행해지지 않으면 …… 이것이 맹자가 집대성했다고 한 의미이다 : 『계사논어해』「미자(微子)」에는 "유하혜가 벼슬하면 벼슬했고 내침을 당하면 내쳐지면서도 그 도를 굽힌 적이 없는 것은 도를 굽히면 화합의 이치를 해치기 때문이다. 공자가 도가 행해지지 않으면 부모의 나라일지라도 떠나가는 것은 천하를 두루 다닐지라도 벼슬한 적이 없기 때문이니, 유하혜와는 다르기 때문이다. 유하혜가 '어디를 간들 세 번 내침을 당하지 않겠는가?'라는 것은 이 세상에 기대를 한 뜻으로 또한 공손하지 않은 것에 가깝다. 이 편에서 유하혜를 세 사람의 인자 뒤에 기록해 그 취지의 하나를 밝히면서 아래의 글에서 또 공자의 일을 자세하고 분명하게 하여 성인이 지극한 분임을 드러냈다. 이를테면 노래 부르는 초나라 광인 접여와 함께 밭을 가는 장저와 걸익과 삼태기를 메고 공씨의 문 앞을 지나가는 자와 같은 무리는 한쪽에 빠져 성인을 별로 모르는 자들이니, 백이와 숙제의 이하로 각기 그 도를 얻었을지라도 지극함을 다하지 못한 것이다. 그러므로 공자는 '가한 것도 없고 불가한 것도 없다.'라는 표현으로 마쳤다. 여기에 더 보탤 내용이 없으니, 이것이 맹자가 집대성했다고 한 의미이다.(栁下惠仕則仕黜則黜, 而未嘗枉其道也. 若枉道, 則害於和之理矣. 至於孔子道不行然父母之邦可以去而亦去, 雖周行天下而未嘗苟仕也, 則與下惠異矣. 下惠謂焉往而不三黜, 則所以期於斯世者, 亦幾於不恭矣. 此篇記栁下惠於三仁之後以明其趨之一. 下文又詳著孔子之事以見聖人之爲至焉. 如楚狂耦耕荷蓧之徒, 則陷於一偏而不足以知聖人者, 夷齊而下, 雖各得其道, 而未盡其至者. 故終之以孔子之無可無不可, 蓋於是無以加矣. 此孟子集大成之意也.)"라 하였고, 『논어집주대전』「미자(微子)」에는 "栁下惠仕則仕黜則黜, 而未嘗枉其道也, 若枉道, 則害於和之理矣. 至於孔子道不行父母之邦可以去而亦去, 雖周行天下而未嘗苟仕也, 則與下惠異矣. 此篇記柳下惠於三仁之後以明其趨之一, 下文又詳著孔子之事以見聖人之爲至矣. 如楚狂耦耕荷蓧之徒, 則陷於一偏而不足以知聖人者夷齊之下雖各得其道, 而未盡其至者. 終之以孔子之無可無不可, 蓋於是無以加矣. 此孟子集大成之意也."라고 되어 있다.

48) 호광 편(胡廣 編), 『논어집주대전(論語集註大全)』「미자(微子)」.

49) 편의 머리 부분인 2장에 놓음으로 …… 같지 않음에도 각기 의미가 있다 : 『논어집주대전』「미자(微子)」에는 "편의 머리 부분 2장에 놓음으로 옛사람들의 출처를 드러냈는데, 같지 않음에도 각기 의미가 있다. 그런 다음에 공자의 일을 분명하게 하여 성인의 출처를 드러냈다.(列二章於

[18-3-1]

齊景公, 待孔子曰 : "若季氏則吾不能, 以季孟之間待之." 曰 : "吾老矣, 不能用也." 孔子行.

제(齊)나라 경공(景公)이 공자(孔子)를 대우하며 말하였다. "계씨(季氏)처럼 내가 대우할 수는 없지만 계씨와 맹씨(孟氏)의 중간 정도로 대우하겠다." 그리고는 말하였다. "내가 늙어서 그를 쓰지 못하겠다." 그러자 공자가 떠나버렸다.

朱註

魯三卿, 季氏最貴, 孟氏爲下卿.

노나라 삼경 가운데 계씨(季氏)가 가장 귀하였고, 맹씨(孟氏)가 하경(下卿)이 되었다.

詳說

○ 最強, 故爲上卿.

'노삼경(魯三卿 : 노나라 삼경)' 가운데, 가장 강했기 때문에 상경이 되었다.

○ 厚齋馮氏曰 : "子魯人, 故議以魯君所以待三卿者待之."[50]

'맹씨위하경(孟氏爲下卿 : 맹씨(孟氏)가 하경(下卿)이 되었다)'에 대해, 후재 풍씨(厚齋馮氏 : 馮椅)가 말하였다. "공자가 노나라 사람이기 때문에, 노나라 임금이 삼경을 대우한 정도로 대우하는 문제를 논의하였다."[51]

篇首, 以見古人出處, 不同亦各有義. 然後著孔子之事, 以見聖人之出處也.)"라고 되어 있다.

50) 호광 편(胡廣 編), 『논어집주대전(論語集註大全)』「미자(微子)」.

51) 공자가 노나라 사람이기 때문에, 노나라 임금이 삼경을 대우한 정도로 대우하는 문제를 논의하였다 : 『논어집주대전』「미자(微子)」에는 "이는 신하와 공자를 대우하는 문제를 의논한 말이다. 공자가 노나라 사람이기 때문에 노나라 임금이 삼경을 대우하는 정도로 대우하겠다고 말한 것이다. 이때 제후로 현명하고 나라의 기세가 부강하기로는 당연히 제 경공만 한 사람이 없었으니, 이것이 공자가 그에게 벼슬하기를 원한 까닭이다. 안평중이 국정을 다스린 것이 이미 삼대이고, 경공이 노나라에 가서 공자와 말하고 기뻐하였다. 그 후에 공자가 노나라에서 뜻을 얻지 못하자 마침내 제나라로 갔고, 경공이 몇 번 정치에 대해 질문하고는 기뻐하였다. 안영이 아주 꺼렸기 때문에 공자를 해치려고 이간하는 말을 하고는 한 달 내에 그 효과를 따지면서 몇 대가 되어도 그 학문을 다할 수 없다고 하였는데, 이것이 경공이 내가 늙어서 기다릴 수 없다고 말한 까닭이다.(此與其臣議所以處子之辭. 子魯人也. 故議以魯君所以待三卿者待之. 是時諸侯之賢, 而國勢富強者, 宜莫如齊之景公. 此子之所以願仕焉者也. 晏平仲得政已三世矣, 景公至魯與子語

○ 朱子曰:“以虛禮待之, 非擧國以聽, 如齊欲以孟子爲矜式.”[52]

주자(朱子 : 朱熹)가 말하였다. “허례로 대우하고 나라를 들어서 듣는 것이 아니니, 제나라 제후가 여러 대부와 백성들에게 맹자를 공경하고 본받게 하고자 한 뜻과 같다.”[53]

朱註

孔子去之事, 見「世家」.

공자가 떠나버린 것은 『사기(史記)』「공자세가(孔子世家)」에 보인다.

詳說

○ 音現.

‘현세가(見世家)’에서 ‘현(見)’자는 음이 ‘현(現 : 나타나다, 보이다)’이다.

○ 晏嬰沮之.

안영이 방해했던 것이다.

○ 訓兼釋.

훈고에 경문의 풀이를 겸하였다.

而說之, 其後子不得志於魯, 遂之齊, 景公數問政而說. 嬰之所深忌也, 所以欲害子而進間言也, 方責效於朞月之間, 而嬰乃謂累世不能殫其學, 此景公所以謂吾老而不可俟也.)”라고 되어 있다.

52) 『주자어류(朱子語類)』 권48, 「논어30(論語三十)」, 13조목에는 다음과 같이 되어 있다. “환이 물었다. ‘제경공이 공자를 대우하는데 계씨와 맹씨의 중간으로 하고자 하였으나 이는 곧 허례로 대우하는 것이지 나라를 들어서 공자에게 듣기를 청하는 뜻이 아닙니다. 그러므로 ‘내가 늙어서 등용할 수 없습니다.’라고 하자 공자가 마침내 떠난 것입니다. 제왕이 맹자를 공경하고 본받게 하고자 한 것도 또한 허례이지 나라를 들어서 맹자에게 듣고자 한 뜻이 아닙니다.’ 주희가 말하였다. ‘진실로 옳은 말이다.’(僩問 : ‘齊景公待孔子, 雖欲‘以季孟之間’, 乃以虛禮待之, 非擧國以聽孔子. 故曰 : ‘吾老矣, 不能用也.’ 遂行. 如齊王欲以孟子爲矜式, 亦是虛禮, 非擧國以聽孟子.’ 曰 : ‘固是.’)”

53) 허례로 대우하고 나라를 들어서 듣는 것이 …… 본받게 하고자 한 뜻과 같다 : 『논어집주대전』「미자(微子)」에는 “물었다. ‘제 경공이 공자를 대우함에 계씨와 맹씨의 중간 정도로 하고자 하였으나 이는 곧 허례로 대우하는 것이지 나라를 들어서 공자에게 듣기를 청하는 뜻이 아닙니다. 그러므로 ‘내가 늙어서 등용할 수 없습니다.’라고 하자 공자가 마침내 떠난 것입니다. 제왕이 여러 대부와 백성들에게 맹자를 공경하고 본받게 하고자 한 것도 또한 허례이지 나라를 들어서 맹자에게 듣고자 한 뜻이 아닙니다.’ 답하였다. ‘진실로 그렇습니다.’(問 : ‘齊景公待孔子, 雖欲以季孟之間, 乃以虛禮待之, 非擧國以聽孔子. 故曰 : ‘吾老矣, 不能用也’, 遂行. 如齊王欲以孟子爲矜式, 亦是虛禮, 非擧國以聽孟子.’ 曰 : ‘固是.’)”라고 되어 있다.

○ 此下則論也.

이 아래로는 경문의 의미를 설명하였다.

朱註

然此言, 必非面語孔子, 蓋自以告其臣, 而孔子聞之爾.

그러나 이 말은 반드시 공자를 마주하고 한 말이 아니라 자신이 그 신하에게 말한 것인데, 공자가 들었던 것일 뿐이다.

詳說

○ 去聲.

'면어(面語)'에서 '어(語)'자는 거성이다.

○ 如孔子所主高昭子之類.

'자이고기신(自以告其臣 : 자신이 그 신하에게 말한 것인데)'는 공자가 고소자(高昭子)를 주인으로 했던 부류와 같다.

朱註

程子曰 : "季氏強臣, 君待之之禮極隆. 然非所以待孔子也. 以季孟之間待之, 則禮亦至矣.

정자(程子)가 말씀하였다. "계씨(季氏)는 강력한 신하이니, 임금이 그를 대우하는 예(禮)가 지극히 융숭했을 것이다. 그런데 공자를 대우한 것은 아니다. 계씨(季氏)와 맹씨(孟氏)의 중간으로 대우한다면 예우가 또한 지극한 것이다.

詳說

○ 當考.

'정자왈(程子曰)'에서 '정자(程子)'는 동생 정이(程頤)인지 형 정호(程顥)인지 살펴보아야 한다.

○ 以之待孔子, 則固好.

'군대지지례극융(君待之之禮極隆 : 임금이 그를 대우하는 예(禮)가 지극히 융숭했을 것이다)의 경우, 그렇게 대우했다면 진실로 마땅한 것이다.

○ 此句以時態言, 非以理之當然言也.

'연비소이대공자야(然非所以待孔子也 : 그런데 공자를 대우한 것은 아니다)'라는 이 구절은 당시 상황으로 말한 것이지 이치의 당연함으로 말한 사안이 아니다.

朱註

然復曰, 吾老矣不能用也, 故孔子去之. 蓋不繫待之輕重, 特以不用而去爾."
그러나 다시 '내가 늙어서 그를 쓰지 못하겠다.'라고 하였기 때문에 공자가 떠나버린 것이다. 대우의 경중이 아니라, 다만 쓰지 못하겠다고 하기 때문에 떠나버린 것일 뿐이다."

詳說

○ 去聲.
'연부왈(然復曰)'에서 '부(復)'자는 거성이다.

○ 復加曰字, 以見上下之爲二事, 抑有有間復言之跡. 或疑曰是然之誤云.
'부왈(復曰)'에서 '다시 ~하였다[曰]'라는 말을 한 것은 위아래가 두 가지 일임을 드러내거나 아니면 한참을 지나고 다시 말한 흔적으로 둔 것이다. 어떤 사람은 이 것이 '그러나[然]'라는 말이 잘못된 것일 수 있다고 하였다.

○ 趙氏曰: "以利心觀, 則必以爲聖人之去, 有繫乎待之輕重, 故程子特釋之."54)
조씨가 말하였다. "이익을 담은 마음으로 보면, 반드시 성인이 떠난 것이 대우의 경중에 있다고 여기기 때문에 정자가 특별히 해석한 것이다."

○ 待之, 是將然之事, 而不能用, 乃決然之意, 故行雖然. 能用, 則自能重待, 又非二事也.
대우하는 것은 앞으로 그렇게 하겠다는 일이고, 쓰지 못하겠다는 것은 결연한 뜻이기 때문에 떠나버리기를 그렇게 했던 것이다. 쓸 수 있다면 본래 무겁게 대우할 수 있는 것이니, 두 가지 일이 아니다.

○ '不能用', 此章之題目.
'불능용(不能用 : 그를 쓰지 못하겠다)'이 이 장의 제목이다.

54) 호광 편(胡廣 編), 『논어집주대전(論語集註大全)』「미자(微子)」에는 "苟以利心觀, 則必以爲聖人之去, 有繫乎待之輕重也, 故程子特釋之."라고 실려 있다.

[18-4-1]

齊人, 歸女樂, 季桓子受之, 三日不朝, 孔子行.
제(齊)나라 사람이 미녀 악사를 보내니, 계환자(季桓子)가 그것을 받고 3일을 조회하지 않자, 공자가 떠나버렸다.

朱註

歸, 如字. 或作饋. 朝音潮. 季桓子, 魯大夫, 名斯.
'귀여악(歸女樂)'에서 '귀(歸 : ~을 보냄)'는 본래의 음으로 읽는다. 어떤 판본에는 '궤(饋 : 사람을 보냄)'자로 되어 있다. '부조(不朝)'에서 '조(朝)'자는 음이 '조(潮)'이다. 계환자(季桓子)는 노(魯)나라 대부로 이름은 사(斯)이다.

詳說

○ 訓.
훈고이다.

朱註

按『史記』, 定公十四年, 孔子爲魯司寇, 攝行相事, 齊人懼, 歸女樂, 以沮之.
『사기(史記)』를 살펴보면, 정공(定公) 14년에 공자가 노(魯)나라 사구(司寇)가 되어 정승의 일을 섭행(攝行)하니, 제(齊)나라 사람이 두려워하여 미녀 악사를 보내 방해하였다.55)

---

55) 『주자어류(朱子語類)』 권48, 「논어30(論語三十)」, 16조목에는 다음과 같은 설명이 있다. "물었다. '지금 일을 하고자 한다면 성패는 반드시 천명에 있는 것이지 반드시 성공한다는 이치는 없습니다.' 주희가 말하였다. '진실로 그렇다. 공자께서 한 일에 반드시 성공한 곳도 있다. 그러나 소인들이 이것을 막았다면 옳지 않은 일이고 이는 곧 하늘이 한 것이다. 공자는 당시 노나라에 있었는데, 노나라는 모두 계환자의 세력 범위에 속해 있었다. 삼도(三都)를 무너뜨리고 그 기회를 타서 그렇게 한 것은 또한 어려운 일이다. 여자 악사를 보내온 일은 『논어』에 기재된 것과 『사기』에 기록된 것이 다르다. 『논어』에 기재된 것은 너무 급하게 되어 떠난 것처럼 되어 있다. 노나라는 부모의 나라인데 군주와 대부가 어찌 직접 말할 수 없었겠는가? 말해서 따르지 않으면 떠나가도 또한 늦지 않는데 지금 떠나는 것은 너무 급한 것이다. 이 일은 가볍게 논의할 수 없으므로 마땅히 빼 놓아야 한다.'(問: '今欲出來作事, 亦須成敗有命, 無必成之理.' 曰: '固是. 且如孔子所作, 亦須見有必成處. 但有小人沮之, 則不可乃是天. 孔子當時在魯, 全屬季桓

詳說

○ 去聲.

'섭행상사(攝行相事)'에서 '상(相 : 재상)'자는 거성이다.

○ 懼爲魯所幷.

'제인구(齊人懼 : 제(齊)나라 사람이 두려워하여)'에서 두려워하던 것은 노나라에서 같았다.

○ 舞女.

'미녀 악사[女樂]'는 무희[춤추는 여인]이다.

○ 上聲.

'이저지(以沮之)'에서 '저(沮 : 방해함)'자는 상성이다.

○ 詳見「序說」.

자세한 내용은 『논어집주(論語集註)』「서설(序說)」에 보인다.

○ 雙峰饒氏曰 : "一說君臣共往城南觀之, 一說召而受之, 兩說不同."[56]

쌍봉 요씨(雙峰饒氏 : 饒魯)가 말하였다. "어떤 곳에서는 임금과 신하가 함께 성의 남쪽으로 가서 보았다고 하고, 어떤 곳에서는 불러서 받아들였다고 하니, 두 설명이 같지 않다."[57]

子. 其墮三都, 乃是乘其機而爲之, 亦是難. 女樂事, 論語所載與史記異. 若如論語所載, 似太匆遽. 魯是父母之國, 君大夫豈得不且告之? 告之不從而行, 亦未晩, 今乃去得如此其急. 此事未易輕議, 當闕.')"

56) 호광 편(胡廣 編), 『논어집주대전(論語集註大全)』「미자(微子)」.

57) 어떤 곳에서는 임금과 신하가 함께 …… 두 설명이 같지 않다 : 『논어집주대전』「미자(微子)」에는 "제나라 사람이 미녀 악사를 보냈다는 것에서 단지 '보냈다[歸]'는 말을 설명하면서, 마침내 노나라에 미녀 악사를 보내 임금과 재상이 모두 소유했다는 뜻이지, 계환자에게만 보냈다는 말이 아니다. 3일을 조회하지 않았다는 것도 임금과 신하가 모두 조회하지 않았다는 뜻이다. 사양하고 받아들이는 권한이 모두 계씨에게서 나왔으니, 아마도 그가 스스로 받고 또 정공을 위하여 받은 것이다. 또 말하였다. '미녀 악사에서도 설명이 일치하지 않는다. 어떤 곳에서는 성의 남쪽에서 미녀 악사들의 무대가 펼쳐지니 계환자와 임금과 신하가 함께 가서 보느라고 3일을 조회하지 않았다고 하고, 어떤 곳에서는 미녀 악사를 불러들이고는 3일을 조회하지 않았다고 하니, 두 설명이 같지 않다. 그러나 살펴봐서 바로잡을 곳은 없으니, 어느 것이 옳은지 모르겠다.'(齊人歸女樂, 只說箇歸字, 畢竟是歸其女樂於魯, 君相皆有之, 不是專獻於桓子. 三日不朝, 亦是君臣皆不朝. 緣當時辭受之權, 盡出於季氏. 想是他既自受, 又爲定公受之. 又曰 : '女樂亦說得不一. 一說陳女樂於城南, 季桓子君臣, 共往觀之, 三日不朝, 一說召女樂而受之, 三日不朝, 這兩

朱註

尹氏曰："受女樂而怠於政事如此, 其簡賢棄禮, 不足與有爲可知矣. 夫子所以行也.

윤씨(尹氏)가 말하였다. "미녀 악사를 받아 들이고 정사(政事)에 태만한 것이 이와 같았으니, 어진 이를 소홀히 하고 예(禮)를 버려 함께 큰일을 할 수 없음을 알 수 있다. 공자가 이 때문에 떠나간 것이니,

詳說

○ 三日不朝.

'태어정사여차(怠於政事如此 : 정사(政事)에 태만한 것이 이와 같았으니)'는 3일을 조회하지 않았다는 말이다.

○ 猶言侮聖.

'어진 이를 소홀히 한 것[其簡賢]'은 성인을 모멸했다는 말과 같다.

○ 新安陳氏曰："於用孔子之時, 而如此簡賢也, 不朝棄禮也."[58]

'기간현기례(其簡賢棄禮 : 어진 이를 소홀히 하고 예(禮)를 버려)'에 대해, 신안 진씨(新安陳氏 : 陳櫟)가 말하였다. "공자를 등용했을 때인데도 이처럼 어진 이를 소홀히 하고 조회를 하지 않으며 예를 버렸다."

○ 吳氏曰："夫子方欲輔桓子以有爲, 而桓子所爲若是, 不得不行."[59]

'부족여유위가지의. 부자소이행야(不足與有爲可知矣. 夫子所以行也. : 함께 큰일을 할 수 없음을 알 수 있다. 공자가 이 때문에 떠나간 것이니)'에 대해, 오씨(吳氏)가 말하였다. "공자가 계환자를 도와 큰일을 하려고 했는데, 그가 이처럼 해서 실행할 수 없었다."[60]

說不同. 然無可考訂處, 未詳孰是.')"라고 되어 있다.

58) 호광 편(胡廣 編), 『논어집주대전』「미자(微子)」에 "於用孔子之時, 而如此簡賢也, 三日不朝, 棄禮也."라고 실려 있다.

59) 호광 편(胡廣 編), 『논어집주대전(論語集註大全)』「미자(微子)」.

60) 공자가 계환자를 도와 큰일을 하려고 했는데, 그가 이처럼 해서 실행할 수 없었다 : 『논어집주대전』「미자(微子)」에는 "공자가 일찍이 제나라에 갔을 때는 이미 쓰일 수 없었고, 되돌아와 노나라에서 벼슬하자 또 사람들이 그를 쓰는 것을 방해하였으니, 자신에게서는 나태하고 남에게는 꺼리는 것은 어리석고 못난 사람들의 폐단이다. 계환자가 양화에게 제재를 당해 4, 5년 동안 거의 죽음을 면하지 못하다가 어느 날 호구를 벗어나 공자와 일을 했으니, 이것이 그가 발분해서 스스로 강해지려고 했던 날들인데, 이전의 마음처럼 교만하고 방자해졌다. 공자가 계환

朱註

所謂見幾而作, 不俟終日者與."

이른바 기미를 보고 일어나고, 하루가 마치기를 기다리지 않았다는 것이다."

詳說

○ 起也.

'견기이작(見幾而作)'에서 '작(作)'은 '일어나다[起]'는 말이다.

○ 平聲.

'종일자여(終日者與)'에서 '여(與 : 의문반어)'자는 평성이다.

○ 出『易』「繫辭」.

'견기이작, 불사종일(見幾而作, 不俟終日 : 기미를 보고 일어나고, 하루가 마치기를 기다리지 않았다)'은 『주역(周易)』「계사전」에 나온다.[61]

○ 釋畢.

경문의 풀이가 끝났다.

○ 與『孟子』微罪章當參看.

『맹자(孟子)』에서 '미죄장(微罪章)'과 참고해서 봐야 한다.[62]

자를 도와 큰일을 하려고 했는데, 그가 이처럼 해서 진실로 실행할 수 없었다. 맹자가 '공자가 계환자에게서는 행함이 가능한 벼슬을 보았다.'라고 하였고, 여기서 '3일을 조회하지 않았다.'라고 한 것은 공자가 그 벼슬을 행했기 때문이다. 그가 떠나버리는 것은 모두 계환자 때문이고, 정공은 한갓 그 위에서 비어 있는 이름만 쥐고 있었던 것뿐이니, 슬프구나!(夫子嘗適齊矣, 己不能用, 及反而仕魯, 又沮人用之. 怠己而忌人, 愚不肖之通患也. 桓子受制陽貨, 四五年幾不免死, 一旦得脫虎口, 而與夫子從事, 此其發憤自強之日也, 而境順於前心即驕逸. 夫子方欲輔桓子以有爲, 而桓子所爲若是, 固不得不行也. 孟子曰 : '孔子於季桓子見行可之仕', 此曰 : '季桓子不朝', 孔子行其仕. 其行皆以桓子, 而定公徒擁虛名於其上也. 悲夫.)"라고 되어 있다.

61) 『주역(周易)』「계사전」에 나온다 : 『주역(周易)』「계사전하(繫辭傳下)」에 "군자는 기미를 보고 일어나고 하루가 마치기를 기다리지 않는다.(君子見幾而作, 不俟終日.)"라는 말이 있다.

62) 『맹자(孟子)』에서 '미죄장(微罪章)'과 참고해서 봐야 한다 : 『맹자(孟子)』「고자하(古子下)」에서 "맹자가 말하였다. '공자가 노나라 사구(司寇)가 되었는데, 쓰이지 않고, 따라서 제사함에 제사고기를 보내지 않자, 면류관을 벗지 않고 떠나시니, 공자를 알지 못하는 자들은 고기 때문에 떠났다고 하고, 공자를 아는 자들은 무례하기 때문이라고 하였다. 그러나 공자는 하찮은 죄로써 구실을 삼아 떠나고자 하고, 구차히 떠나려고 하지 않은 것이니, 군자가 하는 바를 일반 사람들은 진실로 알지 못하는 것이다.'(曰 : '孔子爲魯司寇, 不用, 從而祭, 燔肉不至 不稅冕而行, 不知者, 以爲爲肉也, 其知者, 以爲爲無禮也. 乃孔子則欲以微罪行, 不欲爲苟去, 君子之所爲, 衆人固

○ 華陽范氏曰 : "膰肉雖至亦行, 是以記者不及膰肉."63)
화양 범씨(華陽范氏)가 말하였다. "제사 고기를 보냈을지라도 떠나갔을 것이기 때문에 기록하는 사람이 제사 고기를 언급하지 않았다."64)

朱註

范氏曰 : "此篇記仁賢之出處, 而折中以聖人之行, 所以明中庸之道也."
범씨가 말하였다. "이 편(篇)은 인자(仁者)와 현자(賢者)의 출처(出處)를 기록하고, 성인(聖人)의 행실로써 절충하였으니, 중용(中庸)의 도(道)를 밝힌 것이다."

詳說

○ 上聲.
'출처(出處)'에서 '처(處 : 곳)'자는 상성이다.

○ 慶源輔氏曰 : "仁, 三仁, 賢, 柳下惠逸民之類."65)
경원 보씨(慶源輔氏 : 輔廣)가 말하였다. "인자는 세 사람의 인자이고 현자는 유하혜와 은둔한 사람들이다."66)

不識也.')"라고 하였다.

63) 주희, 『논어정의(論語精義)』「미자(微子)」.

64) 제사 고기를 보냈을지라도 떠나갔을 …… 제사 고기를 언급하지 않았다 : 『논어정의(論語精義)』「미자(微子)」에는 "범씨가 말하였다. '『사기(史記)』「세가」에서 공자가 '노나라에서 이제 교 제사를 지낼 텐데 제사 고기를 대부들에게 보낸다면 내가 오히려 머물러 있을 수 있다.'라고 하였는데 계환자가 마침내 제나라의 미녀 악사를 받아들이고 교 제사에서 대부들에게 제사 고기를 보내지 않자 공자가 마침내 떠나버렸다. 『맹자(孟子)』에서 말하였다. '알지 못하는 자들은 고기 때문에 떠났다고 하고, 아는 자들은 무례하기 때문이라고 하였다.' 그렇다면 제사 고기를 보냈을지라도 떠나가지 않았을 것인가? 이는 그렇지 않다. 제사 고기를 보냈을지라도 떠났을 것이다. 오직 빨리 보내지 않은 것과 반드시 같이 하지는 않았을 것이다. 공자가 떠나간 것은 본래 미녀 악사를 받아들이고 조회를 하지 않았기 때문이다. 이 때문에 기록하는 사람이 제사 고기를 언급하지 않았다.'(范曰 : '『史記』「世家」孔子曰 : '魯今且郊, 如致膰乎大夫, 則吾猶可以止.' 季桓子卒受齊女樂, 郊又不致膰俎於大夫, 孔子遂行. 孟子曰 : '不知者, 以爲爲肉也, 其知者, 以爲爲無禮也.' 然則膰肉雖至, 可以無行乎. 是不然. 膰肉雖至, 亦行也. 唯未必如不至之速也. 孔子之行, 本之受女樂而不朝, 是以記者不及膰肉也.')"라고 되어 있다.

65) 호광 편(胡廣 編), 『논어집주대전(論語集註大全)』「미자(微子)」.

66) 인자는 세 사람의 인자이고 현자는 유하혜와 은둔한 사람들이다 : 『논어집주대전』「미자(微子)」에는 "인자는 세 사람을 말하고, 현자는 유하혜와 아래 장에서 은둔한 사람들을 말한다. 공자가 제나라와 노나라에서 벼슬하지 않고자 한 것은 아닐지라도 일찍이 굳이 벼슬한 적도 없다.

○ 一作衷.

어떤 판본에는 ‘절중(折中)’의 ‘중(中)’자가 ‘충(衷 : 속마음)’자로 되어 있다.

○ 去聲.

‘성인지행(聖人之行)’에서 ‘행(行 : 행실)’자는 거성이다.

○ 孔子事二章居上下之間, 故引用范說於此.

공자의 일이 두 장에 아래 위로 있기 때문에 여기에 범씨의 설을 인용하였다.

○ ‘女樂’, 此章之題目

‘여악(女樂 : 미녀 악사)’이 이 장의 제목이다.

다만 벼슬할 수 있으면 하고 그렇게 하지 않을 수 있으면 그렇게 하지 않았으니, 이는 중용의 도를 행한 것이다. 접여 이하는 치우치고 지나친 부분을 면한 것은 아니다.(仁謂三人, 賢謂柳下惠及下章逸民之類. 夫子於齊魯, 非不欲仕, 亦未嘗必於仕. 但可仕則仕, 可止則止, 此所以爲中庸之道也. 接輿以下, 則未免於偏而過之矣.)”라고 되어 있다.

[18-5-1]

楚狂接輿, 歌而過孔子曰 : "鳳兮鳳兮, 何德之衰. 往者, 不可諫, 來者 猶可追, 已而已而. 今之從政者殆而."

초나라의 광인인 접여가 공자 앞을 지나며 노래하였다. "봉황이여, 봉황이여! 어찌 덕(德)이 쇠하였는가? 지나간 것은 간(諫)할 수 없으나 오는 것은 오히려 따를 수 있으니, 그만 둘지어다. 그만 둘지어다! 오늘날 정사에 종사하는 자들은 위험하다."

朱註

接輿, 楚人, 佯狂避世.

접여(接輿)는 초(楚)나라 사람이니, 미친 체하여 세상을 피하였다.

詳說

○ 邢氏曰 : "姓陸, 名通, 時人謂之楚狂."67)

형씨(邢氏)가 말하였다. "성은 육(陸)이고, 이름은 통(通)으로 당시 사람들은 초나라의 광인이라고 불렀다."68)

○ 接輿蓋其字也.

접여는 그의 자(字)이다.

朱註

夫子時將適楚, 故接輿歌, 而過其車前也. 鳳有道則見, 無道則隱. 接輿以比孔子, 而譏其不能隱, 爲德衰也. 來者可追, 言及今尙可隱去. 已, 止也, 而, 語助辭. 殆, 危也.

공자가 이때 장차 초나라로 가려 했기 때문에 접여가 노래하며 그 수레 앞을 지나간 것이다. 봉황은 도가 있으면 나타나고 도가 없으면 숨는다. 접여는 봉황으

67) 호광 편(胡廣 編), 『논어집주대전(論語集註大全)』「미자(微子)」.

68) 성은 육(陸)이고, 이름은 통(通)으로 당시 사람들은 초나라의 광인이라고 불렀다 : 『논어집주대전』「미자(微子)」에는 "접여는 성이 육이고 이름이 통이다. 소왕 당시에 미친 체하고 벼슬하지 않아 당시 사람들이 초나라의 광인이라고 불렀다.(接輿, 姓陸名通. 昭王時佯狂不仕, 時人謂之楚狂.)"라고 되어 있다.

로써 공자에게 비유하고 숨지 못하는 것은 덕이 쇠했기 때문이라고 기롱하였다. 오는 것은 따를 수 있다는 말은 지금이라도 오히려 숨을 수 있다는 뜻이다. '그만둔다[已]'는 멈춘다는 것이고, '이(而)'자는 어조사이다. '위험하다[殆]'는 위태롭다는 말이다.

詳說

○ 音現.

'즉현(則見)'에서 '현(見)'자는 음이 '현(現 : 나타남)'이다.

○ 八字見「泰伯」.

'유도즉현, 무도즉은(有道則見, 無道則隱 : 도가 있으면 나타나고 도가 없으면 숨는다.)'라는 여덟 글자는 『논어(論語)』「태백(泰伯)」에 보인다.[69]

○ 以爲.

'위덕쇠야(爲德衰也)'에서 '위(爲)'자의 의미는 '~여기기 때문이다[以爲]'는 것이다.

○ 而, 本承上接下之辭, 而在句末, 則止爲語辭, 故特訓之.

'이, 어조사(而, 語助辭)'에서 '이(而)'자는 본래 앞의 말을 이어 뒤의 말로 연결하는 것인데, 구절의 끝에 있다면, 어조사가 될 뿐이기 때문에 특별히 풀이하였다.

○ 訓兼釋.

훈고에 경문의 풀이를 겸하였다.

○ 此下則論也.

이 아래는 경문의 의미를 설명하였다.

朱註

接輿蓋知尊夫子, 而趨不同者也.

접여는 공자를 존경할 줄은 알았으나 취향이 같지 않은 자이다.

詳說

○ 慶源輔氏曰 : "比之以鳳, 而疑其衰, 幸其或止, 而慮其殆."[70]

---

69) 여덟 글자는 『논어(論語)』「태백(泰伯)」에 보인다 : 『논어(論語)』「태백(泰伯)」에 "위태로운 나라에는 들어가지 않고, 어지러운 나라에는 살지 않으며, 천하에 도가 있으면 나타나고, 도가 없으면 숨는다.(危邦不入, 亂邦不居, 天下有道則見, 無道則隱.)"라는 말이 있다.

경원 보씨(慶源輔氏 : 輔廣)가 말하였다. "봉황으로 공자를 비유해서 그 쇠함을 의심했고, 간혹 그만둠을 원하면서 그 위태함을 염려하였다."[71]

○ **去聲, 志向也.**

'이추(而趨)'에서 '추(趨)'자는 거성으로, 취향이다.

○ **胡氏曰 : "有避世之心, 而無敎世之志."**[72]

호씨가 말하였다. "세상을 피하려는 마음은 있지만 세상을 교화시키려는 뜻은 없다."[73]

○ **南軒張氏曰 : "其辭氣, 舒暢不迫, 天資亦高矣."**[74]

남헌 장씨가 말하였다. "그 말투가 느긋하고 박절하지 않으니 천품이 또한 뛰어난 것이다."[75]

---

70) 호광 편(胡廣 編), 『논어집주대전(論語集註大全)』「미자(微子)」.

71) 봉황으로 공자를 비유해서 그 쇠함을 의심했고, 간혹 그만둠을 원하면서 그 위태함을 염려했다 : 『논어집주대전』「미자(微子)」에는 "접여의 말을 보면, 이미 봉황으로 공자를 비유해서 또 그 쇠함을 의심했고, 이미 간혹 그만둠을 원하면서 또 그 위태함을 염려하였다. 말의 의미가 간절하고 진실하게 반복되니 진실로 성인을 존경할 줄 아는 자이다. 그러나 취향이 사람들을 끊고 세상을 피해 해로움을 멀리하고 자신을 온전히 하는 것일 뿐이니, 성인의 마음과는 얼음과 숯, 흰 것과 검은 것처럼 같지 않을 뿐만이 아니다.(**觀接輿之言, 旣比之以鳳, 而又疑其衰, 旣幸其或止, 而又慮其殆. 語意懇懃諄復, 是誠知尊聖人者矣. 然其所趨, 則在於絶人逃世, 以遠害全身而已, 其與聖人之心, 蓋不啻如氷炭白黑之不同也.**)"라고 되어 있다.

72) 호광 편(胡廣 編), 『논어집주대전(論語集註大全)』「미자(微子)」.

73) 세상을 피하려는 마음은 있지만 세상을 교화시키려는 뜻은 없다 : 『논어집주대전』「미자(微子)」에는 "취향이 같지 않은 것은 접여에게는 세상을 피하려는 마음은 있지만 세상을 교화시키려는 뜻은 없으며, 굳게 지키는 절조는 있지만 변통하려는 배움이 없기 때문이다.(**趨不同者, 接輿有避世之心, 而無救世之志, 有堅持之操, 而無變通之學也.**)"라고 되어 있다.

74) 장식(張栻), 『계사논어해(癸巳論語解)』「미자(微子)」.

75) 그 말투가 느긋하고 박절하지 않으니 천품이 또한 뛰어난 것이다 : 『계사논어해』「미자(微子)」에는 "접여의 뜻은 공자를 은거시켜 세상을 피하게 하는 것일 뿐이다. 봉황의 덕이 쇠함을 알고도 또 말투가 느긋하고 박절하지 않은 태도를 보니, 그 사람의 천품이 또한 뛰어난 것이다. 공자의 생각은 함께 말할 수 있으면 함께 말해 보자는 뜻인데 그가 도망치듯이 피한 것은 명성을 숨기는 측면일 뿐이니, 이런 점에서 그의 협소한 모습이 드러난다.(**接輿之意, 蓋欲夫子隱居以避世耳. 觀其知鳳德之衰, 且辭氣舒而不迫, 其人天資亦高矣. 夫子意其可以告語, 欲與之言, 其趨而辟, 蓋匿其聲迹而已, 於是見其隘矣.**)"라고 되어 있다. 『주자어류(朱子語類)』 권48, 「논어30(論語三十)」, 17조목에는 다음과 같이 설명이 있다. "물었다. '초나라의 광인 접여 등을 정이천은 삼태기를 멘 사람이 조금 고상하다고 했습니다.' 주희가 말하였다. '숭상할만한 사안으로 말한 것이다. 접여와 같은 사람은 전혀 알 수 없다.' 물었다. '혼란한 세상이 되면 반드시 공자

[18-5-2]

孔子下, 欲與之言, 趨而辟之, 不得與之言.
공자가 수레에서 내려 함께 말하려고 했는데, 도망치듯이 피해 함께 말하지 못하였다.

朱註

辟, 去聲. 孔子下車, 蓋欲告之以出處之意,
'피지(辟之)'에서 '피(辟 : 피함)'자는 거성이다. 공자가 수레에서 내린 것은 그에게 출처(出處)하는 뜻을 말씀해 주려고 해서였는데,

詳說

○ 去聲.
'하거(下車)'에서 '하(下 : 내림)'자는 거성이다.

○ 上聲.
'출처(出處)'에서 '처(處 : 곳)'자는 상성이다.

朱註

接輿自以爲是, 故不欲聞而辟之也.
접여(接輿)가 스스로 옳다고 여겼기 때문에 들으려고 하지 않고 피한 것이다.

詳說

○ 趨走也.
'접여자이위시, 고불욕문이벽지야(接輿自以爲是, 故不欲聞而辟之也 : 접여(接輿)가 스스로 옳다고 여겼기 때문에 들으려고 하지 않고 피한 것이다)'는 도망치듯이 달아

의 재능 같은 것으로 세상을 구한 다음에 벼슬할 수 있는 것이니 나머지가 어찌 반드시 벼슬할 수 있겠습니까?' 주희가 말하였다. '이와 같이 반드시 고집해서 정할 필요는 없다. '군자가 벼슬하는 것은 그 의리를 행하는 일이다.'라고 하였으니 하나라도 자취를 없애고 산림으로 향해서는 안 된다. 그러나 벼슬하고도 도가 행해지지 않으면 마땅히 떠날 뿐이다.'(問 : '楚狂接輿等, 伊川謂荷蓧稍高.' 曰 : '以其尙可告語. 若接輿, 則全不可曉.' 問 : '當亂世, 必如孔子之才可以救世而後可以出, 其他亦何必出?' 曰 : '亦不必如此執定. '君子之仕, 行其義也', 亦不可一向滅迹山林. 然仕而道不行, 則當去耳.')"

난 것이다.

○ 此其所以爲狂者.

'접여자이위시, 고불욕문이벽지야(接輿自以爲是, 故不欲聞而辟之也 : 접여(接輿)가 스스로 옳다고 여겼기 때문에 들으려고 하지 않고 피한 것이다)'의 경우, 이런 점 때문에 그를 광인으로 여긴 것이다.

○ 有釋無訓.

경문의 풀이는 있으나 훈고는 없다.

[18-6-1]

長沮桀溺, 耦而耕, 孔子過之, 使子路問津焉.
장저(長沮)와 걸익(桀溺)이 함께 밭을 가는데 공자가 지나가다가 자로를 시켜 나루를 묻게 하였다.

朱註

沮, 七余反, 溺, 乃歷反. 二人, 隱者. 耦, 竝耕也. 時孔子自楚反乎蔡. 津, 濟渡處.

'장저(長沮)'에서 '저(沮)'는 '칠(七)'과 '여(余)'의 반절(反切)이고, '걸익(桀溺)'에서 '익(溺)'은 '내(乃)'와 '력(歷)'의 반절(反切)이다. 두 사람은 은자(隱者)이다. '함께[耦]'는 짝이 되어 밭을 가는 것이다. 이때 공자가 초(楚)나라로부터 채(蔡)나라로 돌아오는 길이었다. '나루[津]'는 물을 건너는 곳이다.

詳說

○ 吳氏曰 : "按輿書楚, 故沮溺丈人, 不復書楚, 蓋皆楚人."[76]

'이인, 은자(二人, 隱者 : 두 사람은 은자(隱者)이다)'에 대해, 오씨(吳氏)가 말하였다. "살펴보건대 접여에 대해 초나라라고 적었기 때문에 장저와 걸익과 지팡이로 대바구니를 멘 장인에 대해 다시 초나라라고 적지 않았으니, 모두 초나라 사람들이기 때문이다."

○ 雙峰饒氏曰 : "兩耟同隊而耕."[77]

'우, 병경야(耦, 竝耕也 : '함께[耦]'는 짝이 되어 밭을 가는 것이다)'에 대해, 쌍봉 요씨(雙峰饒氏 : 饒魯)가 말하였다. "두 개의 따비로 하나로 무리를 이뤄 밭을 가는 것이다."[78]

○ 上章之適楚, 此之反蔡, 皆據「世家」而言.

'시공자자초반호채(時孔子自楚反乎蔡 : 이때 공자가 초(楚)나라로부터 채(蔡)나라로

76) 호광 편(胡廣 編), 『논어집주대전(論語集註大全)』「미자(微子)」.

77) 호광 편(胡廣 編), 『논어집주대전(論語集註大全)』「미자(微子)」.

78) 두 개의 따비로 하나로 무리를 이뤄 밭을 가는 것이다 : 『논어집주대전』「미자(微子)」에는 "두 개의 따비로 하나로 무리를 이뤄 밭을 가니, 그것을 함께 밭을 간다고 한다.(兩耜同隊而耕, 謂之耦耕.)"라고 되어 있다.

돌아오는 길이었다)'의 경우, 위의 장에서 초나라로 갔다고 하고 여기서 채나라로 돌아온다고 한 것은 모두 『사기(史記)』「공자세가(孔子世家)」에 근거해서 하는 말이다.

○ 有訓無釋.

훈고는 있으나 경문의 풀이는 없다.

[18-6-2]

長沮曰 : "夫執輿者爲誰." 子路曰 : "爲孔丘." 曰 : "是魯孔丘與." 曰 : "是也." 曰 : "是知津矣."

장저(長沮)가 말하였다. "수레 고삐를 잡고 있는 분이 누구인가?" 자로가 답하였다. "공구(孔丘)이십니다." 물었다. "이 분이 노(魯)나라의 공구인가?" 대답하였다. "그렇습니다." 말하였다. "이 분은 나루를 알 것이다."

朱註

夫音扶. 與平聲. 執輿, 執轡在車也. 蓋本子路御而執轡, 今下問津. 故夫子代之也.

'부집여자(夫執輿者)'에서 '부(夫)'자는 음이 '부(扶)'이다. '시노공구여(是魯孔丘與)'에서 '여(與)'자는 평성이다. '수레 고삐를 잡고 있다[執輿]'라는 말은 고삐를 잡고 수레에 있는 것이다. 자로가 본래 수레를 몰면서 고삐를 잡고 있었는데, 지금 내려와서 나루를 물었다. 그러므로 공자가 대신 잡고 있었던 것이다.

詳說

○ 去聲.

'금하문진(今下問津)'에서 '하(下 : 내려옴)'자는 거성이다.

○ 訓.

훈고이다.

朱註

知津, 言數周流, 自知津處.

나루터를 안다는 것은 자주 두루 돌아다녀 본래 나루터를 알고 있다는 말이다.

詳說

○ 音朔.

'언삭주유(言數周流)'에서 '삭(數 : 자주)'자는 음이 '삭(朔 : 초하루)'이다.

○ 釋.

경문의 풀이다.

○ 不告津而云是知津, 譏其周流之意, 含蓄不放, 蓋亦能言者也.

나루를 알려주지 않고 '이 분이 나루를 알 것이다.'라고 한 말은 두루 다니는 것을 놀리는 의미로 거리낌이 없는 뜻을 함축하고 있으니, 또한 말을 할 줄 아는 자이다.

[18-6-3]

問於桀溺, 桀溺曰 : "子爲誰." 曰 : "爲仲由." 曰 : "是魯孔丘之徒與." 對曰 : "然." 曰 : "滔滔者, 天下皆是也, 而誰以易之. 且而與其從辟人之士也, 豈若從辟世之士哉." 耰而不輟.

걸익에게 물으니, 걸익이 말하였다. "당신은 누구십니까?" 답하였다. "중유(仲由)라고 합니다." 물었다. "그대가 바로 노나라 공구의 무리입니까?"대답하였다. "그렇습니다." 말하였다. "도도한 것으로는 천하가 모두 이러하니, 누구와 함께 바꾸겠습니까? 또 그대가 사람을 피하는 선비를 따르는 것이 세상을 피하는 선비를 따르는 것만 하겠습니까?" 그렇게 말하고는 씨앗 덮는 일을 그치지 않았다.

朱註

徒與之與, 平聲. 滔土刀反. 辟, 去聲. 耰, 音憂.

'도여(徒與)'에서 '여(與)'자는 평성이다. '도도자(滔滔者)'에서 '도(滔)'는 '토(土)'와 '도(刀)'의 반절(反切)이다. '종벽인지사(從辟人之士)'에서 '피(辟 : 피함)'자는 거성이다. '우이불철(耰而不輟)'에서 '우(耰 : 씨를 덮음)'자는 음이 '우(憂 : 근심)'이다.

詳說

○ 溺先問己而及乎夫子, 故謹之而著對字. 蓋溺聞其姓名, 便知其孔氏之徒, 可見子路之名, 亦顯於世.

걸익이 먼저 자신에게 물으면서 공자를 언급했기 때문에 삼가 중유라는 자를 분명하게 드러내어 대답하였다. 걸익이 그 성명을 듣고 바로 공자의 무리임을 알았다면 자로라는 이름도 세상에 드러났음을 알 수 있다.

朱註

滔滔, 流而不反之意. 以猶與也. 言天下皆亂, 將誰與變易之. 而, 汝也.

도도(滔滔)는 흘러가 돌아오지 않는다는 뜻이다. '수이역지(誰以易之)'에서 '이(以)'자는 '여(與 : 함께)'자와 같다. 천하가 모두 어지러운데 누구와 함께 바꾸겠는가라는 말이다. '그대[而]'는 당신이다.

詳說

○ 雙峯饒氏曰 : "趨於不善."[79]

'도도, 류이불반지의(滔滔, 流而不反之意 : 도도(滔滔)는 흘러가 돌아오지 않는다는 뜻이다)'에 대해, 쌍봉 요씨(雙峰饒氏 : 饒魯)가 말하였다. "선하지 않은 곳으로 달려간다."[80]

○ 訓.

'이유여야(以猶與也)'는 훈고이다.

○ 慶源輔氏曰 : "易亂爲治."[81]

'천하개란, 장수여변역지(天下皆亂, 將誰與變易之 : 천하가 모두 어지러운데 누구와 함께 바꾸겠는가)'에 대해, 경원 보씨(慶源輔氏 : 輔廣)가 말하였다 "어지러움을 다스려짐으로 바꾸는 것이다."[82]

79) 호광 편(胡廣 編), 『논어집주대전(論語集註大全)』「미자(微子)」.

80) 선하지 않은 곳으로 달려간다 : 『논어집주대전』「미자(微子)」에는 "온 세상이 선하지 않은 곳으로 달려가니, 지금 그것을 바꾸려고 해도 함께 선을 행할 사람이 없다는 말이다.(言擧世趨於不善, 今雖欲易之, 無可與爲善之人也.)"라고 되어 있다.

81) 호광 편(胡廣 編), 『논어집주대전(論語集註大全)』「미자(微子)」.

○ 釋.

'천하개란, 장수여변역지(天下皆亂, 將誰與變易之 : 천하가 모두 어지러운데 누구와 함께 바꾸겠는가)'는 경문의 의미 풀이다.

○ 中一而字

'이, 여야(而, 汝也)'는 경문의 '차이여기종피인지사야(且而與其從辟人之士也)'에서 가운데 있는 하나의 '이(而 : 너)'자를 말한다.

○ 訓.

'이, 여야(而, 汝也)'는 훈고이다.

朱註

辟人謂孔子, 辟世桀溺自謂,

'사람을 피한다[辟人]'는 것은 공자를 말하고, '세상을 피한다[辟世]'는 것은 걸익(桀溺)이 자신을 말하였다.

詳說

○ 釋.

경문의 의미 풀이다.

朱註

耰, 覆種也.

'씨앗을 덮는다[耰]'는 말은 씨앗을 흙으로 덮는 일이다.

---

82) 어지러움을 다스려짐으로 바꾸는 것이다 : 『논어집주대전』「미자(微子)」에는 "하늘이 성현을 낳음에 천하를 평화롭게 하겠다는 것은 이치의 떳떳함이다. 간혹 성현을 낳았을지라도 아직 천하를 평화롭게 하지 못한 것은 이치의 변수이다. 그런데 이미 성현이라고 했다면, 반드시 천지의 떳떳함으로 마음을 삼아 천하를 평화롭게 하는 도가 또 그에게 갖추어지고 다하였으니, 그것을 가져다 놓음으로 어지러움을 다스려짐으로 바꾸고 위태로움을 편안함으로 바꿈에 진실로 반드시 저절로 호응함이 있을 것이지만, 하늘이 아직 천하를 평화롭게 하지 않으려고 한다면 또한 이치대로 편안하게 있을 뿐이다. 천하가 이미 평화롭게 되었다면, 또한 무엇 때문에 성인이 그것을 바꾸겠는가?(天之生聖賢, 欲其平治天下者, 理之常也. 其或雖生聖賢, 而未欲平治天下者, 理之變也. 然既曰聖賢, 則必以天地之常者爲心, 而其所以平治天下之道, 又備盡於己, 擧而措之, 易亂爲治, 易危爲安, 固必有自然之應, 而天果未欲平治天下也, 則亦安於理而已. 若天下既已平治, 則亦何用聖人以易之哉.)"라고 되어 있다.

詳說

◯ 上聲.

'복종(覆種)'에서 '종(種 : 씨앗)'자는 상성이다.

◯ 新安倪氏曰 : "布種後以耰, 摩田以覆種."[83]

신안 예씨가 말하였다. "씨를 뿌린 다음에 흙으로 덮는 것은 밭을 갈아 씨를 덮는 일이다."[84]

◯ 旣耕而播, 播而耰.

밭을 간 다음에 씨앗을 뿌리고, 씨앗을 뿌린 다음에 덮는다.

◯ 訓.

훈고이다.

朱註

> 亦不告以津處.
>
> 그 또한 나루터를 알려 주지 않은 것이다.

詳說

◯ 釋言外之事.

말 밖의 일을 풀이하였다.

◯ 新安陳氏曰 : "沮溺以賢人自守之心, 而量聖人濟世之心, 宜其不足以知聖人."[85]

신안 진씨(新安陳氏 : 陳櫟)가 말하였다. "장저와 걸익은 현인이 자신을 지키는 마음으로 성인이 세상을 구제하려는 마음을 헤아렸으니, 당연히 성인을 알기에는 부족하다."

一

83) 호광 편(胡廣 編), 『논어집주대전(論語集註大全)』「미자(微子)」.

84) 씨를 뿌린 다음에 흙으로 덮는 것은 밭을 갈아 씨를 덮는 일이다 : 『논어집주대전』「미자(微子)」에는 "운회의 주석에서는 씨를 뿌린 다음에 흙으로 덮는 것은 밭을 갈아 흙이 파인 곳을 다시 합해 씨가 덮이게 하는 일이라고 하였다.(韻會注, 布種後以耰, 摩田使土開處, 復合以覆種.)"라고 되어 있다.

85) 호광 편(胡廣 編), 『논어집주대전』「미자(微子)」.

[18-6-4]

子路行以告, 夫子憮然, 曰 : "鳥獸不可與同群, 吾非斯人之徒與, 而誰與. 天下有道丘不與易也."

자로가 돌아와서 아뢰니, 공자가 멍하게 있다가 말하였다. "새나 짐승과 함께 무리지어 살 수는 없으니, 내가 이 사람의 무리와 함께하지 않고 누구와 함께 하겠는가? 천하에 도가 있으면 내 함께 바꾸려고 하지 않을 것이다."

朱註

憮, 音武, 與, 如字. 憮然, 猶悵然, 惜其不喻己意也. 言所當與同群者, 斯人而已, 豈可絶人逃世以爲潔哉. 天下若已平治, 則我無用變易.

'무연(憮然)'에서 '무(憮 : 멍함)'는 음이 '무(武 : 굳셈)'이고, '여(與 : 함께함)'자는 뜻과 소리가 원래 글자 그대로 '함께한다'는 의미의 여(與)이다. '멍하게[憮然]'는 '넋이 나가 맥이 빠진 모양[悵然]'과 같으니, 자신의 뜻을 깨닫지 못함을 안타까워하신 것이다. 함께 무리 지을 수 있는 것은 이 사람들뿐이니, 어찌 사람을 끊고 세상을 피하여 그것을 깨끗함으로 여길 수 있겠는가? 천하가 만약 이미 편안하게 다스려졌다면, 내가 바꾸려고 할 필요가 없다.

詳說

○ 訓.

'무연, 유창연(憮然, 猶悵然)'은 훈고이다.

○ 去聲.

'평치(平治)'에서 '치(治 : 다스려짐)'자는 거성이다.

○ 上『註』以與訓以, 此『註』以用釋與, 蓋通用也.

'아무용변역(我無用變易)'이라는 구절에 대해, 앞의 『논어집주(論語集註)』에서는 '여(與 : 함께)'자로 '이(以)'자를 풀이하였고,86) 여기의 『논어집주(論語集註)』에서는 '용(用 : 필요)'자로 '여(與 : 함께)'자를 풀이하였으니, 통용되기 때문이다.

---

86) 앞의 『논어집주(論語集註)』에서는 '여(與 : 함께)'자로 '이(以)'자를 풀이하였고 : [18-6-3] 경문의 『논어집주(論語集註)』에서 "'수이역지(誰以易之)'에서 '이(以)'자는 '여(與 : 함께)'자와 같다.(以猶與也.)"라고 한 것을 말한다.

○ 釋畢.

경문의 풀이가 끝났다.

朱註

正爲天下無道, 故欲以道易之耳.

바로 천하에 도가 없기 때문에 도로써 바꾸려고 할 뿐이라고 말한 것이다.

詳說

○ 去聲.

'정위(正爲)'에서 '위(爲 : 때문에)'자는 거성이다.

○ 此補本文未足之意.

이는 경문에서 충분하지 못한 의미를 보충하였다.

朱註

程子曰 : "聖人不敢有忘天下之心, 故其言如此也."

정자(程子)가 말씀하였다. "성인은 감히 천하를 잊는 마음이 없기 때문에 그 말이 이와 같은 것이다."

詳說

○ 當考.

'정자왈(程子曰)'에서 '정자(程子)'는 동생 정이(程頤)인지 형 정호(程顥)인지 살펴보아야 한다.

○ 雲峰胡氏曰 : "見溺沮之忍."87)

운봉 호씨(雲峯胡氏 : 胡炳文)가 말하였다. "걸익과 장저의 차마 못함을 알겠다."88)

---

87) 호광 편(胡廣 編), 『논어집주대전(論語集註大全)』「미자(微子)」.

88) 걸익과 장저의 차마 못함을 알겠다 : 『논어집주대전』「미자(微子)」에는 "성인은 감히 천하를 잊는 마음이 없다면, 걸익과 장저는 천하를 잊는 자들이다. 성인의 인은 도가 없다하여 천하를 단정하여 버리지 않는다면, 장저와 걸익은 천하를 버리는 자들이다. 인자는 천지와 만물이 한 몸이어서 백성과 자신은 동포이고 사물과 자신은 같은 무리인데, 어찌 차마 잊겠으며 또 어찌 차마 버리겠는가? 이런 점에서 장저와 걸익의 차마 못함과 성인의 인을 행함, 장저와 걸익의 지나침과 성인의 중용을 알 수 있다.(聖人不敢有忘天下之心, 則沮溺忘天下者也. 聖人之仁, 不以

朱註

張子曰 : "聖人之仁, 不以無道必天下而棄之也."

장자(張子 : 張載)가 말하였다. "성인의 인(仁)은 도가 없다 하여 천하를 단정하여 버리시지 않는다."

詳說

○ **猶斷也.**

'필천하(必天下)'에서 '필(必)'자는 '단정한다[斷]'는 뜻과 같다.

無道必天下而棄之, 則沮溺棄天下者也. 仁者, 以天地萬物爲一體, 民胞物與, 何忍忘之, 又何忍棄之. 於此見沮溺之爲忍, 聖人之爲仁, 沮溺之爲過, 聖人之爲中歟.)"라고 되어 있다.

[18-7-1]

子路從而後，遇丈人以杖荷蓧，子路問曰：“子見夫子乎.” 丈人曰：“四體不勤，五穀不分，孰爲夫子.” 植其杖而芸.

자로가 따라가다가 뒤에 처져 있었는데, 지팡이로 대바구니를 멘 장인을 만나자 자로가 물었다. “노인께서는 우리 선생님을 보셨습니까?” 장인이 말하였다. “사지를 부지런히 놀리지 않고 오곡을 나누지 못하면서 누구를 선생님이라고 하는가?” 그렇게 하고는 지팡이를 꽂아놓고 김을 매었다.

朱註

蓧，徒吊反. 植，音値.

‘조(蓧 : 삼태기)’는 ‘도(徒)’와 ‘조(吊)’의 반절(反切)이다. ‘치기장(植其杖)’에서 ‘치(植 : 꽂다)’자는 음이 ‘치(値 : 값)’이다.

詳說

○ 蓋下車問津，仍從而後.

수레에서 내려 나루를 묻고 그대로 따라가다가 뒤에 처진 것이다.

○ 上章因彼所問而答之，故擧姓名，此則主己以問，故稱夫子. 語各有當，彼孰爲之譏果何從而來哉.

앞의 장에서는 그가 묻는 것에 따라서 답했기 때문에 성명을 말했고, 여기에서는 자신이 주체가 되어 물었기 때문에 선생님이라고 하였다. 말에 각기 합당함이 있으니, 그가 무엇 때문에 누구를 따라 왔느냐고 나무란 것이다.

朱註

丈人，亦隱者.

장인(丈人)은 또한 은자(隱者)이다.

詳說

○ 老稱.

‘장인(丈人)’은 노인을 지칭한다.

○ 承上章『註』而言之.

앞 장의 『논어집주(論語集註)』를 이어서 말한 것이다.

○ 本章下文之有隱者二字, 非所拘也.

이 장에서 아래 글에 '은자(隱者)'라는 말이 있는 것에 구애된 사안은 아니다.

朱註

蓧, 竹器. 分, 辨也. 五穀不分, 猶言不辨菽麥爾,

'대바구니[蓧]'는 대그릇이다. '나누다[分]'는 분별하는 것이다. 오곡을 나누지 못한다는 말은 숙맥(菽麥)을 분별하지 못한다고 말하는 것과 같으니,

詳說

○ 出『左』「成」十八年.

'불변숙맥이(不辨菽麥爾)'에서 '변숙맥(辨菽麥)'은 『춘추좌전(春秋左傳)』「성공」 18년 기사에 나온다.89)

○ 沙溪曰 : "雖出於『左傳』, 意則不同."

사계(沙溪 : 金長生)가 말하였다. "『춘추좌전(春秋左傳)』에 나올지라도 의미는 같지 않다."

○ 按, 『左傳』以不慧而不辨, 此以不事其事而不辨.

살펴보건대, 『춘추좌전(春秋左傳)』에서는 지혜롭지 않아 분별하지 못하고, 여기에서는 그 일을 하지 않아 분별하지 못하는 것이다.

朱註

責其不事農業, 而從師遠遊也.

농업(農業)을 일삼지 않고 스승을 따라 멀리 돌아다니는 것을 책망하였다.

詳說

○ 不勤不分.

---

89) 『춘추좌전(春秋左傳)』「성공」 18년 기사에 나온다 : 『춘추좌씨전』「성공」 18년조에 "주자(周子)에게는 형이 있는데 지혜가 없어 콩과 보리도 분간하지 못한다.(周子有兄而無慧, 不能辨菽麥.)"라는 말이 있다.

'책기불사농업(責其不事農業 : 농업(農業)을 일삼지 않고)은 사지를 부지런히 놀리지 않고 오곡을 나누지 못한다는 뜻이다.

○ 孰爲夫子, 有比責意.

'누구를 선생님이라고 하는가?'라는 말에는 비교하여 책망하는 의미가 있다.

朱註

植, 立之也. 芸, 去草也.

'꽂아놓다[植]'는 세워놨다는 말이다. '김을 맨다[芸]'는 풀을 제거하는 일이다.

詳說

○ 上聲.

'거초(去草)'에서 '거(去 : 제거함)'자는 상성이다.

○ 訓間以釋.

훈고를 하는 사이에 경문을 풀이하였다.

[18-7-2]

子路拱而立,

자로가 손을 마주 잡고 서 있으니,

朱註

知其隱者, 敬之也.

그가 은자(隱者)임을 알고 공경한 것이다.

詳說

○ 龜山楊氏曰 : "拱立, 若待命, 敬之至也. 『記』曰 : '遭先生于道, 正立拱手.'"90)

구산 양씨(龜山楊氏 : 楊時)가 말하였다. "손을 마주 잡고 서 있는 것은 명령을 기다리는 것처럼 지극히 공경하는 자세이다. 『예기』에서 '길에서 선생을 만나면 똑

90) 『어정분류자금(御定分類字錦)』「인물(人物)」에 양시(楊時)의 말로 실려 있다.

바로 서서 손을 마주 잡고 있는다.'라고 하였다."[91]

○ 慶源輔氏曰: "此亦子路學力之所至."[92]

경원 보씨(慶源輔氏: 輔廣)가 말하였다. "이 또한 자로가 배우고 힘써서 얻은 것이다."

○ 有釋無訓.

경문의 풀이는 있으나 훈고는 없다.

[18-7-3]

止子路宿, 殺鷄爲黍而食之, 見其二子焉.
자로를 머물러 자게 하고는 닭을 잡고 기장밥을 지어 먹이고 그의 두 아들을 보게 하였다.

朱註

食, 音嗣. 見賢遍反.

'사지(食之)'에서 '사(食: 먹이다)'자는 음이 '사(嗣: 잇다)'이다. '현기이자(見其二子)'에서 '현(見)'은 '현(賢)'과 '편(遍)'의 반절(反切)이다.

詳說

○ 『集註』無文.

『논어집주(論語集註)』에는 글[주석]이 없다.

○ 朱子曰: "知子路賢, 止宿之."

주자(朱子: 朱熹)가 말하였다. "자로의 현명함을 알고 머물러 자게 하였다."

---

91) 손을 마주잡고 서 있는 것은 …… 똑바로 서서 손을 마주잡고 있는다.'라고 하였다: 『어정분류자금』「인물」에 "양씨가 말하였다. '자로가 …… 명령을 기다리는 자처럼 지극히 공경하는 것이니, 『예기』에서 '길에서 선생을 만나면 똑바로 서서 손을 마주잡고 있는다.'라고 하였다.'(楊曰: '子路 …… 猶若待命者, 蓋敬之至也, 記曰: 「遭先生於道正立拱手.」')"라는 말이 있다.

92) 호광 편(胡廣 編), 『논어집주대전(論語集註大全)』「미자(微子)」.

○ 爲黍, 猶言作飯

'기장밥을 지었다[爲黍]'는 것은 밥을 했다는 말과 같다.

[18-7-4]

明日, 子路行以告, 子曰 : "隱者也." 使子路反見之, 至則行矣.

다음 날 자로가 떠나와서 말씀드리니, 공자가"은자(隱者)이다." 하시고, 자로가 돌아가 만나보게 했는데, 도착해 보니 떠나가 버렸다.

朱註

孔子使子路反見之, 蓋欲告之以君臣之義, 而丈人意子路必將復來, 故先去之, 以滅其迹, 亦接輿之意也.

공자가 자로에게 돌아가 만나보게 한 것은 임금과 신하의 의로써 말씀해 주려고 하신 것인데, 장인은 자로가 반드시 다시 올 것이라고 생각하기 때문에 먼저 떠나가 그 종적을 없앤 것이니, 또한 접여(接輿)의 뜻이다.

詳說

○ 下節云云者

'공자사자로반견지, 개욕고지이군신지의(孔子使子路反見之, 蓋欲告之以君臣之義 : 공자가 자로에게 돌아가 만나보게 한 것은 군신의 의로써 말씀해 주려고 하신 것인데)'는 아래의 구절에서 말하는 내용이다.

○ 去聲.

'장부래(將復來)'에서 '부(復 : 다시)'자는 거성이다.

○ 辟之.

'떠나갔다[去之]'는 피했다는 말이다.

○ 不欲聞.

'접여의 뜻[接輿之意]'이라는 말은 듣고 싶지 않다는 것이다.

○ 有釋無訓.

경문의 풀이는 있으나 훈고는 없다.

[18-7-5]

子路曰 : “不仕無義. 長幼之節, 不可廢也, 君臣之義, 如之何其廢之. 欲潔其身, 而亂大倫. 君子之仕也, 行其義也, 道之不行, 已知之矣.”
자로가 말하였다. “벼슬하지 않는 것은 의가 없다는 뜻이다. 그런데 어른과 어린이 사이의 예절을 폐할 수 없으면서 임금과 신하의 의를 어떻게 폐할 수 있겠는가? 자기 몸을 깨끗하게 하고자 하여 큰 인륜을 어지럽히는 일이다. 군자가 벼슬하는 것은 그 의를 행하는 차원이고, 도가 행해지지 않음은 이미 알고 있다.”

詳說

○ 長, 上聲
'장유(長幼)'에서 '장(長 : 어른)'자는 상성이다.

朱註

子路述夫子之意如此.
자로가 공자의 뜻을 이와 같이 기술하였다.

詳說

○ 趙氏曰 : “夫子使之反見, 則必授以見之之意.”[93]
조씨가 말하였다. “공자가 돌아가 만나보게 한 것에는 반드시 만나보고서 주라는 뜻이다.”[94]

○ 初遇之所未言者, 反見而言之, 疑若謂夫子之語者. 而長幼君子云云, 實主子路而爲言, 故『註』先特明其爲述意, 而自言耳. 其言則蓋授其家人, 使告丈人耳.
처음 마주쳤을 때 말하지 않았던 것을 돌아가 만나보고 말하라는 뜻으로 공자의

93) 호광 편(胡廣 編), 『논어집주대전(論語集註大全)』「미자(微子)」.
94) 공자가 돌아가 만나보게 한 것에는 반드시 만나보고서 주라는 뜻이다 : 『논어집주대전』「미자(微子)」에는 “자로가 말한 것이 바로 공자의 말이라고 할 수는 없지만 돌아가 만나보게 한 것에는 반드시 만나보고서 주라는 뜻이다. 그러므로 공자의 뜻을 기술함에 의심이 없음을 알겠다.(子路所言, 雖未可即以爲夫子之語然, 使之反見, 則必授以見之之意矣. 故知其述夫子之意無疑也.)”라고 되어 있다.

말을 얘기하라는 의미로 여겨진다. 그런데 어른과 어린이 사이의 예절과 군자가 벼슬하는 일 등의 말은 실제로 자로를 주체로 말한 것이기 때문에 『논어집주(論語集註)』에서 먼저 특별히 그가 그렇게 서술한 의미를 밝혔으나 스스로 말한 일일 뿐이다. 그 말은 그 집안사람들에게 주어 장인에게 알리라는 것이다.

朱註

蓋丈人之接子路甚倨, 而子路益恭, 丈人因見其二子焉. 則於長幼之節, 固知其不可廢矣. 故因其所明以曉之.

장인이 자로를 대한 것이 매우 거만하였으나 자로가 더욱 공손히 하자, 장인이 그 때문에 그의 두 아들을 보게 하였다. 그렇다면 장유의 예절에 대해 진실로 폐할 수 없음을 안 것이다. 그러므로 그 밝은 부분에 따라 깨우쳐주려고 했던 것이다.

詳說

○ 首節.

'장인지접자로심거(丈人之接子路甚倨 : 장인이 자로를 대한 것이 매우 거만하였으나)'는 경문의 첫 번째 구절이다.

○ 次節.

'자로익공(子路益恭 : 자로가 더욱 공손히 하자)'은 경문의 두 번째 구절이다.

○ 三節 .

'장인인견기이자언(丈人因見其二子焉 : 장인이 그 때문에 그의 두 아들을 보게 했다)'은 경문의 세 번째 구절이다.

○ 慶源輔氏曰 : "因子路之敬長, 有以感發其心."[95]

'어장유지절, 고지기불가폐의(於長幼之節, 固知其不可廢矣 : 어른과 어린이 사이의 예절에 대해 진실로 폐할 수 없음을 안 것이다)'에 대해, 경원 보씨(慶源輔氏 : 輔廣)가 말하였다. "자로가 어른을 공경한 것 때문에 감동하여 그 마음을 드러냈던 것이다."[96]

---

95) 호광 편(胡廣 編), 『논어집주대전(論語集註大全)』「미자(微子)」.

96) 자로가 어른을 공경한 것 때문에 감동하여 그 마음을 드러냈던 것이다 : 『논어집주대전』「미자(微子)」에는 "장인이 자로를 대함에 오만했으나 자로가 더욱 공손하니, 장인이 그 때문에 그의 두 자식을 보게 했던 것이다. 자로가 어른을 공경한 것 때문에 감동하여 그 마음을 드러냈던

○ 如孟子因許子所已明之大小, 以明吾精麤也.

'인기소명이효지(因其所明以曉之 : 그 밝은 부분에 따라 깨우쳐주려고 했던 것이다)'는 맹자가 허자(許子)의 이미 밝은 대소를 따라 자신의 정밀하고 거친 것을 밝힌 것과 같다.97)

것으로 어른과 어린이 사이의 예절을 없앨 수 없음을 알았던 것이다. 어른과 어린이 사이의 예절과 임금과 신하의 의는 모두 하늘이 내놓은 법으로 사람들에게 없을 수 없는 것이다. 장인은 어른과 어린이 사이의 예절을 없앨 수 없음을 알았으나 임금과 신하의 의를 없앨 수 없음을 몰랐던 것이니, 바로 그 마음에 가려진 것이 있기 때문에 한편으로는 잘하고 한편으로는 못하고 또는 밝고 또는 어두우면서도 그것이 왜 그런지를 스스로 몰랐다. 성인이 이 때문에 그가 밝은 부분에 따라 깨우쳐주려고 했던 것이다.(丈人之接子路雖倨, 而子路益恭, 丈人因見其二子, 蓋因子路之敬長, 有以感發其心, 而知長幼之節不可廢耳. 夫長幼之節君臣之義, 皆天敍之典, 人之所不能無也. 丈人知長幼之節不可廢, 而不知君臣之義不可廢, 是其心必有所蔽, 故一得一失或明或暗, 而不自知其然也. 聖人於此, 因其所明而曉之.)"라고 되어 있다.

97) 맹자가 허자(許子)의 이미 밝은 대소를 따라 자신의 정밀하고 거친 것을 밝힌 것과 같다 : 『맹자(孟子)』「등문공상(滕文公上)」에서는 다음과 같이 되어 있다. "진상(陳相)이 허행(許行)을 보고 크게 기뻐하여, 배운 것을 다 버리고 그에게 배우더니, 진상이 맹자를 보고서 허행의 말을 전하였다. '등나라 군주는 진실로 현군이지만 아직 도는 듣지 못하였습니다. 현자는 백성들과 함께 밭 갈고 먹으며 밥을 짓고 정치를 합니다. 지금 등나라에는 창고와 곳집이 있는데, 이는 백성을 해쳐서 자기를 봉양하는 일이니, 어찌 어질 수 있겠습니까?' 맹자가 물었다. '허자(許子)는 반드시 곡식을 심은 뒤에 먹는가?' 답하였다. '그렇습니다.' '허자는 반드시 삼베를 짠 뒤에 입는가?' '아닙니다. 허자는 갈옷을 입습니다.' '허자는 관을 쓰는가?' '관을 씁니다.' '무슨 관을 쓰는가?' '흰 비단으로 관을 만듭니다.' '스스로 그것을 짜는가?' '아닙니다. 곡식을 주고 바꿔옵니다.' '허자는 어찌하여 스스로 짜지 않는가?' '농사일에 방해되기 때문입니다.' '허자는 가마솥과 시루로써 밥을 지으며, 쇠붙이로써 밭을 가는가?' '그렇습니다.' '자기가 스스로 만드는가?' '아닙니다. 곡식을 주고 바꿔옵니다.' '곡식을 가지고 기물[械器]을 바꾸는 것은 도공(陶工)이나 야공(冶工)을 해침이 되지 아니하니, 도공(陶工)이나 야공(冶工)을 또한 그 기물[械器]을 가지고 곡식과 바꾸는 것이 어찌 농부를 해침이 되겠는가? 또 허자는 어찌 도야를 만들어 다만 모두 그 집안에서 취하여 쓰지 아니하고, 어찌하여 바쁘게 백공(百工)들과 교역하는가. 어찌하여 허자는 번거로움을 꺼리지 않는가?' 대답하였다. '백공의 일은 진실로 밭 갈고 또 할 수는 없는 것입니다.' '그렇다면 천하를 다스리는 것은 홀로 밭 갈고 또 할 수 있단 말인가? 대인의 일이 있고 소인의 일이 있다. 또 한 사람의 몸에 백공의 하는 일이 구비되어 있으니, 만일 반드시 자기가 만든 뒤에야 쓴다면 이는 천하 사람을 거느리고서 길로 분주히 왕래하게 하는 것이다. 그러므로 옛말에 '혹은 마음을 수고롭게 하며, 혹은 힘을 수고롭게 하나니, 마음을 수고롭게 하는 자는 남을 다스리고, 힘을 수고롭게 하는 자는 남에게 다스려진다.'라고 하였으니, 남에게 다스려지는 자는 남을 먹여주고, 남을 다스리는 자는 남에게 얻어먹는 것이 천하의 공통된 의리이다.'(陳相見許行而大悅, 盡棄其學而學焉, 陳相見孟子, 道許行之言曰 : '君則誠賢君也, 雖然未聞道也. 賢者, 與民竝耕而食, 饔飱而治. 今也滕有倉廩府庫, 則是厲民而以自養也, 惡

朱註

倫, 序也. 人之大倫有五, 父子有親, 君臣有義, 夫婦有別, 長幼有序, 朋友有信, 是也.

인륜[倫]은 차례이다. 사람의 큰 인륜에는 다섯 가지가 있으니, 부모와 자식 사이에 친함이 있고, 임금과 신하 사이에 의가 있으며, 남편과 아내 사이에 분별이 있고, 어른과 어린이 사이에 차례가 있으며, 친구 사이에 믿음이 있는 것이 이에 해당한다.

詳說

○ 彼列反.

'부부유별(夫婦有別)'에서 '별(別)'은 '피(彼)'와 '열(列)'의 반절(反切)이다.

○ 出『孟子』「滕文公」.

'부자유친, 군신유의, 부부유별, 장유유서, 붕우유신(父子有親, 君臣有義, 夫婦有別, 長幼有序, 朋友有信 : 부모와 자식 사이에 친함이 있고, 임금과 신하 사이에 의가 있으며, 남편과 아내 사이에 분별이 있고, 어른과 어린이 사이에 차례가 있으며, 친구 사이에 믿음이 있다)'은 『맹자(孟子)』「등문공」에 나온다.[98]

○ 新安陳氏曰 : "此謂亂大倫, 只是說廢君臣之倫."[99]

得賢.' 孟子曰 : '許子必種粟而後食乎.' 曰 : '然.' '許子必織布而後衣乎.' 曰 : '否. 許子衣褐.' '許子冠乎.' 曰 : '冠.' 曰 : '奚冠.' 曰 : '冠素.' 曰 : '自織之與.' 曰 : '否. 以粟易之.' 曰 : '許子奚爲不自織.' 曰 : '害於耕.' 曰 : '許子以釜甑爨以鐵耕乎.' 曰 : '然.' '自爲之與.' 曰 : '否. 以粟易之.' '以粟易械器者, 不爲厲陶冶, 陶冶亦以其械器易粟者, 豈爲厲農夫哉. 且許子, 何不爲陶冶, 舍皆取諸其宮中而用之, 何爲紛紛然與百工交易. 何許子之不憚煩.' 曰 : '百工之事, 固不可耕且爲也.' '然則治天下, 獨可耕且爲與. 有大人之事, 有小人之事. 且一人之身, 而百工之所爲備, 如必自爲而後用之, 是率天下而路也. 故曰 : '或勞心, 或勞力, 勞心者治人, 勞力者治於人.' 治於人者食人, 治人者食於人, 天下之通義也.')."

98) 『맹자(孟子)』「등문공」에 나온다 : 『맹자(孟子)』「등문공상(滕文公上)」에 "후직(后稷)이 백성들에게 농사를 가르쳐서 오곡을 심고 가꾸게 했는데, 오곡이 성숙함에 인민이 잘 길러졌다. 인간에게는 도리가 있으니, 배불리 먹고 따뜻이 옷을 입어서 편안히 거처하기만 하고 가르침이 없으면 금수와 가까워진다. 이 때문에 성인이 이를 근심하시어, 설(契)로 하여금 사도(司徒)를 삼아 인륜을 가르치게 하셨으니, 부자간에는 친함이 있고, 군신간에는 의가 있으며, 부부간에는 분별이 있고, 장유간에는 차례가 있으며, 친구간에는 믿음이 있는 것이다.(后稷敎民稼穡, 樹藝五穀, 五穀熟而民人育. 人之有道也, 飽食煖衣, 逸居而無敎, 則近於禽獸. 聖人有憂之, 使契爲司徒, 敎以人倫, 父子有親, 君臣有義, 夫婦有別, 長幼有序, 朋友有信.)"라는 말이 있다.

신안 진씨(新安陳氏 : 陳櫟)가 말하였다. “여기서 큰 인륜을 어지럽힌다고 말한 것은 임금과 신하의 인륜을 어지럽히는 사안을 말할 뿐이다.”[100]

○ 長幼之倫, 視君臣爲小, 而彼反能知之.

어른과 어린이 사이의 인륜은 임금과 신하보다 작으니, 그가 되돌려 알 수 있는 것이다.

朱註

仕, 所以行君臣之義. 故雖知道之不行, 而不可廢.

벼슬하는 일은 임금과 신하의 의를 행하는 것이다. 그러므로 비록 도가 행해지지 못할 것을 알면서도 폐할 수 없다.[101]

---

99) 호광 편(胡廣 編), 『논어집주대전(論語集註大全)』「미자(微子)」.

100) 여기서 큰 인륜을 어지럽힌다고 말한 것은 임금과 신하의 인륜을 어지럽히는 사안을 말할 뿐이다 : 『논어집주대전』「미자(微子)」에는 “큰 인륜은 오륜에 갖추어졌으니, 여기서 자기 몸을 깨끗이 하려고 큰 인륜을 어지럽힌다고 말한 것은 임금과 신하의 큰 인륜을 어지럽히는 사안을 말할 뿐이다.(大倫備於五者, 此所謂潔身而亂大倫, 只是說廢君臣之大倫.)”라고 되어 있다.

101) 『주자어류(朱子語類)』 권48, 「논어30(論語三十)」, 21조목에는 다음과 같이 설명되어 있다. “물었다. ‘『논어집주(論語集註)』에 ‘벼슬하는 일은 임금과 신하의 의를 행하는 것이다. 그러므로 비록 도가 행해지지 못할 것을 알면서도 폐할 수 없다.’라고 했고, 마지막에는 ‘또한 의(義)를 잊고 녹(祿)을 따르지도 않는다.’라고 했는데 이것을 보면 ‘의(義)’자에 두 가지 의미가 있는 것 같습니다. 주희가 말하였다. ‘어떻게 두 가지 뜻이 있겠는가? 한 가지 의미일 뿐이다. 의리에 대해 말하자면 이는 곧 거취를 모두 떠나서 하는 말이다. 도에 합치되면 따르고 합치되지 않으면 떠나는 것이 곧 의리이지 벼슬에 나가는 일만이 의리가 된다고 말하는 것이 아니다. 그러나 도에 합치되면 따르고 합치되지 않으면 떠나는 것은 오직 벼슬하는 방법을 깨달은 차원이다. ‘벼슬하지 않음은 의리가 없는 것이다.’는 말은 벼슬하지 않음은 이러한 의리가 없음을 말한 것이다. 성인이 세상을 근심하는 마음은 진실로 임금을 얻어 도를 행하고자 하는 것을 급하게 여긴다. 위나라 영공이 병법에 대해 묻자 ‘다음날 바로 떠나셨고’, 제나라 경공이 ‘계씨와 맹씨의 중간 정도로 대우하겠소.’라고 말하고 ‘내가 늙어서 등용할 수 없겠소.’라고 하자 공자께서 떠나셨으며, 계환자가 여자 악사를 받아들이자 공자께서 떠나셨으니 하나라도 의리가 아님이 없다.’(問 : ‘『集注』云 : ‘仕, 所以行君臣之義, 故雖知道之不行, 而不可廢.’ 末云 : ‘亦非忘義徇祿也.’ 此‘義’字, 似有兩意.’ 曰 : ‘如何是有兩意? 只是一意. 纔說義, 便是摠去·就都說. 道合則從, 不合則去, 卽此是義, 非但只說要出仕爲義. 然道合則從, 不合則去, 唯是出仕方見得. ‘不仕無義’, 纔說不仕, 便都無了這義. 聖人憂世之心, 固是急欲得君行道. 到得靈公問陳, ‘明日遂行’ ; 景公‘以季孟之間待之.’ 曰: ‘吾老矣, 不能用也’, 孔子行’ ; 季桓子受女樂, ‘孔子行’, 無一而非義.’)”

詳說

◯ 以論錯釋間之以訓.

경문의 의미 설명으로 경문의 풀이를 섞으면서 훈고를 곁들였다.

朱註

然謂之義, 則事之可否, 身之去就, 亦自有不可苟者. 是以雖不潔身以亂倫, 亦非忘義以徇祿也.

그런데 그것을 일러 의(義)라고 하였다면, 일의 가부와 몸의 거취에 또한 스스로 구차스럽게 해서는 안 되는 것이 있다. 이 때문에 몸을 깨끗이 하여 인륜(人倫)을 어지럽히지 않고, 또한 의(義)를 잊고 녹(祿)을 따르지도 않는다.[102]

詳說

◯ 此又摘出義字, 論本文言外意.

여기에서 또 의(義)자를 뽑아서 경문에서 말 밖의 의미를 풀이하였다.

◯ 新安陳氏曰 : "亂倫過乎中庸, 徇祿不及乎中庸."[103]

신안 진씨(新安陳氏 : 陳櫟)가 말하였다. "인륜을 어지럽히는 일은 중용을 지나친 것이고, 녹봉을 따르는 일은 중용에 미치지 못한 것이다."[104]

102) 『주자어류(朱子語類)』 권48, 「논어30(論語三十)」, 22조목에는 다음과 같이 설명되어 있다. "아부가 물었다. 『논어집주(論語集註)』에서 '그것을 일러 의(義)라고 하였다면, 일의 가부와 몸의 거취에 또한 스스로 구차스럽게 해서는 안 되는 것이 있다.'고 했습니다. 주희가 말하였다. '옛날에 당시 사람들이 이 단락을 말할 때는 도가 벼슬을 하는데 합치되면 비로소 벼슬을 하는 것이 곧 의리라고 말하였다. 벼슬에 대해 전혀 알지도 못하면서 한결같이 벼슬을 구하는 데 몰두하지는 않았다. 마치 맹자가 '나가서 벼슬하는 경우가 셋이 있고, 벼슬을 그만두는 경우가 셋이 있다.'라고 말한 것이나, '공자께서는 도가 행해질 가능성이 있음을 보고 벼슬하였고, 예를 갖추어 대접해준 경우에 벼슬하였으며, 현자를 기르는 예를 다할 경우에 벼슬하였다.'는 것은 벼슬을 하려고 하지 않은 것은 아니지만 일찍이 의리가 어떠한지를 고려하지 않은 것은 아니다.'(亞夫問 : '『集注』 云: '謂之義, 則事之可否, 身之去就, 誠有不苟然者.'' 曰 : '舊時人說此段, 只說道合出仕纔仕, 便是義. 殊不知所謂仕, 不是埋頭一向只要仕. 如孟子說『所就三, 所去三', 與 '孔子有見行可之仕, 有際可之仕, 有公養之仕', 雖是未嘗不欲仕, 亦未嘗不顧其義之如何.')"

103) 호광 편(胡廣 編), 『논어집주대전(論語集註大全)』「미자(微子)」.

104) 인륜을 어지럽히는 일은 중용을 지나친 것이고, 녹을 따르는 일은 중용에 미치지 못한 것이다 : 『논어집주대전』「미자(微子)」에는 "자신이 몸을 깨끗이 하여 인륜을 어지럽히는 일은 장저와 걸익이 장수하며 중용을 지나친 것이고, 의를 잊고 록을 따르는 일은 관리들 가운데 부귀

朱註

福州有國初時寫本, 路下有反子二字, 以此爲子路反而夫子言之也, 未知是否.
복주(福州)에 국초(國初 : 송나라 초기) 때의 사본(寫本)이 있는데, '로(路)'자의 아래에 '돌아오자 공자가[反子]'라는 말이 있으니, 이로써 자로(子路)가 돌아오자, 공자가 말한 것으로 하였는데, 옳은지 그른지는 모르겠다.

詳說

○ 宋初.
'국초(國初)'는 송나라 초기이다.

○ 新安陳氏曰 : "朱子嘗爲福之同安簿, 意必自見此本."[105]
신안 진씨(新安陳氏 : 陳櫟)가 말하였다. "주자(朱子 : 朱熹)가 복주의 동안부를 지낸 적이 있으니, 아마도 반드시 자신이 이 사본을 보았을 것이다."

○ 此則聊備一說耳.
이는 그냥 하나의 설명으로 올린 것이다.

○ 雙峰饒氏曰 : "前章說救世之仁, 此章說出仕之義. 道指全體言, 義指一事言."[106]
쌍봉 요씨(雙峰饒氏 : 饒魯)가 말하였다. "앞장에서는 세상을 구하는 인을 말하였고, 이 장에서는 벼슬하러 나가는 의를 말하였다. 도는 전체를 가리켜서 말하였고, 의는 한 가지 일을 가리켜서 말한 것이다."[107]

를 좇는 무리로 중용에 미치지 못한 것이다.(潔身亂倫, 沮溺丈人之儔, 過乎中庸者也. 忘義狗祿, 苟仕饕富貴之徒, 不及乎中庸者也.)"라고 되어 있다.

105) 호광 편(胡廣 編), 『논어집주대전(論語集註大全)』「미자(微子)」.

106) 호광 편(胡廣 編), 『논어집주대전(論語集註大全)』「미자(微子)」.

107) 앞장에서는 세상을 구하는 인을 말하였고 …… 의는 한 가지 일을 가리켜서 말한 것이다 : 『논어집주대전』「미자(微子)」에는 "앞장에서 '천하에 도가 있으면 함께 바꾸려고 하지 않는다.'라는 말에서 성인이 세상을 구제하려는 인을 알 수 있고, 이 장에서 '군신의 인륜은 폐할 수 없다.'라는 말에서 성인이 나가서 벼슬하는 의를 알 수 있다. 물었다. '의와 도가 행해지지 않는 것을 행함에 그것들을 어떻게 구분합니까?' 답하였다. '일반적으로 도는 전체를 가리켜서 말하였고, 의는 한 가지 일을 가리켜서 말한 것입니다. 이를테면 부자간에 친하고 군신간에 의가 있는 것에서 친구간에 믿음이 있는 것까지는 종합적으로 모든 도를 말한 것입니다. 성인의 도가 천하에 행해지면 사람마다 이 도를 공유합니다. 의와 같은 것은 단지 군신간에 의가 있는 하나일 뿐이지만 도는 반드시 현군을 만난 다음에 행해지고, 의는 자신이 행하는 것입니다. 공자는 당시에 도가 행해지지 않을 것을 알았지만 자신은 의를 행하지 않을 수 없었습니다.'(前章說天下有道不與易, 可見聖人救世之仁, 此章說君臣之倫不可廢, 可見聖人出仕之

朱註

范氏曰:"隱者爲高, 故往而不返, 仕者爲通, 故溺而不止. 不與鳥獸同群, 則决性命之情, 以饕富貴,

범씨가 말하였다. "은자(隱者)는 고상함을 행하기 때문에 떠나서 돌아오지 않으며, 벼슬하는 자는 통달함을 행하기 때문에 빠져서 중지하지 않는다. 사람들은 새나 짐승과 하나로 무리를 이루지 않으면, 성명(性命)의 정(情)을 파괴하여 부귀(富貴)를 탐하니,

詳說

○ 雙峰饒氏曰:"做那高尚底事."108)

'은자위고(隱者爲高 : 은자(隱者)는 고상함을 행한다)'에 대해, 쌍봉 요씨(雙峰饒氏 : 饒魯)가 말하였다. "저렇게 고상한 일을 한다."109)

○ 雙峯饒氏曰:"做那通達底事."110)

'사자위통(仕者爲通 : 벼슬하는 자는 통달함을 행한다)'에 대해, 쌍봉 요씨(雙峰饒氏 : 饒魯)가 말하였다. "저렇게 통달된 일을 한다."111)

義. 問:'行其義與道之不行, 道義如何分.' 曰:'只一般道指全體言, 義指一事言. 如父子親君臣義至朋友信, 總言皆道也. 聖人之道行於天下, 則人人共由此道. 如義只是君臣有義一件而已, 然道必遇賢君而後行, 義則是我自家行底. 孔子雖知當時道之不行, 而自家却不可不行其義.')"라고 되어 있다.

108) 호광 편(胡廣 編), 『논어집주대전(論語集註大全)』「미자(微子)」.

109) 저렇게 고상한 일을 한다 : 『논어집주대전』「미자(微子)」에는 "'행한다[爲]'는 것은 만들어서 행한다고 할 때의 행한다는 말이다. 은자는 오로지 고상한 일을 하려고 하기 때문에 오래도록 떠나서 돌아오지 않는 것을 좋게 여긴다. 벼슬하는 자는 오로지 통달된 일을 하려고 하기 때문에 하류에 빠져서 중지하지 않는다. 고상함을 행하는 자는 사물을 끊고 세상을 잊으며, 통달함을 행하는 자는 잘한 것도 근심하고 잘못한 것도 근심하니, 두 경우는 모두 중도가 아니다. '파괴한다[决]'는 것은 제방에서 터진 물이 제방을 파괴하며 치닫는 일과 같다. 성(性)은 천명에 근원하고 발현하면 정(情)이 되니, 모두 천리에 발현하여 나온 것을 성명의 정이라고 하는 것이다. 마음이 부귀를 탐하여 빠지면, 반드시 성이 발현되어 사단의 정이 된 것을 파괴하는 일이 터진 물이 제방을 파괴하는 것과 같으니, 어떻게 물을 머물러 있게 할 수 있겠는가?(爲是作爲之爲. 隱者, 專要做那高尚底事, 所以甘於長往而不返. 仕者, 專要做那通達底事, 所以溺於下流而不止也. 爲高者, 絶物忘世, 爲通者, 患得患失, 二者, 皆非中道. 决如决水壞了隄防便走了水. 性原於命, 發爲情, 皆天理發見出來者, 所以謂之性命之情. 若心貪溺於富貴, 必壞了性所發爲四端之情, 如决去水之隄防, 如何留得水住.)"라고 되어 있다.

110) 호광 편(胡廣 編), 『논어집주대전(論語集註大全)』「미자(微子)」.

○ 爲高.

'불여조수동군(不與鳥獸同群 : 새나 짐승과 하나로 무리를 이루지 않으면)'은 고상함을 행한다는 말이다.

○ 雙峯饒氏曰 : "性原於命, 發爲情, 皆天理發見出來者, 所以謂之性命之情."112)

'성명지정(性命之情)'에 대해, 쌍봉 요씨(雙峰饒氏 : 饒魯)가 말하였다. "성(性)은 천명에 근원하고 발현하면 정(情)이 되니, 모두 천리에 발현하여 나온 것을 성명의 정이라고 하는 것이다."113)

○ 决性命, 猶言索性也. 之情二字, 不必深究.

'성명(의 정)을 파괴한다.[决性命]'는 것은 '성을 찾는다.[索性]'는 말과 같다. '~의 정[之情]'이라는 말은 굳이 깊이 궁구할 필요가 없다.

○ 音叨.

'도부귀(饕富貴)'에서 '도(饕 : 탐함)'자는 음이 '도(叨 : 탐하다)'와 같다.

○ 九字, 出『莊子』「騈拇」篇.

'결성명지정, 이도부귀(决性命之情, 以饕富貴 : 성명이 정을 파괴하여 부귀를 탐한다)'라는 아홉 글자는 『장자』「변무」에 나온다.114)

○ 爲通.

'도부귀(饕富貴 : 부귀(富貴)를 탐하니)'는 통달함을 행한다는 말이다.

---

111) 저렇게 통달된 일을 한다 : 『논어집주대전』「미자(微子)」에는 "'행한다[爲]'는 것은 만들어서 행한다고 할 때의 행한다는 말이다. …… 벼슬하는 자는 오로지 통달된 일을 하려고 하기 때문에 하류에 빠져서 중지하지 않는다.(爲是作爲之爲. …… 仕者, 專要做那通達底事, 所以溺於下流而不止也.)"라고 되어 있다.

112) 호광 편(胡廣 編), 『논어집주대전(論語集註大全)』「미자(微子)」.

113) 성(性)은 천명에 근원하고 발현하면 정(情)이 되니 …… 성명의 정이라고 하는 것이다 : 『논어집주대전』「미자(微子)」에는 "…… 성(性)은 천명에 근원하고 발현하면 정(情)이 되니, 모두 천리에 발현하여 나온 것을 성명의 정이라고 한다. 마음이 부귀를 탐하여 빠지면, 반드시 성이 발현되어 사단의 정이 된 것을 파괴하는 일이 터진 물이 제방을 파괴하는 것과 같으니, 어떻게 물을 머물러 있게 할 수 있겠는가?(…… 性原於命, 發爲情, 皆天理發見出來者, 所以謂之性命之情. 若心貪溺於富貴, 必壞了性所發爲四端之情, 如决去水之隄防, 如何留得水住.)"라고 되어 있다.

114) '성명이 정을 파괴하여 부귀를 탐한다.'라는 말은 『장자』「변무」에 나온다 : 『장자』「변무」에 "불인한 사람은 성명의 정을 파괴하여 부귀를 탐한다.(不仁之人, 决性命之情, 而饕富貴.)"라는 말이 있다.

朱註

此二者皆惑也. 是以依乎中庸者, 爲難. 惟聖人不廢君臣之義, 而必以其正,
이 두 경우는 모두 미혹된 것이다. 이 때문에 중용(中庸)에 의지하여 행하는 일이 어렵다. 오직 성인은 임금과 신하 사이의 의를 폐하지 않으면서도 반드시 그 정도(正道)로써 하기

詳說

○ 見『中庸』.
'의호중용(依乎中庸 : 중용(中庸)에 의지하여)'은 『중용(中庸)』에 보인다.[115]

○ 『大全』曰 : "不潔身亂倫."[116]
'유성인불폐군신지의(惟聖人不廢君臣之義 : 오직 성인은 임금과 신하 사이의 의를 폐하지 않으면서도)'에 대해, 『논어집주대전(論語集註大全)』에서 말하였다. "자기 몸을 깨끗이 하여 인륜을 어지럽히지 않는다."

○ 『大全』曰 : "不忘義徇祿."[117]
'필이기정(必以其正 : 반드시 그 정도(正道)로써 하다)'에 대해, 『논어집주대전(論語集註大全)』에서 말하였다. "의를 잊고 녹을 따르지 않는다."

朱註

所以或出或處, 而終不離於道也."
때문에 때로는 세상에 나가고 때로는 은둔하여도, 끝내 도에서 떠나가지 않는 것이다."

詳說

○ 上聲.

115) 『중용(中庸)』에 보인다 : 『중용장구(中庸章句)』 제11장에 "군자는 중용에 의지하여 세상을 피해 인정받지 못하여도 후회하지 않으니, 성인만 할 수 있는 것이다.(君子依乎中庸, 遯世不見知而不悔, 唯聖者能之.)"라는 말이 있다.

116) 호광 편(胡廣 編), 『논어집주대전(論語集註大全)』 「미자(微子)」에는 "不潔身以亂倫."라고 되어 있다.

117) 호광 편(胡廣 編), 『논어집주대전(論語集註大全)』 「미자(微子)」에는 "不忘義而徇祿."라고 되어 있다.

‘혹처(或處)’에서 ‘처(處 : 집에 있음)’자는 상성이다.

○ 四字, 出『易』「繫辭」.

‘혹출혹처(或出或處 : 때로는 세상에 나가고 때로는 은둔하여도)’라는 네 글자는 『주역(周易)』「계사전」에 나온다.118)

○ 去聲.

‘불리(不離)’에서 ‘리(離 : 떠남)’자는 거성이다.

○ 『大全』曰 : “中庸之道.”119)

‘종불리어도야(終不離於道也 : 끝내 도에서 떠나가지 않는 것이다)’에 대해, 『논어집주대전(論語集註大全)』에서 말하였다. “중용의 도이다.”

○ 勉齋黃氏曰 : “四子誠不爲無病, 然想見其清風高節, 使人起慕.”120)

면재 황씨(勉齋黃氏 : 黃幹)가 말하였다. “네 사람에게는 진실로 병통이 없는 것은 아니지만 상상해 보면 그들의 맑은 기풍과 높은 절개가 사람들을 일으켜 흠모하게 한다.”121)

---

118) 네 글자는 『주역(周易)』「계사전」에 나온다 : 『주역(周易)』「계사전상(繫辭傳上)」에 “공자가 말하였다. ‘군자의 도는 때로는 세상에 나아가고 때로는 은둔하며, 때로는 침묵하고 때로는 말하지만 두 사람이 마음을 함께 하니, 그 날카로움이 쇠를 절단한다. 마음을 함께 하는 말은 그 향기로움이 난초와 같다.’(子曰 : ‘君子之道, 或出或處, 或黙或語, 二人同心, 其利斷金. 同心之言, 其臭如蘭.’)”라는 말이 있다.

119) 호광 편(胡廣 編), 『논어집주대전(論語集註大全)』「미자(微子)」에는 “道即中庸之道.”라고 되어 있다.

120) 호광 편(胡廣 編), 『논어집주대전(論語集註大全)』「미자(微子)」.

121) 네 사람에게는 진실로 병통이 …… 높은 절개가 사람들을 일으켜 흠모하게 한다 : 『논어집주대전』「미자(微子)」에는 “접여 이하로 세 장을 나열하여 공자가 떠나간 다음에 공자가 합하지 못해 떠났을지라도 세상을 소홀히 여기고 잊은 적이 없어 성인의 출처가 됨을 밝혔다. 그런데 세 장을 읽고 이 네 사람을 봄에 성인의 중도를 법으로 하면, 진실로 병통이 없는 것이 아니지만 그 말을 음미하고 그 용모를 보면서 단지 그 사람됨을 상상해 보면, 그들의 맑은 기풍과 높은 절개가 여전히 사람들을 일으켜 흠모하게 한다. 저들이 성인에게서 여전히 마음에 차지 않는 것이 이와 같다면, 그들이 세상에서 이익과 녹봉을 탐해 그칠 줄 모르는 자들을 보면 개돼지와 같을 뿐만이 아니니, 어찌 당세의 현인이면서 우뚝 서 있는 자들이 아니겠는가! 자로가 길을 가는 것으로는 가다가 장인의 옆에 손을 마주잡고 서 있는 것은 자제와 같았으니, 어찌 진실로 존경하는 까닭이 아니겠는가? 일찍이 ‘네 사람과 같은 경우는 오직 다음 연후에 그들이 중도에 부합하지 못해 공자에게 미치지 못했음을 말할 수 있으나 함부로 말해서는 안 된다.’라고 한 적이 있다. 녹봉을 탐하고 이익을 좋아하는 무리가 사사로움을 편리에 따라 구하는 것에 대해 또한 네 사람을 빌어 꾸짖었으니, 그들이 벼슬하지 않아서는 안 됨을 알게 하고

○ 雙峰饒氏曰："勉齋此段發『集註』之未發, 又嘗云：'今日救世之道, 正當扶起沮溺等人,' 此眞名言."122)

쌍봉 요씨(雙峰饒氏：饒魯)가 말하였다. "면재는 여기에서 『논어집주(論語集註)』에서 언급하지 않은 것을 말했고, 또 일찍이 '요즘 세상을 구제하는 도는 바로 장저와 걸익 등의 사람을 떠받쳐 일으키는 것에 해당한다.'라고 했으니, 이것은 진실로 명언이다."123)

○ '不仕無義', 此章之題目.

'불사무의(不仕無義：벼슬하지 않음은 의가 없다)가 이 장의 제목이다.

대부분 역량을 몰랐음을 드러나게 하였다.(列接輿以下三章, 於孔子行之後, 以明夫子雖不合而去, 然亦未嘗恝然忘世, 所以爲聖人之出處也. 然即三章讀之見此四子者, 律以聖人之中道, 則誠不爲無病, 然味其言觀其容, 止以想見其爲人, 其淸風高節, 猶使人起敬起慕. 彼於聖人猶有所不滿於心如此, 則其視世之貪利祿而不知止者, 不啻若犬彘耳, 是豈非當世之賢而特立者歟. 以子路之行, 行而拱立丈人之側, 若子弟然, 豈非其眞可敬故歟. 嘗謂'若四人者, 惟夫子然後, 可以議其不合於中道, 未至夫子者, 未可以妄議也.' 貪祿嗜利之徒, 求以自便其私, 亦借四子而詆之, 欲以見其不可不仕, 多見其不知量也.)"라고 되어 있다.

122) 호광 편(胡廣 編), 『논어집주대전(論語集註大全)』「미자(微子)」.

123) 면재는 여기에서 『집주(集註)』에서 말하지 않은 …… 이것은 진실로 명언이다：『논어집주대전』「미자(微子)」에는 "면재는 여기에서 『논어집주(論語集註)』에서 언급하지 않은 것을 말하였다. 네 사람은 모두 현인으로 그들은 세상이 어지러운 것을 보고 세상을 피하는 것으로 높은 절개를 삼았으니, 어떤 등급인가? 다만 공자의 뜻은 이 세상에서 사람마다 이처럼 세상을 피한다면 천하를 누구와 다스릴 것인가라는 점이다. 그러므로 그 의를 행하지 않을 수 없다. 면재는 또 일찍이 '요즘 세상을 구제하는 도는 바로 장저와 걸익 등의 사람들을 떠받쳐 일으키는 것에 해당한다.'라고 했으니, 이것은 진실로 명언이다.(勉齋此段發『集註』之未發, 四子皆賢人, 他纔見世亂, 便以避世爲高, 是甚次第. 但孔子之意, 則又謂當此世, 若人人如此避世, 天下誰與治者. 故不得不行其義. 勉齋又嘗云：'在今日救世之道, 正當扶起沮溺等人', 此眞名言.)"라고 되어 있다.

[18-8-1]

逸民, 伯夷, 叔齊, 虞仲, 夷逸, 朱張, 柳下惠, 少連.

일민(逸民)은 백이(伯夷)와 숙제(叔齊)와 우중(虞仲)과 이일(夷逸)과 주장(朱張)과 유하혜(柳下惠)와 소련(少連)이었다.

朱註

少, 去聲, 下同. 逸, 遺逸, 民者, 無位之稱. 虞仲, 卽仲雍, 與泰伯同竄荊蠻者.

'소련(少連)'에서 '소(少 : 적음)'자는 거성으로, 아래에서도 같다. 일(逸)은 벼슬길에서 빠져 있음이고, 민(民)이란 지위가 없는 사람에 대한 칭호이다. 우중(虞仲)은 바로 중옹(仲雍)이니, 태백(泰伯)과 함께 형만(荊蠻)으로 도망한 사람이다.

詳說

○ 惠之士師, 不稱其德, 亦同歸於無位.

유하혜가 사사(士師)가 된 것에서는 그 덕을 칭송하지 않으니, 또한 지위에 없는 데로 함께 돌아간다.

○ 見三讓註.

세 번 사양했다는 것은 『논어집주(論語集註)』에 보인다.[124)]

---

124) 세 번 사양했다는 것은 『논어집주(論語集註)』에 보인다 : 『논어(論語)』「태백(泰伯)」에 "공자가 말하였다. '태백은 지극한 덕이 있다고 말할 수 있다. 세 번 천하를 사양하였는데도 백성들이 그 덕을 칭송할 수 없다.'(子曰 : '泰伯, 其可謂至德也已矣. 三以天下讓, 民無得而稱焉.)"라는 말이 있고, 그 『집주(集註)』에서 "태백은 주나라 태왕의 장자이다. 지극한 덕은 덕이 지극하여 다시 더할 것이 없음을 말한다. 세 번 사양함이란 굳이 사양함을 말한다. 칭송할 수 없다는 것은 은미하여 자취를 볼 수 없다는 말이다. 태왕은 세 아들이 있었는데, 장자는 태백, 차자는 중옹, 삼자는 계력이다. 태왕 때 상나라의 정치는 점차 쇠약해지고 주나라는 날로 강대해졌으며, 또 계력이 아들 창(昌)을 낳았는데 성덕이 있었다. 태왕은 이 때문에 상(商)나라를 칠 생각이 있었는데 태백이 따르지 않으니, 태왕은 마침내 왕위를 계력에게 전하여 창에게 미치게 하려고 하였다. 태백이 이것을 알아채고 곧 중옹과 함께 형만으로 도망하였다. 태왕은 마침내 계력에게 나라를 물려주어 창에게 이르러서는 천하의 3분의 2를 소유하니, 이가 바로 문왕(文王)이다. 문왕이 죽고 아들 발(發)이 즉위하여 마침내 상나라를 이기고 천하를 소유하니, 이가 바로 무왕(武王)이다. 태백이 덕으로 상나라와 주나라의 교체 시기에 진실로 제후들의 조회를 받고 천하를 소유할 수 있었다. 그런데도 그는 마침내 이것을 버리고 취하지 아니하였으며, 또 그 사양한 자취마저 없앴으니, 그 덕의 지극함이 어떠한가? 그 마음은 바로 백이와 숙제가 무왕의 말고삐를 잡고 상나라 정벌을 간하던 심정으로 일의 난처함은 그보다 더 심하였으니,

朱註

> **夷逸朱張, 不見經傳.**
>
> 이일(夷逸)과 주장(朱張)에 대해서는 경전(經傳)에 보이지 않다.

詳說

○ **音現.**

'불현(不見)'에서 '현(見)'자는 음이 '현(現 : 드러남)'이다.

○ **去聲.**

'경전(經傳)'에서 '전(傳)'자는 거성이다.

○ **朱張, 在虞夷與惠連之間, 而下文不復言. 張其與惠連同道, 或與虞夷同道, 未可知也.**

주장은 우중과 이일과 유하혜와 소련의 사이에 있어 아래의 글에서 다시 말하지 않았다. 주장은 유하혜와 소련과 도가 같은지 혹은 우중과 이일과 도가 같은지 알 수 없다.

朱註

> **少連, 東夷人.**
>
> 소련(少連)은 동이(東夷) 사람이다.

詳說

○ **有訓無釋.**

훈고는 있으나 경문의 풀이는 없다.

○ **此記者之提頭也.**

이는 기록하는 사람이 제시한 것이다.

○ **夷齊兄弟皆取, 而不取泰伯大連, 蓋泰伯至德拔出數子. 故特爲三讓章. 大連之德或**

공자가 탄식하고 찬미함은 당연하다 하겠다. 태백이 태왕의 뜻에 따르지 않은 사실은 『춘추좌전(春秋左傳)』에 있다.(泰伯, 周大王之長子. 至德, 謂德之至極, 無以復加者也. 三讓, 謂固遜也. 無得而稱, 其遜隱微, 無迹可見也. 蓋大王三子, 長, 泰伯, 次, 仲雍, 次, 季歷. 大王之時, 商道浸衰, 而周日彊大, 季歷又生子昌, 有聖德. 大王因有翦商之志, 而泰伯不從, 大王遂欲傳位季歷, 以及昌. 泰伯知之, 卽與仲雍, 逃之荊蠻. 於是, 大王乃立季歷傳國, 至昌而三分天下有其二, 是爲文王. 文王崩, 子發立, 遂克商而有天下, 是爲武王. 夫以泰伯之德, 當商周之際, 固足以朝諸侯有天下矣. 乃棄不取, 而又泯其迹焉, 則其德之至極, 爲如何哉. 蓋其心, 卽夷齊扣馬之心 而事之難處, 有甚焉者, 宜夫子之歎息而贊美之也. 泰伯不從, 事見『春秋傳』.)"라고 하였다.

有遜於其弟, 故禮記先言少連歟.

백이와 숙제는 형제로 모두 취했는데, 태백과 대련은 취하지 않았다. 태백의 지극한 덕은 여러 사람들보다 뛰어났기 때문에 단지 삼양장(三讓章)으로 하였다. 대련의 덕은 간혹 그 동생보다 못하였기 때문에 『예기』에서 소련을 앞세워 말하였다.[125)]

[18-8-2]

子曰 : "不降其志, 不辱其身, 伯夷叔齊與."

공자가 말하였다. "그 뜻을 굽히지 않고 그 몸을 욕되게 하지 않는 사람은 백이(伯夷)와 숙제(叔齊)이다."

朱註

與, 平聲.

'숙제여(叔齊與)'에서 '여(與)'자는 평성이다.

詳說

○ 『集註』無文.

『논어집주(論語集註)』에는 글[주석]이 없다.[126)]

○ 新安陳氏曰 : "非其君不事, 不降志, 不立惡人之朝, 不辱身."[127)]

신안 진씨(新安陳氏 : 陳櫟)가 말하였다. "그 임금이 아니면 섬기지 않아 뜻을 굽히지 않고, 나쁜 사람의 조정에는 서지 않아 자신을 더럽히지 않았다."[128)]

---

125) 『예기』에서 소련을 앞세워 말하였다 : 『예기』「잡기하(雜記下)」에 "공자가 말하였다. '소련과 대련이 상을 잘 지냈으니 3일 동안 태만하지 않고 3개월 동안 게으르지 않으며, 1년 동안 슬퍼하였고 3년 동안 근심하였다. 동이(東夷)의 자식이다.'(孔子曰 : '少連大連, 善居喪, 三日不怠, 三月不解, 期悲哀, 三年憂. 東夷之子也.')"라는 말이 있다.

126) 『주자어류(朱子語類)』 권48, 「논어30(論語三十)」, 23조목에는 "공자가 일민을 논할 때 백이를 가장 먼저 말하였다.(孔子論逸民, 先伯夷)"라고 되어 있다.

127) 호광 편(胡廣 編), 『논어집주대전』「미자(微子)」.

128) 그 임금이 아니면 섬기지 않아 뜻을 굽히지 않고 …… 자신을 더럽히지 않았다 : 『논어집주대전』「미자(微子)」에는 "그 임금이 아니면 섬기지 않아 뜻을 굽히지 않았음을 알 수 있고, 나쁜

[18-8-3]

謂柳下惠少連 : "降志辱身矣, 言中倫行中慮, 其斯而已矣."
유하혜(柳下惠)와 소련(少連)에 대해 평하였다. "뜻을 굽히고 몸을 욕되게 하였으나, 말이 인륜[倫]에 맞으며 행실이 마음[慮]에 맞았으니, 이런 점일 뿐이다."

朱註

中, 去聲, 下同. 柳下惠, 事見上. 倫, 義理之次第也. 慮, 思慮也,
'언중론행중려(言中倫行中慮)'에서 '중(中 : 맞다)'자는 거성으로, 아래에서도 같다. 유하혜(柳下惠)의 일은 위에 보인다. '인륜[倫]'은 의리(義理)의 차례이다. '마음[慮]'은 사려(思慮)이니,

詳說

○ 音現.
'사현상(事見上)'에서 '현(現 : 나타나 있다)'자는 음이 '현(現)'이다.

○ 三黜章.
'류하혜, 사견상(柳下惠, 事見上 : 유하혜(柳下惠)의 일은 위에 보인다)'는 '삼출장(三黜章)'에 있다.129)

○ 視上『註』, 添義理字.
'윤, 의리지차제야(倫, 義理之次第也 : '인륜[倫]'은 의리(義理)의 차례이다)'는 위의 『논어집주(論語集註)』와 비교하면, 의리(義理)라는 말을 더 보탰다.130)

사람의 조정에는 서지 않아 자신을 더럽히지 않았음을 알 수 있다.(非其君不事不降志, 可見, 不立惡人之朝, 不辱身, 可見.)"라고 되어 있다.

129) '삼출장(三黜章)'에 있다 : 『논어(論語)』「미자(微子)」에 "유하혜(柳下惠)가 사사(士師)가 되어 세 번 내침을 당하자, 어떤 사람이 말하였다. '그대는 아직 떠나갈 만하지 않은가?' 대답하였다. '도를 곧게 하여 사람을 섬기면 어디를 간들 세 번 내침을 당하지 않겠으며, 도를 굽혀 사람을 섬긴다면 무엇 때문에 굳이 부모의 나라를 떠나가겠는가?'(柳下惠爲士師, 三黜, 人曰 : '子未可以去乎.' 曰 : '直道而事人, 焉往而不三黜, 枉道而事人, 何必去父母之邦.')"라는 말이 있다.

130) 위의 『논어집주(論語集註)』와 비교하면, 의리(義理)라는 말을 더 보탰다 : 『논어(論語)』「미자(微子)」에 "자로가 말하였다. '벼슬하지 않음은 의가 없는 것이다. 그런데 장유의 예절을 폐할 수 없으면서 군신의 의를 어떻게 폐할 수 있겠는가? 자기 몸을 깨끗하게 하고자 하여 큰 인륜

○ 慶源輔氏曰 : "人之正思慮也."131)

'려, 사려야(慮, 思慮也 : '마음[慮]'은 사려(思慮)이니)'에 대해, 경원 보씨(慶源輔氏 : 輔廣)가 말하였다. "사람들의 바른 사려이다."132)

○ 訓畢.

훈고가 끝났다.

朱註

中慮, 言有意義,合人心. 少連事不可考. 然『記』, 稱其善居喪, 三日不怠, 三月不解, 朞悲哀三年憂, 則行之中慮, 亦可見矣.

마음에 맞는다는 것은 의의(意義)가 사람들의 마음에 부합함이 있음을 말한다. 소련(少連)의 일은 살펴볼 수 없다. 그러나 『예기(禮記)』에서 "그가 상을 잘 지냈으니, 3일 동안 태만하지 않고 3개월 동안 게으르지 않으며, 1년 동안 슬퍼하였고 3년 동안 근심하였다."라고 하였으니, 행실이 사려에 맞았음을 또한 알 수 있다.

詳說

○ 意趣與義理.

'의의(意義)'는 의취와 의리이다.

○ 『禮記』「雜記」.

'『기(記)』'는 『예기』「잡기」이다.133)

을 어지럽히는 것이다. 군자가 벼슬하는 일은 그 의를 행하는 것이고, 도가 행해지지 않음을 이미 알고 있다.'(子路曰 : '不仕無義. 長幼之節, 不可廢也, 君臣之義, 如之何其廢之. 欲潔其身, 而亂大倫. 君子之仕也, 行其義也, 道之不行, 已知之矣.')"라는 말이 있고, 『집주(集註)』에서 "인륜[倫]은 차례이다(倫, 序也.)"라고 하였다.

131) 호광 편(胡廣 編), 『논어집주대전(論語集註大全)』「미자(微子)」.

132) 사람들의 바른 사려이다 : 『논어집주대전』「미자(微子)」에는 "'마음[慮]'은 인륜과 상대해서 말한 것이다. 인륜은 의리의 차례이니, 마음도 사람의 바른 사려이다. '인륜에 맞다.'라는 말은 말하는 것이 윤리에 맞음을 뜻하고, '마음에 맞다.'라는 말은 행하는 것이 사람들의 마음에 합당함을 말한다. 사람들의 마음은 바로 사람들의 공평한 마음으로 곧 의리가 있는 곳이다. 간혹 자신의 마음에 맞다라고 하는데 잘못된 것이다.(慮, 對倫而言. 倫, 是義理之次第, 則慮亦人之正思慮也. 中倫, 謂所言合倫理, 中慮, 謂所行當人心. 人心乃人之公心, 即義理所在也. 或以爲中我之思慮者, 誤矣.)"라고 되어 있다.

○ 音懈.

'삼월불해(三月不解)'에서 '해(解 : 해이함)'자는 음이 '해(懈 : 게으름)'이다.

○ 下亦字, 以差殊於惠.

'역가견의(亦可見矣)'에서 '또한[亦]'이라고 한 것은 유하혜와 다르다.

○ 言之中倫, 又以此推之.

'기비애삼년우, 즉행지중려, 역가견의(朞悲哀三年憂, 則行之中慮, 亦可見矣 : 1년 동안 슬퍼하였고 3년 동안 근심하였다라고 하였으니, 행실이 사려에 맞았음을 또한 알 수 있다)'라는 구절을 보면, 경문의 '말이 인륜에 맞았다.'라는 것을 또 이 구절로 추론하였다.

○ 雙峰饒氏曰 : "言中倫行中慮, 異乎他人之降志辱身, 所可取者, 如此而已."134)

쌍봉 요씨(雙峰饒氏 : 饒魯)가 말하였다. "'말이 인륜에 맞고 행실이 마음에 맞다.'라는 구절은 다른 사람들이 뜻을 굽히고 몸을 욕되게 한 사안과 다르다는 것으로 취할 수 있는 바가 이와 같을 뿐이다."135)

○ 南軒張氏曰 : "降志辱身, 然道則未嘗枉."136)

남헌 장씨가 말하였다. "뜻을 굽히고 몸을 욕되게 하지만 도는 굽힌 적이 없다."137)

---

133) 『예기』「잡기」이다 : 『예기』「잡기하(雜記下)」에 "공자가 말하였다. '소련과 대련이 상을 잘 지냈으니 3일 동안 태만하지 않고 3개월 동안 게으르지 않으며, 1년 동안 슬퍼하였고 3년 동안 근심하였다.'(孔子曰 : '少連大連, 善居喪, 三日不怠, 三月不解, 期悲哀, 三年憂.')"라는 말이 있다.

134) 호광 편(胡廣 編), 『논어집주대전(論語集註大全)』「미자(微子)」.

135) 말이 인륜에 맞고 행실이 마음에 맞다. …… 취할 수 있는 바가 이와 같을 뿐이다 : 『논어집주대전』「미자(微子)」에는 "뜻을 굽히고 몸을 욕되게 하는 일은 행실이 낮고 더러운 것과 비슷하다. 다만 '말이 인륜에 맞고 행실이 마음에 맞다.'라는 구절은 다른 사람들이 뜻을 굽히고 몸을 욕되게 한 사안과 다르다는 것으로 취할 수 있는 바가 이와 같을 뿐이다. 인륜과 마음에 맞지 않다면 뜻을 굽히고 몸을 욕되게 한 것이 좋지 않다.(降志辱身, 行似卑汚. 但其言中倫行中慮, 異乎他人之降志辱身, 所可取者, 如此而已矣. 使不中倫慮, 則降志辱身, 便不好了.)"라고 되어 있다.

136) 장식(張栻), 『계사논어해』「미자(微子)」. 호광 편(胡廣 編), 『논어집주대전(論語集註大全)』「양화(陽貨)」.

137) 뜻을 굽히고 몸을 욕되게 하지만 도는 굽힌 적이 없다 : 『논어집주대전』「미자(微子)」에는 "일곱 사람은 모두 일민인데, 행실을 제재한 것이 다름에 또한 심천이 있어 진실로 같지 않다. 그 뜻을 굽히지 않고 그 몸을 욕되게 하지 않는 일은 지극히 청렴한 태도이다. 유하혜나 소련과 악인의 조정에 서면 뜻을 굽히고 몸을 욕되게 하는 것을 면하지 못하겠지만 도는 굽히지 않을 것이다. 그러므로 윤리를 잃지 않고 행실이 마음에 벗어난 적이 없다고 말하였으니, 이것이 이른바 『맹자(孟子)』에서 '느긋하게 함께 있으면서도 스스로 올바름을 잃지 않는다.'라는 것

○ 釋畢.

경문의 의미 풀이가 끝났다.

[18-8-4]

謂虞仲夷逸 : "隱居放言, 身中淸, 廢中權.
우중(虞仲)과 이일(夷逸)에 대해 평하였다. "숨어 살면서 말을 함부로 하였으나 몸은 청렴함에 맞았고, 벼슬하지 않음은 권도(權道)에 맞았다.

朱註

仲雍居吳, 斷髮文身, 裸以爲飾.
중옹(仲雍)이 오(吳)나라에 살 때 머리를 깎고 문신을 하고 벌거벗은 것으로 꾸밈을 삼았다.

詳說

○ 音短.

'단발(斷髮)'의 '단(斷 : 끊음)'자는 음이 '단(短 : 짧음)'이다.

으로 우중과 이일은 그 다음이다. '말을 함부로 한다.'라는 것은 말을 제멋대로 하고 거리끼지 않는다는 뜻으로 인륜에 맞는 것과 다르다. 그러나 그 몸을 지킴에는 또한 청렴한 자가 하는 것과 합치하고, 물러나 벼슬하지 않는 일도 숨어 있는 이치를 찾아내고 이상한 행동을 하는 것이 아니고 권도에 합해 취할 수 있는 것이다. 공자의 '가한 것도 없고 불가한 것도 없다.'라는 것은 일곱 사람이 한 것과 다르다.(七人者, 皆爲逸民, 而制行則異, 亦有深淺, 固不同也. 不降其志, 不辱其身, 其淸之至, 與下惠少連, 雖立於惡人之朝, 未免乎降志辱身, 然道則未嘗枉也. 故言不失於倫理, 而行不違其思慮. 此所謂由由然與之俱, 而不自失者也, 至於虞仲夷逸, 則又其次也. 放言謂其言放而不拘也, 異乎中倫者矣. 然而其持身, 亦合於淸者之所爲, 而其退而廢也, 亦非索隱行恠之爲, 有合於權, 爲可取也. 若夫孔子之無可無不可, 則異乎七子者之撰矣.)"라고 되어 있다. 『계사논어해』「미자(微子)」에는 "七人者, 皆爲逸民, 而制行則異, 亦有淺深之不同也. 不降其志, 不辱其身, 其淸之至. 與下惠少連, 雖立於惡人之朝, 未免乎降志辱身, 然道則未嘗枉也. 故言不失於倫理, 而行不違其慮思. 此所謂由由然與之偕而不自失者也. 至於虞仲夷逸, 則又其次也. 放言謂其言放而不拘也, 異乎中倫者矣. 然而其持身, 亦合於淸者之所爲, 而其退而廢也, 亦非素隱行怪之爲有合於權, 爲可取也. 若夫孔子之無可無不可, 則異乎七子者之撰矣."라고 되어 있다.

○ 力課反.

'라이위식(裸以爲飾)'의 '라(裸 : 발가벗음)'는 '력(力)'과 '과(課)'의 반절(反切)이다.

○ 出『左』「哀」七年.

『춘추좌전(春秋左傳)』「애공」 7년 기사에 나온다.138)

○ 沙溪曰 : "裸, 體上略有衣飾."

사계(沙溪 : 金長生)가 말하였다. "'발가벗었다'는 말은 간단하게 옷을 입어 꾸몄다는 것이다."

○ 尤菴曰 : "文勢恐是以裸爲飾."

우암이 말하였다. "어투로는 발가벗은 것으로 꾸몄다는 뜻 같다."

○ 先立隱廢二字之案.

먼저 은거하고 벼슬을 하지 않았다는 말의 안건을 세웠다.

朱註

隱居獨善, 合乎道之清, 放言自廢, 合乎道之權.

은거(隱居)하여 자기 혼자만을 선(善)하게 한 것은 도(道)의 깨끗함에 합하였고, 말을 함부로 하고 스스로 벼슬하지 않은 것은 권도(權道)에 합하였다.

詳說

○ 慶源輔氏曰 : "卽伯夷之清."139)

'은거독선, 합호도지청(隱居獨善, 合乎道之清 : 은거(隱居)하여 자기 혼자만을 선(善)하게 한 것은 도(道)의 깨끗함에 합하였고)'에 대해, 경원 보씨(慶源輔氏 : 輔廣)가 말하였다. "곧 백이의 청렴함이다."140)

---

138) 『좌전』「애공」 7년 기사에 나온다 : 『춘추좌씨전』「애공」 7년조에 "자공이 말하였다. '태백이 예복을 입고 주례를 행하였는데, 후사를 중옹이 잇게 되자 머리를 깎고 문신을 하고 발가벗은 것으로 꾸밈을 삼았다.'(子貢曰 : '太伯端委以治周禮. 仲雍嗣之, 斷髮文身, 嬴以爲飾.')"라고 되어 있다.

139) 호광 편(胡廣 編), 『논어집주대전(論語集註大全)』「미자(微子)」.

140) 곧 백이의 청렴함이다 : 『논어집주대전』「미자(微子)」에는 "중옹은 …… 홀로 그 자신을 선하게 한 까닭에 도에 합하였으니, 청렴함은 곧 백이의 청렴함이다. '말을 함부로 하였다.'라는 것은 스스로 등용될 수 없음을 내보인 것이기 때문에 권도에 합한다. 말을 함부로 했다는 것을 살펴보고 확인할 곳은 없지만 머리를 깎고 문신을 한 것을 보면, 말을 함부로 하는 데 대해 스스로 막고 진실로 가만히 있었다.(仲雍 …… 以獨善其身, 所以合乎道之清, 清, 卽伯夷之

○ 南軒張氏曰 : "其言放而不拘."141)

'방언자폐(放言自廢 : 말을 함부로 하고 스스로 벼슬하지 않은 것은)'에 대해, 남헌 장씨가 말하였다. "말을 함부로 해서 거리낌이 없었다."142)

○ 慶源輔氏曰 : "放言, 自示其不可用. 放言無所考."143)

'방언자폐(放言自廢 : 말을 함부로 하고 스스로 벼슬하지 않은 것은)'에 대해, 경원 보씨(慶源輔氏 : 輔廣)가 말하였다. "'말을 함부로 한다.'라는 것은 스스로 등용될 수 없음을 내보인 것인데, 그것은 살펴보고 확인할 곳이 없다."144)

淸也. 放言, 自示其不可用, 所以合乎道之權. 放言雖無所考, 然觀其斷髮文身之爲, 則放言自廢, 固宜有之.)"라고 되어 있다.

141) 장식(張栻), 『계사논어해』「미자(微子)」. 호광 편(胡廣 編), 『논어집주대전(論語集註大全)』「양화(陽貨)」.

142) 말을 함부로 해서 거리낌이 없었다 : 『논어집주대전』「미자(微子)」에는 "일곱 사람은 모두 일민인데, 행실을 제재한 것이 다름에 또한 깊고 얕음이 있어 진실로 같지 않다. 그 뜻을 굽히지 않고 그 몸을 욕되게 하지 않는 일은 지극히 청렴한 것이다. 유하혜나 소련과 악인의 조정에 서면 뜻을 굽히고 몸을 욕되게 하는 일을 면하지 못하겠지만 도는 굽히지 않을 것이다. 그러므로 윤리를 잃지 않고 행실이 마음에 벗어난 적이 없다고 말하였으니, 이것이 이른바 『맹자(孟子)』에서 '느긋하게 함께 있으면서도 스스로 올바름을 잃지 않는다.'라는 것으로 우중과 이일은 그 다음이다. '말을 함부로 한다.'라는 것은 말을 제멋대로 하고 거리끼지 않는다는 뜻으로 인륜에 맞는 것과 다르다. 그러나 그 몸을 지킴에는 또한 청렴한 자가 하는 것과 합치하고, 물러나 벼슬하지 않는 것도 숨어 있는 이치를 찾아내고 이상한 행동을 하는 것이 아니고 권도에 합해 취할 수 있다. 공자의 '가한 것도 없고 불가한 것도 없다.'라는 말은 일곱 사람이 한 것과 다르다.(七人者, 皆爲逸民, 而制行則異, 亦有深淺, 固不同也. 不降其志, 不辱其身, 其淸之至, 與下惠少連, 雖立於惡人之朝, 未免乎降志辱身, 然道則未嘗枉也. 故言不失於倫理, 而行不違其思慮. 此所謂由由然與之俱, 而不自失者也, 至於虞仲夷逸, 則又其次也. 放言謂其言放而不拘也, 異乎中倫者矣. 然而其持身, 亦合於淸者之所爲, 而其退而廢也, 亦非索隱行恠之爲, 有合於權, 爲可取也. 若夫孔子之無可無不可, 則異乎七子者之撰矣.)"라고 되어 있다. 『계사논어해』「미자(微子)」에는 "七人者, 皆爲逸民, 而制行則異, 亦有淺深之不同也. 不降其志, 不辱其身, 其淸之至. 與下惠少連, 雖立於惡人之朝, 未免乎降志辱身, 然道則未嘗枉也. 故言不失於倫理, 而行不違其慮思. 此所謂由由然與之偕而不自失者也. 至於虞仲夷逸, 則又其次也. 放言謂其言放而不拘也, 異乎中倫者矣. 然而其持身, 亦合於淸者之所爲, 而其退而廢也, 亦非素隱行怪之爲有合於權, 爲可取也. 若夫孔子之無可無不可, 則異乎七子者之撰矣."라고 되어 있다.

143) 호광 편(胡廣 編), 『논어집주대전(論語集註大全)』「미자(微子)」.

144) '말을 함부로 한다.'라는 것은 …… 그것은 살펴보고 확인할 곳이 없다 : 『논어집주대전』「미자(微子)」에는 "중옹은 …… 홀로 그 자신을 선하게 한 까닭에 도에 합하였으니, 청렴함은 곧 백이의 청렴함이다. '말을 함부로 하였다.'라는 것은 스스로 등용될 수 없음을 내보인 것이기 때문에 권도에 합한다. 말을 함부로 했다는 것을 살펴보고 확인할 곳은 없지만 머리를 깎고

○ 雙峰饒氏曰 : "中淸中權, 是合道理底淸權, 故『集註』皆以合道釋之."145)

'합호도지권(合乎道之權 : 권도(權道)에 합하였다)'에 대해, 쌍봉 요씨(雙峰饒氏 : 饒魯)가 말하였다. "'청렴함에 맞고 권도에 맞다.'라는 것은 도리에 합하는 청렴함과 권도이기 때문에 『논어집주(論語集註)』에서 도에 합하는 것으로 풀이하였다."

○ 以此推之, 夷逸之行事, 亦略可想矣.

이것으로 미루어보면 이일의 행사도 간략히 상상해 볼 수 있다.

○ 有釋無訓.

경문의 풀이는 있으나 훈고는 없다.

[18-8-5]

我則異於是, 無可無不可."

나는 이들과 달라서 가(可)한 것도 없고 불가(不可)한 것도 없다."

詳說

○ 是指逸民.

'이들[是]'은 일민[逸民 : 벼슬자리가 없는 사람]을 가리킨다.

朱註

孟子曰 : "孔子可以仕則仕, 可以止則止, 可以久則久, 可以速則速." 所謂'無可無不可也.'

맹자가 말하기를, "공자는 벼슬할 만하면 벼슬하시고, 그만둘 만하면 그만두셨으며, 오래 머무를 만하면 오래 머무시고, 속히 떠나야 하면 속히 떠나셨다."라고 하였으니, 이른바 '가(可)한 것도 없고 불가(不可)한 것도 없다.'라는 뜻이다.

문신을 한 것을 보면, 말을 함부로 하는 데 대해 스스로 막고 진실로 가만히 있었다.(仲雍 …… 以獨善其身, 所以合乎道之淸, 淸, 卽伯夷之淸也. 放言, 自示其不可用, 所以合乎道之權. 放言雖無所考, 然觀其斷髮文身之爲, 則放言自廢, 固宜有之.)"라고 되어 있다.

145) 호광 편(胡廣 編), 『논어집주대전(論語集註大全)』「미자(微子)」.

詳說

○ 「公孫丑」.

『맹자(孟子)』「공손추」이다.146)

○ 有釋無訓.

경문의 풀이는 있으나 훈고는 없다.

○ 致堂胡氏曰 : "無可無不可, 以五字成文, 當渾全以會其意, 不當分析以求其義."147)

치당 호씨(致堂胡氏)가 말하였다. "'가(可)한 것도 없고 불가(不可)한 것도 없다.' 라는 말은 몇 마디로 말을 한 것으로 그 의미를 온전하게 해서 이해해야 하고 그 의미를 분석하여 구해서는 안 된다."148)

○ 南軒張氏曰 : "無者, 言其不存乎心也. 夷齊未免有不可, 惠連未免有可."149)

남헌 장씨가 말하였다. "'없다[無]'는 것은 마음에 담아두지 않는다는 말이다. 백이와 숙제는 불가한 것이 있음을 면하지 못하였고, 유하혜와 소련은 가한 것이 있

---

146) 『맹자(孟子)』「공손추」이다 : 『맹자(孟子)』「공손추상(公孫丑上)」에 "벼슬할 만하면 벼슬하고 그만둘 만하면 그만두며, 오래 머무를 만하면 오래 머물고 빨리 떠날 만하면 빨리 떠나심은 공자로 모두 옛 성인이시다. 내 그렇게 행하지 못하나 내가 원하는 것은 공자를 배우는 일이다.(可以仕則仕, 可以止則止, 可以久則久, 可以速則速, 孔子也, 皆古聖人也. 吾未能有行焉, 乃所願則學孔子也.)"라는 말이 있다.

147) 호광 편(胡廣 編), 『논어집주대전(論語集註大全)』「미자(微子)」.

148) '가(可)한 것도 없고 불가(不可)한 것도 없다.'라는 …… 분석하여 그 의미를 구해서는 안 된다 : 『논어집주대전』「미자(微子)」에는 "'가(可)한 것도 없고 불가(不可)한 것도 없다.'라는 말은 몇 마디로 말을 한 것으로 그 의미를 온전하게 해서 이해해야 되고 그 의미를 분석하여 구해서는 안 된다. 어떤 사람이 세상을 끊고 세속을 떠나 어떤 사안도 가한 것이 없다면 그 일을 행하는 것을 이치로 해서 잘할지라도 한쪽으로 곧은 선비일 뿐이다. 어떤 사람이 빛남을 섞어 세속과 하나가 되어 어떤 사안도 불가한 것이 없다면 그 일을 행하는 것을 이치로 해서 잘할지라도 남의 뜻에 따라 구차하게 합하는 사람일 뿐이다. 성인은 가한 것도 없고 불가한 것도 없으니 고착된 차원이 아니고, 성인은 불가한 것도 없고 가한 것도 없으니 세속으로 흘러가는 차원이 아니니, 말을 함에 평상적인 것이고 실행함에 실로 바뀌지 않는다. 성인은 느긋하게 중도를 따라 치우친 것이 없어 덕은 성대하고 인은 무르익었으니, 자연스럽게 나오는 모든 말이 이와 같다.(無可無不可, 以五字成文, 當渾全以會其意, 不當分析以求其義. 設有人焉, 絶世離俗, 無一可者, 有是理乎行之而善, 亦孤介一隅之士耳. 設有人焉, 和光同塵, 無一不可者, 有是理乎行之而善, 亦委隨苟合之人耳. 聖人無可而無不可, 則非固也, 聖人無不可而無可, 則非流也, 言之如平常, 行之實未易. 聖人從容中道, 無所偏倚, 德盛仁熟, 自然發諸言語者如此.)"라고 되어 있다.

149) 장식(張栻), 『계사논어해』「미자(微子)」. 호광 편(胡廣 編), 『논어집주대전(論語集註大全)』「양화(陽貨)」.

음을 면하지 못하였다."[150]

○ 雙峯饒氏曰:"事未定之時, 則此心無可無不可, 事已斷之後, 則有可有不可."[151]

쌍봉 요씨(雙峰饒氏:饒魯)가 말하였다. "일이 아직 정해지지 않을 때는 이것이 마음에 가한 것도 없고 불가한 것도 없다는 뜻이고, 일이 이미 결정된 후에는 가한 것도 있고 불가한 것도 있다."

朱註

謝氏曰:"七人隱遁不汙則同, 其立心造行, 則異. 伯夷叔齊, 天子不得臣, 諸侯不得友, 蓋已遁世離群矣.

사씨(謝氏)가 말하였다. "일곱 사람이 은둔하여 자기 몸을 더럽히지 않은 것은 똑같으나, 그들의 마음 세움과 행동함은 달랐다. 백이와 숙제(叔齊)는 천자가 신하로 삼지 못하고 제후(諸侯)가 벗으로 삼지 못했으니, 이미 세상에 은둔하여 무리를 떠난 것이다.

詳說

○ 均謂逸民.

'칠인(七人:일곱 사람)'은 모두 일민이라고 한다.

○ 去聲.

'기립심조행(其立心造行)'에서 '행(行:행동)'자는 거성이다.

○ 臣之.

'부득신(不得臣)'에서 '신(臣)'자는 신하로 삼는다는 말이다.

150) '없다[無]'는 것은 마음에 담아두지 않는다는 …… 가한 것이 있음을 면하지 못하였다:『논어집주대전』「미자(微子)」에는 "가한 것이 없음은 가한 것을 근원으로 하지 않는다는 뜻이고, 불가한 것이 없음은 불가한 것을 근원으로 하지 않는다는 뜻이다. 공자의 마음은 가한 것일 때는 가하고, 불가한 것일 때는 불가하니, '없다[無]'고 말한 것은 마음에 담아두지 않는다는 뜻이다. 백이와 숙제 같은 마음은 가한 것이 있음을 면하지 못하였고, 유하혜와 소련은 가한 것이 있음을 면하지 못하였다.(無可者, 不以可爲主也, 無不可者不以不可爲主也. 夫子之心, 當可則可, 當不可則不可, 其曰無者, 言其不存乎心也. 若夷齊之心, 則未免有不可, 下惠少連, 則未免有可也.)"라고 되어 있다.

151) 호광 편(胡廣 編), 『논어집주대전(論語集註大全)』「미자(微子)」에는 "方其事未定之時, 則此心無可無不可, 及其事已斷之後, 則有可有不可矣."라고 실려 있다.

○ 友之.

'부득우(不得友)'에서 '우(友)'자는 벗으로 삼는다는 뜻이다.

○ 二句, 出『後漢書』范滂稱郭泰語.

'천자부득신, 제후부득우(天子不得臣, 諸侯不得友 : 천자가 신하로 삼지 못하고 제후(諸侯)가 벗으로 삼지 못했으니)'라는 두 구절은 『후한서』에서 범방이 곽태를 칭송하여 말한 부분에 나온다.152)

○ 去聲.

'기둔세리군의(己遁世離群矣)'에서 '리(離 : 떠나다)'자는 거성이다.

○ 見『易』「乾文言」.

'기둔세리군의(己遁世離群矣)'에서 '둔세리군(遁世離群)'은 『주역(周易)』「건괘(乾卦) · 문언전」에 보인다.153)

○ 慶源輔氏曰 : "惟於淸之一德, 極於聖."154)

경원 보씨(慶源輔氏 : 輔廣)가 말하였다. "청렴함이라는 하나의 덕에 오로지 하여 성인의 경지까지 갔다."155)

---

152) 두 구절은 『후한서』에서 범방이 곽태를 칭송하여 말한 부분에 나온다 : 『후한서(後漢書)』 권 68 「곽태열전(郭太列傳)」에 "어떤 이가 여남의 범방에게 물었다. '곽림종은 어떤 사람입니까?' 범방이 말하였다. '은거함이 친함을 어기지 않았고, 정조가 세속을 끊지 않았는데, 천자가 신하 삼지 못하고 제후가 벗 삼지 못하니, 나는 그를 알지 못한다.'(或問汝南范滂曰 : '郭林宗何如人.' 滂曰 : '隱不違親, 貞不絶俗, 天子不得臣, 諸侯不得友, 吾不知其它.')"라는 말이 있다.

153) 『주역(周易)』「건괘(乾卦) · 문언전」에 있다 : 『주역(周易)』「건괘(乾卦) · 문언전」에 "세상에 은둔하면서도 근심하지 않으며 남으로부터 인정을 받지 못해도 서운해 하지 않는다. …… 공자가 말하였다. '오르고 내리기를 일정하게 하지 않음이 간사함이 되는 것은 아니고, 나아가고 물러서기를 항구적으로 하지 않음이 무리를 떠나는 것은 아니다.'(遯世无悶, 不見是而无悶. …… 子曰 : '上下无常非爲邪也, 進退无恒, 非離群也.')"라는 말이 있다.

154) 호광 편(胡廣 編), 『논어집주대전(論語集註大全)』「미자(微子)」.

155) 청렴함이라는 하나의 덕에 오로지 하여 성인의 경지까지 갔다 : 『논어집주대전』「미자(微子)」에는 "세상에 은둔하고 무리를 떠난다는 말은 『주역(周易)』「건괘 · 문언전」에 나온다. 백이는 청렴함이라는 하나의 덕에 오로지 하여 성인의 경지까지 간 것일 뿐이기 때문에 '성인보다 한 등급 아래이다.'라고 하였다. 그러나 여러 사람이 행동을 제재한 것과 비교하면 진실로 높으니, 은거하는 것이 군자의 떳떳한 행동이 아니지만 몸이 청렴함에 맞아 더럽게 되지 않았다. (遯世離群, 出乾卦文言. 伯夷惟於淸之一德, 極於聖耳. 他固有未盡也, 故曰'下聖人一等.' 然視數子之制行, 則固爲高矣. 隱居則非君子庸行, 然身中乎淸而不汙.)"라고 되어 있다.

朱註

下聖人一等, 此其最高與.

성인보다 한 등급 아래라면, 이들이 가장 높을 것이다.

詳說

○ 去聲.

'하성인(下聖人)'에서 '하(下 : 아래로 하다)'자는 거성이다.

○ 時中之聖人.

때에 맞추는 성인이다.

○ 平聲.

'최고여(最高與)'에서 '여(與)'자는 평성이다.

○ 慶源輔氏曰 : "視數子爲高."[156)]

경원 보씨(慶源輔氏 : 輔廣)가 말하였다. "여러 사람과 비교하여 높은 것이다."[157)]

朱註

柳下惠少連, 雖降志而不枉己, 雖辱身而不求合, 其心有不屑也.

유하혜와 소련은 비록 뜻을 굽혔으나 몸을 굽히지 않았고, 비록 몸을 욕되게 하였으나 세상에 합하기를 구하지 않았으니, 그 마음에 달갑게 여기지 않음이 있었다.

詳說

○ 主惠而推連.

'류하혜소련, 수강지이불왕기, 수욕신이불구합(柳下惠少連, 雖降志而不枉己, 雖辱身而不求合 : 유하혜와 소련은 비록 뜻을 굽혔으나 몸을 굽히지 않았고, 비록 몸을 욕되

156) 호광 편(胡廣 編), 『논어집주대전(論語集註大全)』「미자(微子)」.

157) 여러 사람과 비교하여 높은 것이다 : 『논어집주대전』「미자(微子)」에는 "백이는 청렴함이라는 하나의 덕에 오로지 하여 성인의 경지까지 간 것일 뿐이기 때문에 '성인보다 한 등급 아래이다.'라고 하였다. 그러나 여러 사람이 행동을 제재한 것과 비교하면 진실로 높으니, 은거하는 것이 군자의 떳떳한 행동이 아니지만 몸이 청렴함에 맞아 더럽게 되지 않았다. 그런데 더럽게 되지 않을 뿐이고 백이와 숙제의 청렴함을 떠나는 것과는 큰 차이가 있다.(伯夷惟於淸之一德, 極於聖耳. 他固有未盡也, 故曰'下聖人一等.' 然視數子之制行, 則固爲高矣. 隱居則非君子庸行, 然身中乎淸而不汙. 然不汙而已去伯夷之淸, 則有逕庭矣.)"라고 되어 있다.

게 하였으나 세상에 합하기를 구하지 않았으니)'은 유하혜를 중심으로 하여 소련으로 미루어 갔다는 말이다.

○ 不屑爲枉己求合.

'기심유불설야(其心有不屑也 : 그 마음에 달갑게 여기지 않음이 있었다)'는 자신을 굽혀 합하기를 구하는 데 달갑게 여기지 않았다는 뜻이다.

朱註

故言能中倫, 行能中慮. 虞仲夷逸, 隱居放言, 則言不合先王之法者多矣. 然淸而不汙也, 權而適宜也, 與方外之士, 害義傷敎而亂大倫者, 殊科. 是以均謂之逸民."

그러므로 말이 인륜에 맞고 행동이 마음에 맞은 것이다. 우중과 이일은 숨어 살면서 말을 함부로 하였으니, 말이 선왕의 법에 합하지 않음이 많았다. 그러나 깨끗하여 자신을 더럽히지 않았고, 저울질을 하여 의에 맞게 하였으니, 방외(方外)의 선비가 의를 해치고 가르침을 손상시켜 큰 인륜을 어지럽힌 것과는 품격을 달리한다. 이 때문에 똑같이 일민이라고 하신 것이다."

詳說

○ 方外出『莊子』.

'방외지사(方外之士)'에서 '방외(方外)'라는 말은 『장자』에 나온다.[158]

○ 慶源輔氏曰 "蓋指沮溺之徒."[159]

'해의상교이란대륜자(害義傷敎而亂大倫者 : 의를 해치고 가르침을 손상시켜 큰 인륜을 어지럽힌 것)'에 대해, 경원 보씨(慶源輔氏 : 輔廣)가 말하였다. "장저와 걸익의 무리를 가리킨다."[160]

---

158) '방외(方外)'라는 말은 『장자』에 나온다 : 『장자』「대종사(大宗師)」에 "공자가 말하였다. '저들은 방외에서 노니는 자들이고, 나는 방내에서 노니는 자이다.(孔子曰 : '彼遊方之外者也, 而丘游方之內者也.)"라고 되어 있다.

159) 호광 편(胡廣 編), 『논어집주대전(論語集註大全)』「미자(微子)」.

160) 장저와 걸익의 무리를 가리킨다 : 『논어집주대전』「미자(微子)」에는 "그러므로 선왕의 법에 합치하지 않을지라도 스스로 벼슬하지 않는 것은 권도에 맞고 마땅함을 얻었으니, 권도가 바름을 잃은 것이 아니라고 한다. 방외의 선비는 접여와 장저와 걸익의 무리를 가리킨다. 그러나 여기의 두 말은 실제로 『장자』에서 이른바 방외에서 놀며 예법에 거리끼지 않는다'는 데서 나

○ 等也.

'품격[科]'은 등급이다.

朱註

尹氏曰 : "七人各守其一節, 而孔子則無可無不可, 此所以常適其可, 而異於逸民之徒也. 揚雄曰 : '觀乎聖人則見賢人.'

윤씨가 말하였다. "일곱 사람은 각각 그 한 가지 일을 지켰으나 공자는 가함도 없고 불가함도 없으셨으니, 이 때문에 항상 그 가함에 적합하여 일민의 무리와 달랐던 것이다. 양웅(揚雄)이 '성인을 관찰하면 현인을 알 수 있다.'라고 하였다.

詳說

○ 一無此字.

'차소이상적기가(此所以常適其可 : 이 때문에 항상 그 가함에 적합하여)'에서 어떤 판본에는 '이[此]'라는 말이 없다.

○ 以下文亦字觀之, 雄說似止於此.

아래의 말에서 '~도[亦]'라는 글자로 보면 양웅의 말은 여기에서 그쳐야 할 것 같다.

朱註

是以孟子語夷惠, 亦必以孔子斷之."

이 때문에 맹자가 백이와 유하혜를 말할 적에도 반드시 공자로써 논단한 것이다."

詳說

○ 都玩反.

'단지(斷之)'에서 '단(斷)'은 '도(都)'와 '완(玩)'의 반절(反切)이다.

○ '無可無不可', 此章之綱領.

'무가무불가(無可無不可 : 가한 것도 없고 불가한 것도 없다)'가 이 장의 강령이다.

왔다. 그러므로 그 폐단은 반드시 임금과 신하의 의와 선왕의 교화를 해쳐서 사람들의 큰 인륜을 해치게 되는 것이다.(故言雖不合先王之法, 然自廢, 則中乎權而得宜. 權而得宜, 則權不失正也. 方外之士, 蓋指接輿沮溺丈人之徒. 然此兩言, 實出『莊子』所謂'遊方之外, 不可拘於禮法也'. 故其獘必至於害君臣之義傷先王之教, 而賊亂人之大倫也.)"라고 되어 있다.

[18-9-1]

大師摯, 適齊,
태사(大師) 지(摯)는 제(齊)나라로 가고,

朱註

大, 音泰. 摯, 音志. 大師, 魯樂官之長. 摯, 其名也.
'태사지(大師摯)'에서 '태(大 : 큼)'자는 음이 '태(泰 : 큼)'이고, '지(摯 : 잡다)'자는 음이 '지(志 : 뜻)'이다. 태사는 노(魯)나라 악관(樂官)의 우두머리이다. 지(摯)는 그의 이름이다.

詳說

○ 上聲.
'악관지장(樂官之長)'에서 '장(長 : 우두머리)'자는 상성이다.

○ 八人, 皆魯人, 而本文無魯字, 故於此補而冠之.
여덟 사람은 모두 노나라 사람인데 경문에는 '노나라[魯]'라는 글자가 없기 때문에 여기에서 보완하여 앞에 두었다.

○ 本文言大, 故註視師摯註, 多師摯二字.
경문에서 '태(大)'라고 했기 때문에 '악사인 지[師摯]'의 주석[161]에 비하여 '우두머리[師摯]'라는 두 글자가 많이 주석 되었다.

○ 有訓無釋.
훈고는 있으나 경문의 풀이는 없다.

---

161) '악사인 지[師摯]'의 주석 : 『논어(論語)』「태백(泰伯)」에 "공자가 말하였다. '악사인 지가 처음 벼슬할 때 연주하던 관저의 끝장 악곡이 아직까지도 양양(洋洋)하게 귀에 가득하구나!(子曰 : '師摯之始, 關雎之亂, 洋洋乎盈耳哉.')"라는 말이 있고, 『집주(集註)』에서 "악사인 지는 노나라 악사로 이름이 지이다. …… 이때 마침 악사인 지가 악관에 임명된 초기였다.(師摯, 魯樂師, 名摯也. …… 適師摯在官之初.)"라고 하였다.

[18-9-2]

亞飯干, 適楚, 三飯繚, 適蔡, 四飯缺, 適秦.
아반간(亞飯干)은 초(楚)나라로 가고, 삼반료(三飯繚)는 채(蔡)나라로 갔으며, 사반결(四飯缺)은 진(秦)나라로 갔다.

朱註

飯, 扶晩反, 繚, 音了. 亞飯以下, 以樂侑食之官. 干繚缺, 皆名也.
'삼반료(三飯繚)'에서 '반(飯)'은 '부(扶)'와 '만(晩)'의 반절(反切)이고, '료(繚)'자의 음은 '료(了 : 마침)'이다. 아반(亞飯) 아래도는 음식을 들 때 음악을 연주하여 흥을 돕는 관직이다. 간(干)·요(繚)·결(缺)은 모두 이름이다.

詳說

○ 『周禮』「大司樂」曰: "王大食三宥, 皆令奏鍾鼓. 註云大食朔日與月半, 以樂宥食時也."
『주례』「태사악」에서 말하였다. "왕이 성찬을 먹을 때 세 번 흥을 돋우는데, 모두 종과 북을 연주하게 하였다. 주석에서 말하였다. '매월 초하루와 보름에 성찬을 하는데, 음악으로 음식을 들 때 흥을 돋우었다.'"

○ 朱子曰: "『白虎通』, '王者, 平旦食晝食晡食暮食, 凡四飯. 諸侯三飯, 大夫再飯.' 故魯之師官, 自亞飯以下, 蓋三飯也."[162]
주자(朱子 : 朱熹)가 말하였다. "『백호통』에서 '왕자는 평소 아침·점심·오후새참·저녁으로 모두 네 번 식사를 한다. 제후는 세 번 식사를 하고 대부는 두 번 식사를 한다.'[163]라고 하였다. 그러므로 노나라의 사관에서 아반 아래는 세 번 식사하는

162) 호광 편(胡廣 編), 『논어집주대전(論語集註大全)』「미자(微子)」에 "朱子曰: '白虎通曰: 「王者, 平旦食晝食晡食暮食, 凡四飯. 諸侯三飯, 大夫再飯.」 故魯之師官, 自亞飯以下, 蓋三飯也."라고 실려 있다.

163) 『백호통』에서 '왕자는 평소 …… 네 번 식사를 한다. 제후는 세 번 식사를 하고 대부는 두 번 식사를 한다 : 반고(班固), 『백호통의(白虎通義)』「덕론상(德論上)」에 : "『논어(論語)』에서 말하였다. '아반간(亞飯干)은 초(楚)나라로 가고, 삼반료(三飯繚)는 채(蔡)나라로 갔으며, 사반결(四飯缺)은 진(秦)나라로 갔다.' 제후는 세 번 식사를 하고 경·대부는 두 번 식사를 하니, 높고 낮은 차등 때문이다.(論語曰: '亞飯干適楚, 三飯繚適蔡, 四飯缺適秦.' 諸侯三飯, 卿大夫再飯, 尊卑之差也.')"라는 말이 있다.

것이다."

○ 厚齋馮氏曰 : "天子諸侯, 每食樂章各異, 各有樂師."[164]

후재 풍씨(厚齋馮氏 : 馮椅)가 말하였다. "천자와 제후는 매번 식사 때 악장이 각기 다르고 각기 악사가 있다."[165]

○ 有訓無釋.

훈고는 있으나 경문의 풀이는 없다.

[18-9-3]

鼓方叔, 入於河,

북을 치는 방숙(方叔)은 하(河)로 들어가고,

朱註

鼓, 擊鼓者, 方叔, 名. 河, 河内.

고(鼓)는 북을 치는 사람이고, 방숙(方叔)은 이름이다. 하(河)는 하내(河內)이다.

詳說

○ 添内字

'하내(河內)'는 경문의 '하(河)'자에 '내(內)'자를 더하였다.

○ 有訓無釋

훈고는 있으나 경문의 풀이는 없다.

○ 國則言適, 地則言入.

나라에 대해서는 간다고 했고, 땅에 대해서는 들어간다고 하였다.

164) 호광 편(胡廣 編), 『논어집주대전(論語集註大全)』「미자(微子)」.

165) 천자와 제후는 매번 식사 때 악장이 각기 다르고 각기 악사가 있다 : 『논어집주대전』「미자(微子)」에는 "천자와 제후는 모두 음악으로 음식을 들 때 흥을 돋우는데, 매번 식사 때 악장이 각기 다르고 각기 악사가 있다.(天子諸侯, 皆以樂侑食, 每食樂章各異, 各有樂師.)"라고 되어 있다.

[18-9-4]

播鼗武, 入於漢,
땡땡이를 흔드는 무(武)는 한(漢)으로 들어가고,

朱註

鼗, 徒刀反. 播, 搖也. 鼗, 小鼓, 兩旁有耳, 持其柄而搖之, 則旁耳還自擊. 武, 名也. 漢, 漢中.

'도(鼗 : 땡땡이)'는 '도(徒)'와 '도(刀)'의 반절(反切)이다. '흔든다[播]'는 말은 흔들어 연주하는 것이다. '땡땡이[鼗]'는 소고(小鼓)이니, 양옆에 귀가 달려 있어 그 자루를 잡고서 흔들면 곁의 귀가 빙빙 돌며 스스로 치게 된다. 무(武)는 이름이다. 한(漢)은 한중(漢中)이다.

詳說

○ 添中字.

'한중(漢中)'은 경문의 '한(漢)'자에 '중(中)'자를 더하였다.

○ 有訓無釋.

훈고는 있으나 경문의 풀이는 없다.

[18-9-5]

少師陽, 擊磬襄, 入於海.
소사(少師) 양(陽)과 경쇠를 치는 양(襄)은 바다로 들어갔다.

朱註

少, 去聲. 少師, 樂官之佐. 陽襄, 二人名, 襄即孔子所從學琴者. 海, 海島也.

'소사(少師)'에서 '소(少 : 적음)'자는 거성이다. 소사는 악관의 보좌관이다. 양(陽)과 양(襄)은 두 사람의 이름이니, 양(襄)은 바로 공자가 찾아가 거문고를 배운 자이다. '바다[海]'는 바다에 있는 섬이다.

詳說

○ 佐摯.

'악관지좌(樂官之佐 : 악관의 보좌관이다)'에서 '좌(左)'는 보좌하여 잡고 있는 것이다.

○ 見「世家」.

'양즉공자소종학금자(襄卽孔子所從學琴者 : 양(襄)은 바로 공자가 찾아가 거문고를 배운 자이다)'에 대한 일은 『사기(史記)』「공자세가(孔子世家)」에 보인다.166)

○ 鼓鼗磬, 皆衆師.

경문에서 '소사양, 격경양(少師陽, 擊磬襄)'에서 북을 치고 땡땡이를 흔들며 경쇠를 치는 것은 모두 여러 악관[師]들이다.

○ 添島字.

'해, 해도야(海, 海島也)'는 경문에 있는 바다[海]에 섬[島]이라는 글자를 더하였다.

○ 有訓無釋.

훈고는 있으나 경문의 풀이는 없다.

朱註

此記賢人之隱遁, 以附前章.

---

166) 『사기(史記)』「세가」에 보인다 : 『사기(史記)』「공자세가(孔子世家)」에 "공자가 거문고 연주하는 법을 사(師) 양자에게 배우고는 열흘 동안 나아가지 않자 그가 말하였다. '더 배울 수 있습니다.' 공자가 말하였다. '제가 그 곡은 이미 익혔으나 아직 그 수를 터득하지 못했습니다.' 얼마 후에 그가 말하였다. '이미 그 수를 터득했으니, 더 배울 수 있습니다.' 공자가 말하였다. '제가 아직 그 뜻을 얻지 못했습니다.' 얼마 후에 그가 말하였다. '이미 그 뜻을 익혔으니 더 배울 수 있습니다.' 공자가 말하였다. '제가 아직 그 사람됨을 알지 못합니다.' 얼마 후에 그가 말하였다. '조용히 깊이 생각하는 것이 있고, 기쁘게 높이 바라보며 멀리 뜻을 두는 것이 있습니다.' 공자가 말하였다. '제가 그 사람됨을 알겠습니다. 시커멓게 검고 훤칠하게 크며, 눈은 멀리 시선을 두어 사방의 나라에 왕 노릇 하는 것 같으니, 문왕이 아니면 누가 이 곡조를 지었겠습니까?' 사 양자가 자리를 피해 재배하고 말하였다. '사 개가 문왕의 곡조라고 말했습니다.'(孔子學鼓琴師襄子, 十日不進, 師襄子曰 : '可以益矣.' 孔子曰 : '丘已習其曲矣, 未得其數也.' 有間, 曰 : '已習其數, 可以益矣.' 孔子曰 : '丘未得其志也.' 有間, 曰 : '已習其志, 可以益矣.' 孔子曰 : '丘未得其爲人也.' 有間, 曰 : '有所穆然深思焉, 有所怡然高望而遠志焉.' 曰 : '丘得其爲人, 黯然而黑, 頎然而長, 眼如望羊, 如王四國, 非文王其孰能爲此也.' 師襄子避席再拜曰 : '師蓋云文王操也.')"라는 말이 있다.

이는 현인이 은둔한 사안을 기록하여 앞 장에 붙인 것이다.

詳說

◯ 此足以代釋.

이것으로 충분히 경문의 풀이를 대신할 수 있다.

◯ 勉齋黃氏曰 : "以歎魯之末世, 決不可復仕."[167]

면재 황씨가 말하였다. "노나라 말기에 결코 다시 벼슬할 수 없음을 한탄하였다."[168]

朱註

然未必夫子之言也. 末章放此.

그러나 반드시 공자의 말이라고 할 수는 없다. 끝 장도 이와 같다.

詳說

◯ 無子曰字.

'미필부자지언야(未必夫子之言也 : 반드시 공자의 말이라고 할 수는 없다)'는 공자가 말하였다.'라는 구절이 없기 때문이다.

◯ 上聲.

'방차(放此)'에서 '방(放 : 서로 닮음)'자는 상성이다.

朱註

張子曰 : "周衰樂廢, 夫子自衛反魯, 一嘗治之, 其後伶人賤工, 識樂之正, 及魯益衰, 三桓僭妄, 自大師以下, 皆知散之四方, 逾河蹈海. 以去亂. 聖人俄頃之助, 功化如此, 如有用我, 期月而可, 豈虛語哉."

장자(張子 : 張載)가 말하였다. "주나라가 쇠하여 음악이 무너졌는데, 공자가 위(衛)나라에서 노(魯)나라로 돌아와 한번 다스리니, 그 후에 광대[伶人]와 하급의 공인[賤工]도 음악의 올바름을 알게 되었다. 노나라가 더욱 쇠함에 미쳐서 삼환

167) 호광 편(胡廣 編), 『논어집주대전(論語集註大全)』「미자(微子)」.

168) 노나라 말기에 결코 다시 벼슬할 수 없음을 한탄하였다 : 『논어집주대전』「미자(微子)」에는 "일민의 뒤에 이것을 나열하여 노나라 말기에 결코 다시 벼슬할 수 없음을 한탄하였다.(列此於逸民之後, 以嘆魯之末世, 決不可以復仕也.)"라고 되어 있다.

(三桓)이 참람하게 함부로 행동하자 태사 이하로 사람들이 모두 사방으로 흩어져 황하를 건너고 바다를 건너 피난할 줄을 알았다. 성인이 잠깐 도운 것이 그 공효가 이와 같았으니, '만일 나를 써준다면 1년이면 괜찮다.'라고 하신 것이 어찌 빈 말씀이겠는가?"

詳說

○ 見「子罕」.

'자위반노(自衛反魯 : 위(衛)나라에서 노(魯)나라로 돌아와)'는 『논어(論語)』「자한(子罕)」에 보인다.[169)]

○ 音靈

'영인천공(伶人賤工)'의 '영(伶 : 광대)'자는 음이 '영(靈 : 신령)'이다.

○ 齊楚蔡秦.

'산지사방(散之四方 : 사방으로 흩어져)'에서 사방은 제나라 · 초나라 · 채나라 · 진나라이다.

○ 擧上下以該中.

'유하도해(逾河蹈海 : 황하를 건너고 바다를 건너 피난할 줄을 알았다)'는 위 아래를 들어 가운데를 갖추었다.

○ 音朞.

'기월(期月)'에서 '기(期)'자는 음이 '기(朞 : 돌)'이다.

○ 見「子路」.

'유용아, 기월이가(有用我, 期月而可 : 나를 써준다면 1년이면 괜찮다)'라는 말은 『논어(論語)』「자로(子路)」에 보인다.[170)]

---

169) 『논어(論語)』「자한(子罕)」에 보인다 : 『논어(論語)』「자한(子罕)」에서 "공자가 말하였다. '위(衛)나라에서 노(魯)나라로 돌아온 뒤로 음악이 바루어져서 아(雅)와 송(頌)이 각기 제자리를 찾게 되었다.'(子曰 : '吾自衛反魯然後樂正, 雅頌各得其所.')"라고 하였다.

170) 『논어(論語)』「자로(子路)」에 보인다 : 『논어(論語)』「자로(子路)」에 "공자가 말하였다. '만일 나를 등용해 주는 자가 있다면 1년만 하더라도 괜찮고, 3년이면 이루어짐이 있을 것이다.'(子曰 : '苟有用我者, 朞月而已, 可也, 三年, 有成.')"라는 말이 있다.

◯ **汪氏曰 : "此篇先女樂, 後此章, 記者不無微意. 夫子初心欲定禮樂, 乃廢絶如此, 深有感也夫."**171)

왕씨가 말하였다. "「미자(微子)」에서 미녀 악사를 앞에 기술했고, 이 장을 뒤로 한 것에는 기록한 사람의 은미한 뜻이 없는 것이 아니다. 공자가 처음에 마음으로 예와 악을 바로잡으려 했는데, 없어지고 끊어진 것이 이와 같으니, 깊이 느낀 것이 있을 것이다."172)

---

171) 호광 편(胡廣 編), 『논어집주대전(論語集註大全)』「미자(微子)」.

172) 「미자(微子)」에서 미녀 악사를 앞에 기술했고 …… 깊이 느낀 것이 있을 것이다 : 『논어집주대전』「미자(微子)」에는 "이 편을 기술한 사람은 제나라에서 미녀 악사를 보낸 것을 앞에 기술했고 이 장을 뒤로 했으니 은미한 뜻이 없는 것이 아니다. 노나라의 임금과 신하가 미녀 악사에게 미혹되고 빠져 악관들이 실직하게 되어 모두 쓸 곳이 없어져 달아나고 어지럽게 흩어져 한 사람도 남아 있지 않았다. 악공들이 모두 떠나 음악이 끊어져버린 것이다. 공자가 처음에 마음으로 예와 악을 바로잡아 다음 세대들에게 보여주려 했는데, 없어지고 끊어진 것이 이와 같았다. 이 장에 기록된 내용은 일반적인 사안 같지만 실제로는 깊이 느낀 것이 있을 것이다.(記此篇者, 先齊歸女樂, 後此章, 不無微意. 蓋魯之君臣, 惑溺於女樂, 樂官失職, 盡無所用矣, 奔逃駭散, 無一人留. 樂工皆去, 樂音絶矣. 夫子初心欲定禮樂以示來世, 而乃廢絶如此. 此章所記, 雖若汎及其實, 深有感也夫.)"라고 되어 있다.

[18-10-1]

周公, 謂魯公曰 : "君子不施其親, 不使大臣怨乎不以, 故舊無大故, 則不棄也, 無求備於一人."

주공(周公)이 노공(魯公)에게 말하였다. "군자는 그 친척을 버리지 않고, 대신이 써주지 않는 것을 원망하지 않게 하며, 친구에게 큰 잘못이 없으면 버리지 않고, 한 사람에게 완비하기를 요구하지 않는다."

朱註

施, 陸氏本 作弛, 福本同. 魯公, 周公子伯禽也. 弛, 遺棄也, 以, 用也.

'버리다[施]'는 말은 육씨본(陸氏本)에는 '없애다[弛]'로 되어 있고,[173] 복주본(福州本)도 같다. 노공(魯公)은 주공(周公)의 아들 백금(伯禽)이다. 이(弛)는 버리는 것이다. 이(以)는 쓰는 것이다.

詳說

○ 『諺』音誤.

『언해』의 음이 잘못되었다.[174]

○ 『釋文』.

육씨본(陸氏本)은 육등명(陸德明)의 『경전석문(經典釋文)』이다.

○ 音始.

'이(弛 : 없애다)'자의 음은 '시(始 : 시작하다)'이다.

○ 卽前章註國初寫本.

곧 앞 장에서 국초 때의 사본이라고 주석한 것이다.[175]

---

173) '없애다[弛]'로 되어 있고 : 육덕명, 『경전석문』「미자(微子)」에는 '불시(不施)'가 '불이(不弛)'로 되어 있다.

174) 『언해』의 음이 잘못되었다 : 『논어언해』「미자(微子)」에는 '施'자의 음이 '이'로 되어 있는데, '이'가 아니라 '시'로 읽어야 하므로 『언해』의 음이 잘못되었다는 것이다.

175) 곧 앞 장에서 국초 때의 사본이라고 주석한 것이다 : 『논어(論語)』「미자(微子)」에 "자로가 말하였다. '벼슬하지 않음은 의가 없는 것이다. …… 도가 행해지지 않음을 이미 알고 있다.'(子路曰 : '不仕無義. …… 道之不行, 已知之矣.')"라는 구절의 주석에 "복주에 국초 때의 사본이 있다.(福州有國初時寫本)"라고 하였다.

○ 先正施字.

먼저 '시(施)'라는 글자를 바로잡았다.

○ 訓畢.

훈고가 끝났다.

朱註

大臣非其人, 則去之, 在其位, 則不可不用. 大故, 謂惡逆.

대신이 적임자가 아니면 버려야 할 것이고, 그 자리에 있다면 쓰지 않을 수 없다. 대고(大故)는 악하고 도리에 어긋나는 것을 이른다.

詳說

○ 上聲.

'거지(去之)'에서 '거(去 : 버리다)'자는 상성이다.

○ 在位而不用其言則怨.

'재기위, 즉불가불용(在其位, 則不可不用 : 그 자리에 있다면 쓰지 않을 수 없다)'은 지위가 있는데, 그 말을 듣지 않으면 원망한다는 말이다.

○ 惡與逆.

'대고, 위악역(大故, 謂惡逆 : 대고(大故)는 악하고 도리에 어긋나는 것을 이른다)'은 악한 것과 도리에 어긋나는 것이다.

○ 訓間釋.

훈고 사이에 경문을 풀이하였다.

○ 此下則論也.

이 아래로는 경문의 의미를 설명하였다.

朱註

李氏曰 : "四者, 皆君子之事, 忠厚之至也."

이씨(李氏)가 말하였다. "네 가지는 모두 군자의 일로 지극히 진실하고 후덕한 것이다."

詳說

○ 胡氏曰 : "親親任賢, 敬故用才, 皆忠厚之意."176)

호씨가 말하였다. “친한 이를 친하게 하고 현명한 이에게 맡기며, 친구를 공경하고 인재를 등용하는 일이 모두 진실하고 후덕한 의미이다.”[177]

◯ 不棄故舊, 如孔子之不絶原壤. 無求備, 亦前篇器之之意也, 此蓋以衆臣言, 此語亦見『書』「君陳」. 蓋成王述周公之訓, 以戒其臣耳.

친구를 버리지 않는 것은 공자가 원양을 끊어버리지 않은 사안[178]과 같다. 완비하기를 요구하지 않는 것도 앞의 편에서 ‘그릇에 따라 한다.’[179]라는 의미이다. 여기에서는 여러 신하를 가지고 말하였는데, 이 말은 또한 『상서(尙書)』「군진」에 있다. 성왕이 주공의 훈계를 기술하여 신하들을 경계시킨 것이다.

朱註

胡氏曰 : “此伯禽受封之國, 周公訓戒之辭, 魯人傳誦久而不忘也, 其或夫子嘗與門弟子言之歟.”

호씨(胡氏)가 말하였다. “이것은 백금(伯禽)이 봉함을 받아 본국으로 갈 적에 주공이 훈계한 말로 노(魯)나라 사람들이 전하면서 외워 오래도록 잊지 아니한 것

176) 호광 편(胡廣 編), 『논어집주대전(論語集註大全)』「미자(微子)」.

177) 친한 이를 친하게 하고 현명한 이에게 맡기며 …… 모두 진실하고 후덕한 의미이다 : 『논어집주대전』「미자(微子)」에는 “‘그 친척을 버리지 않는다.’라는 말은 친한 이를 친하게 하는 것이고, ‘대신이 써주지 않는 것을 원망하지 않게 한다.’라는 말은 현명한 이에게 맡기는 것이며, ‘친구에게 큰 잘못이 없으면 버리지 않는다.’라는 말은 친구를 공경하는 것이고, ‘한 사람에게 완비하기를 요구하지 않는다.’라는 말은 인재를 등용하는 것이다. 친한 이를 친하게 하여 어기지 않고, 현명한 이에게 맡겨 의심하지 않으며, 친구를 공경하여 잊지 않고, 인재를 등용하여 번거롭게 하지 않는 것이 모두 지극히 진실하고 후덕한 일이다.(不弛其親, 親親也, 不使大臣怨乎不以, 任賢也, 故舊無大故不棄, 敬故也, 無求備於一人, 用才也. 親親而不違, 任賢而不貳, 敬故而不忘, 用才而不苛, 皆忠厚之意.)”라고 되어 있다.

178) 공자가 원양을 끊어버리지 않은 사안 : 『논어(論語)』「헌문(憲問)」에서 “원양(原壤)이 걸터앉아 공자를 기다리니, 공자가 말하였다. ‘어려서는 공손하지 못하고, 장성해서는 칭찬할 만한 일이 없으며, 늙어서도 죽지 않는 것이 바로 적(賊)이다.’ 그러고는 지팡이로 그의 정강이를 두드리셨다.(原壤夷俟, 子曰 : ‘幼而不孫弟, 長而無述焉, 老而不死, 是爲賊.’ 以杖叩其脛.)”라고 하였다.

179) 그릇에 따라 한다 : 『논어(論語)』「자로(子路)」에는 “공자가 말하였다. ‘군자는 섬기기는 쉬워도 기쁘하게 하기는 어렵다. 기쁘하게 하기를 도로써 하지 않으면 기쁘하지 않으며, 사람을 부릴 때 그릇에 따라 한다. 소인은 섬기기는 어려워도 기쁘하게 하기는 쉽다. 기쁘하게 하기를 비록 도에 맞게 하지 않더라도 기쁘하며, 사람을 부릴 때 완비하기를 요구한다.’(子曰 : ‘君子易事而難說也. 說之不以道, 不說也, 及其使人也, 器之. 小人難事而易說也. 說之雖不以道, 說也, 及其使人也, 求備焉.’)”라고 하였다.

이거나 혹은 일찍이 공자가 제자들과 말했던 것인가 보다."

詳說

○ 往也.

'지국(之國)'의 '지(之)'자는 간다는 뜻이다.

○ 雙峰饒氏曰: "前章魯末世事, 此章魯立國時待賢如此, 豈有相率而去哉."[180)]

쌍봉 요씨(雙峰饒氏 : 饒魯)가 말하였다. "앞 장은 노나라 말기에 세상의 일이고, 이 장은 노나라가 세워졌을 때 어진 이를 이처럼 대우한 것이니, 어찌 서로 이끌고 떠나겠는가?"[181)]

○ 雲峯胡氏曰: "門人記述相次, 固有意也."[182)]

운봉 호씨(雲峯胡氏 : 胡炳文)가 말하였다. "문인들이 서로 차례대로 기술함에 진실로 의도가 있었다."[183)]

---

180) 호광 편(胡廣 編), 『논어집주대전(論語集註大全)』「미자(微子)」.

181) 앞 장은 노나라 말기에 세상의 일이고 …… 어찌 서로 이끌고 떠나겠는가 : 『논어집주대전』「미자(微子)」에는 "앞 장에서 황하를 건너고 바다를 건넜다는 것은 노나라 말기에 세상의 일이고, 이 장은 노나라 초기에 나라를 세웠을 때 친척과 어진 이를 이처럼 진실하고 후덕하게 대우한 일이다. 말기 이후에는 도리어 악공이 그 자신을 편안히 여길 수 없을 정도였으니, 어찌 한탄하지 않을 수 있겠는가?(前章逾河蹈海, 是魯末世事, 此章是魯初立國時, 其待親賢也, 如此忠厚. 末後却使樂工不能安其身, 豈不可歎.)"라고 되어 있다.

182) 호광 편(胡廣 編), 『논어집주대전(論語集註大全)』「미자(微子)」.

183) 문인들이 서로 차례대로 기술함에 진실로 의도가 있었다 : 『논어집주대전』「미자(微子)」에는 "주나라의 왕가는 진실함과 후덕함으로 나라를 세웠고, 주공이 노공에게 알릴 적에 글자마다 모두 진실하고 후덕한 의미를 담았다. 그런데 이런 뜻을 다하지 않았으니, 태사 이하가 무엇 때문에 떠났겠는가? 문인들이 서로 차례대로 기술함에 진실로 의도가 있었다.(周家以忠厚立國, 周公告魯公, 字字皆是忠厚之意. 使此意無盡, 則太師以下何爲而去哉. 門人記述相次, 固有意也.)"라고 되어 있다.

[18-11-1]

周有八士, 伯達, 伯适, 仲突, 仲忽, 叔夜, 叔夏, 季隨, 季騧.
주(周)나라에 여덟 선비가 있었으니, 백달(伯達)과 백괄(伯适)과 중돌(仲突)과 중홀(仲忽)과 숙야(叔夜)와 숙하(叔夏)와 계수(季隨)와 계와(季騧)이다.

朱註

騧, 烏瓜反.
'계와(季騧)'에서 '와(騧)'는 '오(烏)'와 '과(瓜)'의 반절(反切)이다.

詳說

○ 騧音, 與『詩』異.
'와(騧)'자의 음은 『시경(詩經)』과 다르다.[184]

朱註

或曰:"成王時人." 或曰:"宣王時人." 蓋一母四乳. 而生八子也, 然不可考矣.
어떤 사람은 "성왕(成王) 때 사람이다."라고 하고, 어떤 사람은 "선왕(宣王) 때 사람이다."라고 한다. 한 어머니가 네 번 낳아 여덟 아들을 낳았다고 하나 살펴서 확인할 수 없다.

詳說

○ 音孺.
'사유(四乳)'에서 '유(乳)'자는 음이 '유(孺 : 젖먹이)'이다.

○ 『說文』曰:"人及鳥生子曰乳, 獸曰産."[185]
『설문해자』에서 말하였다. "사람과 새가 새끼를 낳는 것을 '유(孺 : 젖먹이)'라고 하고 짐승은 '산(産 : 낳다)'이라고 한다."

---

184) '와(騧)'자의 음은 『시경(詩經)』과 다르다 : 『시경(詩經)』「진풍(秦風) · 소융(小戎)」에 "네 필의 수말이 매우 크기도 하니, 여섯 줄의 고삐가 손에 있도다. 철총마 월다마는 가운데 있고 공골마와 가라말은 참마(驂馬)로 달린다(四牡孔阜, 六轡在手, 騏駵是中, 騧驪是驂.)"라는 말이 있다. 『시경(詩經)』에서 '와(騧)'자의 음은 '왜(騧 : 공공말)'이다.

185) 허신(許愼), 『설문해자(說文解字)』.

○ 胡氏曰 : "伯仲叔季, 重複命名, 故意其四乳."[186]

'생팔자야(生八子也 : 여덟 아들을 낳았다)'에 대해, 호씨가 말하였다. "백·중·숙·계로 중복해서 이름을 지었기 때문에 네 번 낳았다고 생각하였다."[187]

○ 命名兩兩爲韻, 此亦雙生之一證.

이름을 지음에 둘로 하고 둘로 하여 운을 붙였으니, 이것도 쌍둥이를 낳았다는 하나의 증거이다.

○ 訓兼釋.

훈고에 경문의 풀이를 겸하였다.

朱註

張子曰 : "記善人之多也."

장자(張子 : 張載)가 말하였다. "'훌륭한 사람들[善人]'이 많았음을 기록한 것이다."

詳說

○ 雙峰饒氏曰 : "皆雙生, 固異事, 皆賢, 尤異事, 故孔子稱之, 可見周時氣數之盛."[188]

쌍봉 요씨(雙峰饒氏 : 饒魯)가 말하였다. "모두 네 쌍둥이는 진실로 기이한 일인데, 모두 현명한 것은 더욱 기이한 일이다. 그러므로 공자가 기렸던 것이니, 주나라 때의 기운과 운세가 성대했음을 알 수 있다."[189]

○ 舜時之元凱, 足以相方.

순 임금 때의 팔원과 팔개[190]가 충분히 비교될 만하다.

---

186) 호광 편(胡廣 編), 『논어집주대전(論語集註大全)』「미자(微子)」.

187) 백·중·숙·계로 중복해서 이름을 지었기 때문에 네 번 낳았다고 생각했다 : 『논어집주대전』「미자(微子)」에는 "어머니가 잉태해서 낳았는데 두 사람이라는 말이다. 옛날에는 백·중·숙·계로 나이가 많고 적은 것의 차례로 여겼으니, 이를테면 중손이나 숙손과 같은 것이다. 바로 중복해서 이름을 지었기 때문에 네 번 낳았다고 생각하였다.(謂母孕乳而二人也. 古者以伯仲叔季爲長少之次, 如仲孫叔孫之類. 今重複命名, 故意其四乳也.)"라고 되어 있다.

188) 호광 편(胡廣 編), 『논어집주대전(論語集註大全)』「미자(微子)」.

189) 모두 네 쌍둥이는 진실로 기이한 일인데 …… 운세가 성대했음을 알 수 있다 : 『논어집주대전』「미자(微子)」에는 "네 번 낳았다는 것은 모두 쌍둥이로 낳았다는 뜻으로 진실로 기이한 일이다. 그런데 여덟 아들이 모두 현명했다는 것은 더욱 기이한 일이다. 그러므로 공자가 기렸던 것이니, 주나라 때의 기운과 운세가 성대했음을 알 수 있다.(四乳, 皆雙生, 固爲異事. 八子皆賢, 尤異事也. 故孔子稱之, 可見周時氣數之盛.)"라고 되어 있다.

○ 新安陳氏曰 : "記魯末賢人隱遁, 而終之以此, 有傷今思古之心乎."191)

신안 진씨(新安陳氏 : 陳櫟)가 말하였다. "노나라 말기의 현인들과 은자들을 기록하면서 이렇게 마쳤으니, 현재를 아파하며 옛날을 그리는 마음이 있었던 것이다."192)

朱註

愚按, 此篇孔子於三仁逸民師摯八士旣, 皆稱贊而品列之, 於接輿沮溺丈人, 又每有惓惓, 接引之意, 皆衰世之志也. 其所感者深矣. 在陳之歎, 蓋亦如此.

내가 살펴보건대 이 편은 공자가 세 사람의 인자와 은둔한 사람들 · 태사 지[師摯] · 여덟 선비[八士]에 대해서 이미 모두 칭찬하고 품평하여 차례대로 두었으며, 접여 · 장저와 걸익 · 장인(丈人)에 대해서도 또 매양 간절하게 접하여 인도해 주려는 뜻이 있었으니, 모두 쇠한 세상을 근심하는 뜻으로 그 느낀 것이 깊다. 진(陳)나라에 있으면서 탄식할 때도 대개 또한 이와 같다.

詳說

○ 音權.

'매유권권(每有惓惓)'에서 '권(惓)'자는 음이 '권(權)'이다.

○ 不遂外之.

'접인지의(接引之意 : 접하여 인도해 주려는 뜻이 있었으니)'는 끝내 외면하지 않은

190) 순 임금 때의 팔원과 팔개 : 원(元)은 선(善), 개(凱)는 화(和)를 뜻한다. 『춘추좌전(左傳)』 문공(文公) 18년조에 보면 옛날 고양씨(高陽氏)에게 재주 있는 아들 여덟이 있었는데, 창서(蒼舒) · 퇴애(隤敳) · 도연(檮戭) · 대림(大臨) · 방항(尨降) · 정견(庭堅) · 중용(仲容) · 숙달(叔達)로서, 백성들이 팔개(八凱)라 불렀고, 고신씨(高辛氏)에게 재주 있는 여덟 아들이 있었는데, 백분(伯奮) · 중감(仲堪) · 숙헌(叔獻) · 계중(季仲) · 백호(伯虎) · 중웅(仲熊) · 숙표(叔豹) · 계리(季狸)로서, 백성들이 팔원(八元)이라 불렀다고 한다. 요(堯) 임금은 그들의 자손을 등용하지 못했으나, 순(舜) 임금이 요 임금의 신하가 되었을 때 이들을 등용하였다.

191) 호광 편(胡廣 編), 『논어집주대전』「미자(微子)」.

192) 노나라 말기의 현인들과 은자들을 기록하면서 …… 옛날을 그리는 마음이 있었던 것이다 : 『논어집주대전』「미자(微子)」에는 "노나라 말기의 현인들과 은자들을 기록하면서 주나라가 성대할 때 현인들이 많은 것으로 마쳤으니, 아마도 현재를 아파하며 옛날을 그리는 마음이 있었던 것이다.(記魯末賢人之隱遯, 而終以周盛時賢人之衆多, 其有傷今思古之心乎.)"라고 되어 있다.

것이다.

○ 感歎之志.

‘쇠세지지야(衰世之志也 : 쇠한 세상을 근심하는 뜻으로)’는 한탄하는 마음이다.

○ 『易』「繫辭」曰 : “其衰世之意耶.”

‘衰世之志也(쇠세지지야 : 쇠한 세상을 근심하는 뜻으로)’는 『주역(周易)』「계사전」에서도 말하였다. “쇠퇴한 세상의 뜻일 것이다!”193)

○ 見「公冶長」.

‘재진지탄(在陳之歎 : 진(陳)나라에 있으면서 탄식할 때도)’에 관한 내용은 『논어(論語)』「공야장(公冶長)」에 보인다.194)

○ 不得中行而思其次.

‘개역여차(蓋亦如此 : 대개 또한 이와 같다)’는 알맞게 행하는 자들을 얻지 못해 그 다음을 생각한 것이다.

朱註

三仁則無間然矣. 其餘數君子者, 亦皆一世之高士, 若使得聞聖人之道, 以裁其所過, 而勉其所不及, 則其所立, 豈止於此而已哉?

세 사람의 인자(仁者)는 비난할 것이 없다. 나머지 여러 군자들도 모두 일세(一世)의 고상한 선비이니, 성인의 도를 들어서 그 지나침을 제재하고 미치지 못함을 힘쓰게 하였더라면, 그 세운 업적이 어찌 여기에 그쳤겠는가?

詳說

○ 去聲.

‘무간연의(無間然矣)’에서 ‘간(間 : 비방하다)’자는 거성이다.

---

193) 쇠퇴한 세상의 뜻일 것이다 : 『주역(周易)』「계사전하(繫辭傳下)」에 “그 명칭을 일컬은 것은 난잡하지만 사리(事理)를 벗어나지 않는다. 그 부류를 고찰해 보면 아마 쇠퇴한 세상의 뜻일 것이다!(其稱名也, 雜而不越. 於稽其類, 其衰世之意邪.)”라는 말이 있다.

194) 『논어(論語)』「공야장(公冶長)」에 보인다 : 『논어(論語)』「공야장(公冶長)」에서 “공자가 진(陳)나라에 있으면서 말하였다. ‘돌아가자! 돌아가자! 우리 제자들이 뜻은 크나 일에는 소략하여 찬란하게 문장(文章)을 이루었을 뿐이고, 그것을 마름질할 줄을 모르는구나.’(子在陳曰 : ‘歸與歸與. 吾黨之小子狂簡, 斐然成章, 不知所以裁之.’)”라고 하였다.

◯ 四字見「泰伯」.

'무간연의(無間然矣 : 비난할 것이 없다)'라는 네 글자는 『논어(論語)』「태백(泰伯)」에 보인다.195)

◯ 新安陳氏曰 : "過謂離人以爲高, 不及謂不能成物以見於用."196)

'재기소과, 이면기소불급(裁其所過, 而勉其所不及 : 그 지나침을 제재하고 미치지 못함을 힘쓰게 하였다)'에 대해, 신안 진씨(新安陳氏 : 陳櫟)가 말하였다. "지나침은 사람들을 벗어나 고상한 것을 말하고, 미치지 못함은 사물을 이뤄 쓰이게 드러나지 못하는 것을 말한다.

◯ 勉齋黃氏曰 : "此篇記仁賢之出處, 列於『論語』將終之篇. 蓋歎夫子之道不行, 以明其出處之義, 其次第先後, 亦有可言者."197)

면재 황씨(勉齋黃氏 : 黃幹)가 말하였다. "이 편에서는 인자와 현인의 출처를 기록해 『논어(論語)』의 뒤 편에 두고, 공자의 도가 행해지지 않음을 탄식하여 그 출처를 밝히는 의미로 순서를 선후로 했으니, 또한 말할 내용이 있었던 것이다."198)

---

195) 비난할 것이 없다는 말은 『논어(論語)』「태백(泰伯)」에 보인다 : 『논어(論語)』「태백(泰伯)」에는 "공자가 말하였다. '우 임금은 내 비난할 데가 없으시다. 평소의 음식은 간략하게 하시면서도 제사에는 귀신에게 효도를 다하시고, 의복은 검소하게 하시면서도 불(黻) · 면(冕)의 제복(祭服)에는 아름다움을 다하시고, 궁실(宮室)은 낮게 하시면서도 백성을 위한 치수 사업에는 힘을 다하셨으니, 우 임금은 내 비난할 데가 없으시다.'(子曰 : '禹, 吾無間然矣. 菲飮食而致孝乎鬼神, 惡衣服而致美乎黻冕, 卑宮室而盡力乎溝洫, 禹, 吾無間然矣.')"라고 되어 있다.

196) 호광 편(胡廣 編), 『논어집주대전(論語集註大全)』「미자(微子)」.

197) 호광 편(胡廣 編), 『논어집주대전(論語集註大全)』「미자(微子)」.

198) 이 편에서는 인자와 현인의 출처를 기록해 …… 또한 말할 내용이 있었던 것이다 : 『논어집주대전』「미자(微子)」에는 "이 편에서는 대부분 인자와 현인의 출처를 기록해 『논어(論語)』의 뒤 편에 두고, 또한 공자의 도가 행해지지 않음을 탄식해서 그 출처를 밝히는 의미로 순서를 선후로 했으니, 또한 말할 내용이 있었던 것이다. 군자가 세상에 쓰임에 때로는 떠나고 때로는 떠나지 않는 것에는 의가 있지 않음이 없으니, 세 사람의 인자와 유하혜가 여기에 해당한다. 공자가 제나라와 노나라에서 벼슬하지 못할 것을 알고 마침내 떠난 것은 의이고, 벼슬하지 못할 것을 알고도 여전히 왕래한 일은 세상을 구하려고 정성을 다한 것이다. 접여와 장저와 걸익과 대바구니를 맨 장인이 의심을 면하지 못하는 것도 의이다. 일민의 조목을 나열하고 가한 것도 없고 불가한 것도 없다는 뜻으로 결단한 사안은 공자가 출처하는 의를 드러내기 위한 것이다. 악공들이 서로 이끌고 떠난 것에서는 결단코 큰일을 할 수 없다는 것을 밝혔다. 주공의 말을 일컬은 것은 옛날에 친척을 가까이하고 현인을 높이고 친구를 공경하는 것을 드러내어 그릇이 어질고 후덕한 것에서 한결같이 나오게 했다는 의미이니, 어디에 실망하며 떠나가는 일이 있겠는가? 이것이 주나라의 인재들이기 때문에 성대할 때는 한 성의 여덟 선비까

지 등용했다는 말인데, 그렇게 끝맺었기 때문에 현재를 아파하고 옛날을 그리며 공자의 도가 다했음을 탄식하는 것이다.(此篇多記仁賢之出處, 列於論語將終之篇, 蓋亦嘆夫子之道不行, 以明其出處之義也, 其次第先後, 亦有可言者. 君子之用於世, 其或去或不去, 莫不有義焉, 三仁柳下惠, 是也. 孔子於齊魯, 知其不可仕, 而遂行者, 義也, 知其不可仕也, 而猶往來, 屑屑以救斯世, 接輿沮溺, 荷蓧丈人, 未免有疑焉者, 亦義也. 列逸民之目, 而斷之以無可無不可, 所以見夫子出處之義也. 至於樂工相率而去之, 則又以明夫决不可以有爲也. 稱周公之言, 以見古之親親而尊賢敬故, 而器使一出於仁厚之意, 則安有望望而去之者哉. 此周之人才, 所以盛而擧一姓八士, 以終之所以傷今思古, 而嘆夫子之道窮也.)"라고 되어 있다.

권19

논어집주상설

論語集註詳說

자장

子張 第十九

제19편

朱註

此篇, 皆記弟子之言, 而子夏爲多, 子貢次之.
이 편은 모두 제자들의 말을 기록한 것인데, 자하의 말이 많고 자공이 그 다음이다.

詳說

◯ 勉齋黃氏曰: "『論語』一書, 記孔門師弟子之答問. 將終特次高弟五人之言, 自爲一篇, 以其學識有足明孔子之道也."[1)]

'제자지언(弟子之言: 제자들의 말을 기록한 것)'에 대해, 면제 황씨(勉齋黃氏: 黃榦)가 말하였다. "『논어(論語)』라는 한 권의 책은 공자 문하에서 제자들의 문답을 기록한 것이다. 그런데 끝내려고 할 때 특별히 제자들 가운데 수준 높은 제자들이 한 말을 이어서 스스로 하나의 편으로 하였으니, 또한 그들의 학식이 공자의 도를 충분히 밝힐 수 있었기 때문이다."[2)]

◯ 新安陳氏曰: "子張二章, 子夏十一章, 子游二章, 曾子四章, 子貢六章."[3)]

'자하위다, 자공차지(子夏爲多, 子貢次之: 자하의 말이 많고 자공이 그 다음이다)'에 대해, 신안 진씨(新安陳氏: 陳櫟)가 말하였다. "자장이 말한 부분은 2장이고, 자하는 11장이며, 자유는 2장이고, 증자는 4장이며, 자공은 6장이다."

朱註

蓋孔門, 自顔子以下, 穎悟莫若子貢, 自曾子以下, 篤實無若子夏.
공자의 문하에 안자 이하로는 영특함이 자공만한 사람이 없고, 증자 이하로는

---

1) 호광 편(胡廣 編), 『논어집주대전(論語集註大全)』「자장(子張)」.

2) 『논어(論語)』라는 한 권의 책은 공자 문하에서⋯⋯ 충분히 밝힐 수 있었기 때문이다: 『논어집주대전』「자장(子張)」에는 "이 편에서 기록한 것은 다섯 사람에 불과하니, 자장·자하·자유·증자·자공으로 모두 공자 문하의 수준 높은 제자들이다. 『논어(論語)』라는 한 권의 책은 공자 문하에서 제자들의 문답을 기록한 것이다. 그런데 책이 끝나려고 할 때 특별히 제자들 가운데 수준 높은 제자들이 한 말을 이어서 스스로 하나의 편으로 하였으니, 또한 그들의 학식이 공자의 도를 충분히 밝힐 수 있었기 때문이다.(此篇所記, 不過五人, 曰子張子夏子游曾子子貢, 皆孔門之高弟. 蓋『論語』一書, 記孔門師弟子之答問, 於其篇帙將終, 而特次門人高弟之所言, 自爲一篇, 亦以其學識有足以明孔子之道也.)"라고 되어 있다.

3) 호광 편(胡廣 編), 『논어집주대전(論語集註大全)』「자장(子張)」에는 "於所記五人, 子張二, 子夏十一章, 子游二章, 曾子四章, 子貢六章."라고 실려 있다.

독실함이 자하만한 사람이 없었다.

詳說

○ 慶源輔氏曰:“皆以資質言. 顔曾學力非二子所能及, 子貢不足於行, 子夏不足於知.”[4)]
경원 보씨(慶源輔氏:輔廣)가 말하였다. “모두 자질로 말하였다. 안자와 증자는 배움의 역량으로는 두 사람이 미칠 수 있는 것이 아니었으니, 자공은 행함에 부족했고, 자하는 앎에 부족하였다.”[5)]

○ 胡氏曰:“顔子明睿, 曾子純誠.”[6)]
호씨(胡氏)가 말하였다. “안자는 밝고 지혜로웠고, 증자는 순수하고 성실하였다.”[7)]

朱註

故特記之詳焉. 凡二十五章.
그러므로 특별히 자세하게 기록한 것이다. 모두 25장이다.

詳說

○ 以諸子立言之散出於諸篇者, 考之. 顔子早夭, 故惟有喟歎一章. 曾子篇九章最多. 有子子夏, 皆四章, 子夏二章, 子游子張, 年最少, 故子游只一章, 子張則無耳.
제자들이 말한 것이 여러 편에 흩어져 있는 것으로 살펴본 것이다. 안자는 요절했기 때문에 탄식한 것[8)] 1장만 있을 뿐이다. 증자는 편에서 9장으로 가장 많다. 유

4) 호광 편(胡廣 編), 『논어집주대전(論語集註大全)』「자장(子張)」.
5) 모두 자질로 말하였다 …… 자하는 앎에 부족했다:『논어집주대전』「자장(子張)」에는 “영특함과 독실함은 모두 자질로 말한 것이다. 두 사람은 자질이 안자와 증자의 다음이었다. 안자와 증자는 배움의 역량으로는 두 사람이 미칠 수 있는 것이 아니었다. 안자의 영특함은 앎이 진실로 환히 뚫린 것이고, 행함이 또 지극한 것이다. 증자의 독실함은 행함이 진실로 지극했고 앎이 또 환히 뚫린 것이다. 자공은 앎에 영특했으나 행함에 부족했고, 자공은 행함에 독실했으나 앎에 부족하였다.(穎悟篤實, 皆以資質言. 二子資質, 次於顔曾. 顔曾學力, 有非二子所能及者. 顔之穎悟, 知之固徹, 行之又至. 曾之篤實, 行之固至, 知之又徹. 子貢則穎悟於知, 而不足於行, 子夏則篤實於行, 而不足於知焉.)”라고 되어 있다.
6) 호광 편(胡廣 編), 『논어집주대전(論語集註大全)』「자장(子張)」.
7) 안자는 밝고 지혜로웠고, 증자는 순수하고 성실했다:『논어집주대전』「자장(子張)」에는 “안자의 밝고 지혜로움은 영특함으로 말하기 부족하고, 증자의 순수하고 성실함은 독실함으로 말하기 부족하기 때문에 자하와 자공을 일컬은 것일 뿐이다.(以顔子之明睿, 則穎悟不足言, 以曾子之純誠, 則篤實不足言, 故但以稱子貢子夏也.)”라고 되어 있다.

자와 자하는 모두 4장이고, 자하는 2장이다. 자유와 자장은 나이가 가장 어리기 때문에 자유는 1장뿐이고, 자장은 없다.

8) 탄식한 것 : 『논어(論語)』「자한(子罕)」에 "안연이 탄식하며 말하였다. '선생님의 도는 우러러볼수록 더욱 높고, 뚫을수록 더욱 견고하며, 바라봄에 앞에 있더니 홀연히 뒤에 있구나.'(顔淵喟然歎曰 : '仰之彌高, 鑽之彌堅, 瞻之在前, 忽焉在後.')"라는 말이 있다.

[19-1-1]

子張曰 : "士見危致命, 見得思義, 祭思敬, 喪思哀, 其可已矣."
자장이 말하였다. "선비가 위태로움을 보고 목숨을 바치며, 이득을 보고 의를 생각하며, 제사에 공경함을 생각하며, 상사에 슬픔을 생각한다면 괜찮다."

朱註

致命, 謂委致其命, 猶言授命也.
'목숨을 바친다[致命]'는 것은 목숨을 버림을 말하니, '목숨을 준다[授命]'는 말과 같다.

詳說

○ 授命見「憲問」.
'목숨을 준다[授命]'는 말은 「헌문(憲問)」에 보인다.[9]

○ 朱子曰 : "送這命與他, 不復爲我之有."[10]
주자(朱子 : 朱熹)가 말하였다. "이 목숨을 다른 사람에게 주어 다시 나의 것으로 하지 않는다."[11]

○ 訓如釋.
훈고가 경문의 풀이와 같다.

朱註

四者, 立身之大節,
이 네 가지는 자신을 세우는 큰 일이니,

---

9) '목숨을 준다[授命]'는 말은 「헌문(憲問)」에 보인다 : 『논어(論語)』「헌문(憲問)」에서 "말하였다. '지금의 성인(成人)은 어찌 굳이 그러할 것이 있겠는가. 이(利)를 보고 의(義)를 생각하며, 위태로움을 보고 목숨을 바치며, 오래된 언약에 평소의 말을 잊지 않는다면 이 또한 성인(成人)이 될 수 있을 것이다.'(曰 : '今之成人者, 何必然. 見利思義, 見危授命, 久要, 不忘平生之, 亦可以爲成人矣.')"라고 하였다.

10) 호광 편(胡廣 編), 『논어집주대전(論語集註大全)』「자장(子張)」.

11) 이 목숨을 다른 사람에게 주어 다시 나의 것으로 하지 않는다 : 『논어집주대전』「자장(子張)」에는 "목숨을 바친다는 것은 이 목숨을 다른 사람에게 주어 다시 나의 것으로 하지 않는다는 뜻과 같다.(致命猶送這命與他, 不復爲我之有.)"라고 되어 있다.

詳說

○ 當與前篇成人九思二章參看.

앞 편에 있는 '성인장(成人章)'[12] 및 '구사장(九思章)'[13]과 참고해서 봐야 한다.

○ 西山眞氏曰 : "死生之際, 惟義是徇, 不待思而決."[14]

서산 진씨(西山眞氏 : 眞德秀)[15]가 말하였다. "죽고 사는 때는 의를 따를 뿐이니, 생각해서 결단하지 않는다."[16]

朱註

一有不至, 則餘無足觀, 故言士能如此, 則庶乎其可矣.

한 가지라도 지극하지 못하면 그 나머지는 별로 볼 것이 없기 때문에 선비가 이와 같이 할 수 있다면 '괜찮다'는 수준에 가깝다고 말한 것이다.

詳說

○ 釋兼論.

경문 풀이에 의미 설명을 겸하였다.

---

12) 성인장(成人章) : 『논어(論語)』「안연(顔淵)」에서 "공자가 말하였다. '군자는 남의 아름다움을 이루어 주고, 남의 악을 이루어 주지 않는다. 소인은 이와 반대이다.'(子曰 : '君子成人之美, 不成人之惡. 小人反是.')"라고 하였다.

13) 구사장(九思章) : 『논어(論語)』「계씨(季氏)」에 "공자가 말하였다. '군자는 아홉 가지로 생각함이 있으니, 보는 것에서는 밝음을 생각하고, 듣는 것에서는 귀 밝음을 생각하며, 얼굴빛에서는 온화함을 생각하고, 태도에서는 공손함을 생각하며, 말에서는 충성함을 생각하고, 일에서는 경건함을 생각하며, 의심스러운 것에서는 물음을 생각하며, 분한 것에서는 어려움을 생각하고, 이득을 보는 것에서는 의(義)를 생각한다.'(孔子曰 : '君子有九思, 視思明, 聽思聰, 色思溫, 貌思恭, 言思忠, 事思敬, 疑思問, 忿思難, 見得思義.')"라고 하였다.

14) 호광 편(胡廣 編), 『논어집주대전(論語集註大全)』「자장(子張)」.

15) 진덕수(眞德秀 : 1178~1235) : 남송 시대의 성리학자로 자는 경원(景元) 또는 희원(希元)이고, 서산(西山)은 그의 호이다. 시호는 문충(文忠)이며, 건주(建州) 포성(浦城) 사람이다. 주자의 문인 첨체인(詹體仁)에게 수학하였으며, 주자학을 계승·발전시키는 데 힘썼다. 저서에 『대학연의(大學衍義)』, 『문장정종(文章正宗)』, 『진문충공집(眞文忠公集)』 등이 있다.

16) 죽고 사는 때는 의를 따를 뿐이니, 생각해서 결단하지 않는다 : 『논어집주대전』「자장(子張)」에는 "의(義)와 경(敬)과 애(哀)에서는 모두 목숨을 바칠 것을 생각한다. 그런데 유독 생각함을 말하지 않는 경우는 죽고 사는 때에 의를 따를 뿐인 것이니, 생각해서 결단하지 않는 것이다.(義敬哀, 皆言思致命. 獨不言思者, 死生之際, 惟義是徇, 有不待思而決也.)"라고 되어 있다.

○ 朱子曰 : “前篇可也, 其語抑, 此章其可已矣, 其語揚.”17)

주자(朱子 : 朱熹)가 말하였다. “앞 편에서 ‘괜찮다[可也]’는 그 말을 억누른 것이고, 이 편에서 ‘괜찮다[其可已矣]’는 그 말을 들어 올린 것이다.”18)

○ 潛室陳氏曰 : “末句子張語病.”19)

잠실 진씨(潛室陳氏 : 陳埴)가 말하였다. “끝 구절에 있는 자장의 말에는 병폐가 있다.”20)

○ 勉齋黃氏曰 : “其可已矣, 失之太快, 不類聖人之言. 『集註』以爲庶乎其可, 固惡其言之太快耳.”21)

면재 황씨(勉齋黃氏 : 黃幹)가 말하였다. “‘괜찮다[其可已矣]’는 아주 건방진 측면에서 잘못한 것이니, 성인의 말과는 다르다. 『논어집주(論語集註)』에서 ‘괜찮다는 수준에 가깝다’고 여긴 것은 진실로 그 말이 너무 건방진 측면을 싫어한 것이다.”22)

○ 此章士字, 幷該下章.

이 장에서 ‘선비[士]’라는 말은 아래 장을 아울러 포함한다.

---

17) 호광 편(胡廣 編), 『논어집주대전(論語集註大全)』「자장(子張)」.

18) 앞 편에서 ‘괜찮다[可也]’는 …… 그 말을 들어 올린 것이다 : 『논어집주대전』「자장(子張)」에는 “어떤 이가 물었다. ‘‘괜찮다[其可已矣]’는 것과 ‘괜찮다[可也]’에 대해 묻겠습니다.’ 답하였다. ‘‘괜찮다[可]’라고 하는 것은 같지만 ‘괜찮다[可也]’라고 하는 것은 그 말을 억누른 것이고, 괜찮다[其可已矣]라고 하는 것은 그 말을 들어 올린 것입니다.’(或問 : ‘其可已矣, 與前篇可也之說.’ 曰 : ‘可則同, 然曰可也, 則其語抑, 曰其可已矣, 則其語揚.’)”라고 되어 있다.

19) 호광 편(胡廣 編), 『논어집주대전(論語集註大全)』「자장(子張)」.

20) 끝 구절에 있는 자장의 말에는 병폐가 있다 : 『논어집주대전』「자장(子張)」에는 “선비는 한 남자의 일로 옛사람들이 선비를 말한 곳에서는 대부분 이와 같으니, 군자와 소인으로 장황하게 볼 필요는 없다. 다만 이런 일에서 어찌 기특한 남자가 할 수 없다고 쉽게 비난하겠는가? 자장의 말에서 병폐는 끝의 한 구절에 있다.(士者, 一男子之事, 古人說士處, 多如此, 不要將君子小人雜看. 只此等事, 豈易非奇男子不能. 子張語病在末梢一句.)”라고 되어 있다.

21) 호광 편(胡廣 編), 『논어집주대전(論語集註大全)』「자장(子張)」.

22) ‘괜찮다[其可已矣]’는 것은 아주 건방진 측면에서 …… 그 말이 너무 건방진 측면을 싫어한 것이다 : 『논어집주대전』「자장(子張)」에는 “큰일은 진실로 극진하게 해야 하지만 ‘괜찮다[其可已矣]’는 것으로 결단한 뜻은 너무 건방진 측면에서 잘못되어 성인의 말과는 다른 것 같다. 『논어집주(論語集註)』에서 ‘괜찮다는 것에 가깝다’고 여긴 것은 진실로 그 말이 너무 건방진 측면을 싫어한 것이다.(大節固所當盡, 然斷之以其可已矣, 則似失之太快, 而不類聖人之言. 『集註』以爲庶乎其可, 則固惡其言之太快矣.)”라고 되어 있다.

[19-2-1]

子張曰 : "執德不弘, 信道不篤, 焉能爲有, 焉能爲亡."
자장이 말하였다. "덕을 지킴이 넓지 못하며, 도를 믿음이 독실하지 못하면, 어찌 있다고 하고 어찌 없다고 하겠는가?"

朱註

焉, 於虔反. 亡讀作無, 下同. 有所得, 而守之, 太狹, 則德孤, 有所聞, 而信之不篤, 則道廢.

'언능(焉能)'에서 '언(焉)'은 '어(於)'와 '건(虔)'의 반절(反切)이다. '위망(爲亡)'에서 '망(亡)'자는 무(無)로 해서 읽으니, 아래에서도 같다. 얻는 것이 있는데 지키는 것이 너무 좁으면 덕(德)이 고립되고, 들은 것이 있는데 믿음이 독실하지 못하면 도(道)가 무너진다.

詳說

○ 德.

'얻는 것이 있다[有所得]'라고 할 때의 '얻는 것'은 '덕(德)'이다.

○ 執.

'지키는 것[守]'은 '잡는 것[執]'이다.

○ 慶源輔氏曰 : "不能兼有衆德, 而孑然固守一節."23)

경원 보씨(慶源輔氏 : 輔廣)가 말하였다. "여러 가지 덕을 겸하여 가질 수 없어 외롭게 하나의 법을 굳게 지키는 것이다."24)

○ 聞道.

'유소문(有所聞 : 들은 것이 있는데)'는 도에 대해 들은 것이다.

---

23) 호광 편(胡廣 編), 『논어집주대전(論語集註大全)』「자장(子張)」.

24) 여러 가지 덕을 겸하여 가질 수 없어 외롭게 하나의 법을 굳게 지키는 것이다 : 『논어집주대전』「자장(子張)」에는 "덕이 외롭다는 말은 여러 가지 덕을 겸하여 가질 수 없어 외롭게 하나의 덕을 굳게 지키는 것이다. 덕이 자신에게 얻어져서 차지하고 있는데, 넓지 못하면 가볍게 좋아하고 쉽게 만족하니, 어떤 선이 있으면 스스로 천하에 자신만한 것이 없다고 여긴다. 도에 대해 들은 것이 있어 믿는데, ……(德孤, 言不能兼有衆德, 而孑然固守一節者也. 德得諸己而居之, 不弘, 則輕喜易足, 有一善, 則自以爲天下莫己若矣. 道有所聞而信之, ……)"라고 되어 있다.

○ 慶源輔氏曰 : "或作或輟, 銳始怠終, 終亦必亡."[25]

'신지부독, 즉도폐(信之不篤, 則道廢 : 믿음이 독실하지 못하면 도(道)가 무너진다)'에 대해, 경원 보씨(慶源輔氏 : 輔廣)가 말하였다. "하기도 하고 중지하기도 하여 처음에는 예리하고 끝에는 나태하니, 마침내 또한 반드시 없애 버릴 뿐이다."[26]

○ 朱子曰 : "弘篤, 猶言弘毅, 弘以量言, 篤以志言."

'신지부독, 즉도폐(信之不篤, 則道廢 : 믿음이 독실하지 못하면 도(道)가 무너진다)'에 대해, 주자(朱子 : 朱熹)가 말하였다. "넓게 하고 독실하게 한다는 것은 넓고 굳세다는 말과 같으니, 넓다는 것은 양으로 말하였고, 독실하다는 것은 뜻으로 말하였다."[27]

朱註

焉能爲有亡, 猶言不足爲輕重.

'어찌 있다 하며, 어찌 없다고 하겠는가?'라는 말은, 그다지 하찮게 되고 중요하게 될 것이 없다는 말과 같다.

詳說

○ 雙峯饒氏曰 : "這般人有之, 不足爲當世重, 無之, 不足爲當世輕."[28]

---

25) 호광 편(胡廣 編), 『논어집주대전(論語集註大全)』「자장(子張)」.

26) 하기도 하고 중지하기도 하여 처음에는 예리하고 …… 반드시 없애 버릴 뿐이다 : 『논어집주대전』「자장(子張)」에는 "…… 도에 대해 들은 것이 있어 믿는데, 독실하지 않으면 또한 하기도 하고 중지하기도 하여 처음에는 예리하고 끝에는 나태하니, 마침내 또한 반드시 없애 버릴 뿐이다.(…… 道有所聞而信之, 不篤則亦或作或輟, 銳始怠終, 終亦必亡而已矣.)"라고 되어 있다.

27) 『주자어류(朱子語類)』 권49, 「논어31(論語三十一)」, 6조목에는 다음과 같이 되어 있다. "위재중이 물었다. ''덕을 잡음이 넓지 못하고, 도를 믿음이 독실하지 못하다.'는 구절은 무엇을 말한 것입니까?' 주희가 말하였다. '이것은 반드시 아래 두 구절을 보아야 한다. 이 두 구절은 흡사 상반되는 것 같다. 대개 '홍'은 광대하다는 의미인데, 만약 '도를 믿음이 독실하지 못하다'고 한다면 아주 넓은 것을 수용한 뒤에 사람이 따라서 행하더라도 바른 이치를 지킬 수 없게 된다. 도를 믿음이 독실하되 넓지 못하면 그 일설을 확신해도 통하지 못하는데 이르게 되므로 반드시 두 구절을 살펴보아야 한다. 넓게 하고 독실하게 한다는 것은 넓고 굳세다는 말과 서로 흡사하다.'(魏才仲問 : '執德不弘, 信道不篤.' 曰 : '此須着下兩句. 此兩句似若相反. 蓋弘是廣大之意, 若'信道不篤', 則容受太廣後隨人走作, 反不能守正理. 信道篤而不弘, 則是確信其一說, 而或至於不通, 故須着下兩句. 弘篤, 猶言弘毅相似.')"

28) 호광 편(胡廣 編), 『논어집주대전(論語集註大全)』「자장(子張)」.

쌍봉 요씨(雙峰饒氏 : 饒魯)가 말하였다. "이런 사람들은 있어도 그다지 당시 세상에 중요하게 되지 않고, 없어도 그다지 당시 세상에 하찮게 되지 않는다."[29]

○ **厚齋馮氏曰 : "此皆躬行切己之論, 子張之學, 異於前日矣."**[30]

후재 풍씨(厚齋馮氏 : 馮椅)가 말하였다. "이는 모두 몸소 행하고 자신에게 절실하게 하라는 말이니, 자장의 학문이 이전과 달라진 것이다."[31]

○ **晩年進德旣弘且篤, 所以終列於十哲也.**

만년에 덕에 나아간 것이 이미 넓어졌고 또 독실했기 때문에 마침에 열 명의 철인의 반열에 놓인 것이다.

---

29) 이런 사람들은 있어도 …… 그다지 당시 세상에 하찮게 되지 않는다 : 『논어집주대전』「자장(子張)」에는 "덕을 지키는 것이 넓은 자는 그릇이 크고, 도를 믿는 것이 독실한 자는 지조가 굳으니, 이와 같아야 세상에서 탁월한 한 사람이다. 덕을 지키는 것이 이미 넓을 수 없고 도를 믿는 것이 또 독실할 수 없다면, 이런 사람들은 있을지라도 또한 세상에 중요하게 되지 않고, 없을지라도 또한 세상에 하찮게 되지 않는다. 이처럼 설명하면 통한다.(執德弘者, 器局大, 信道篤者, 志操堅, 如此, 方是世間一箇卓然底人. 若執德, 旣不能弘, 信道又不能篤, 這般人雖有之, 亦不足以爲當世重, 無之, 亦不足以爲當世輕. 如此說方透.)"라고 되어 있다.

30) 호광 편(胡廣 編), 『논어집주대전(論語集註大全)』「자장(子張)」.

31) 이는 모두 몸소 행하고 자신에게 절실하게 …… 자장의 학문이 이전과 달라진 것이다 : 『논어집주대전』「자장(子張)」에는 "이 두 장을 보면 모두 몸소 행하고 자신에게 절실하게 하라는 말이니, 자장의 학문이 이전과 달라진 것을 알겠다.(觀此二章, 皆躬行切己之論, 則知子張之學, 異於前日矣.)"라고 되어 있다.

[19-3-1]

子夏之門人, 問交於子張. 子張曰 : "子夏云何." 對曰 : "子夏曰'可者與之, 其不可者拒之.'" 子張曰 : "異乎吾所聞. 君子尊賢而容衆, 嘉善而矜不能. 我之大賢與, 於人何所不容, 我之不賢與, 人將拒我, 如之何其拒人也?"

자하의 문인이 자장에게 벗 사귀는 일에 대해 물었다. 자장이 되물었다. "자하가 무엇이라고 하던가?" 대답하였다. "자하께서 '괜찮은 사람을 사귀고 괜찮지 않은 자를 사귀지 말라.'라고 하셨습니다." 자장이 말하였다. "내가 들었던 것과는 다르다. 군자는 어진 이를 존경하고 대중을 포용하며, 잘하는 이를 아름답게 여기고 능치 못한 이를 불쌍히 여긴다. 내 자신이 크게 어질다면 남에게 대해 누구인들 용납하지 못할 것이며, 내가 어질지 못한다면 남들이 나를 거절할 것이니, 어떻게 남을 거절할 수 있겠는가?"

朱註

賢與之與, 平聲.

'현여(賢與)'에서 '여(與)'자는 평성이다.

詳說

○ 聞, 蓋聞於孔子也. 我, 汎指人.

'오소문(吾所聞)'에서 '들었던 것[聞]'은 공자에게서 들었던 것이다. '아지대현(我之大賢)'에서 '내 자신[我]'은 일반적인 사람을 가리킨다.

○ 程子曰 : "二子論交, 各有所以初學與成德者事不同."

정자가 말하였다. "두 사람이 사귐을 논함에는 각기 처음 배우는 경우와 덕을 이룬 경우에 일이 같지 않은 사안이 있다."

○ 大賢卽成德者.

'크게 어질다[大賢]'는 곧 '덕을 이룬다[成德]'는 것이다.

○ 和靖尹氏曰 : "子張言汎交之道, 子夏言擇交之道."[32)]

화정 윤씨가 말하였다. "자장은 넓게 사귀는 도에 대해 말하였고, 자하는 사귐을

---

32) 호광 편(胡廣 編), 『논어집주대전(論語集註大全)』「자장(子張)」.

선택하는 도를 말하였다."[33]

○ 朱子曰: "和靖非以子張爲不釋也."[34]

주자(朱子: 朱熹)가 말하였다. "화정 윤씨는 자장이 선택하지 않았다고 여긴 것이 아니다."[35]

朱註

子夏之言迫狹, 子張譏之是也. 但其所言, 亦有過高之弊.

자하의 말이 성급하고 편협하니, 자장이 비판한 것이 옳다. 다만 그가 말한 것도 지나치게 높은 폐단이 있다.

詳說

○ 朱子曰: "於不可者, 疎之而已. 拒之, 則害交際之道."[36]

'자하지언박협(子夏之言迫狹: 자하의 말이 성급하고 편협하니)'에 대해, 주자(朱子: 朱熹)가 말하였다. "괜찮지 않은 경우에는 소원하게 할 뿐이다. 거절한다면 사귀는 도를 해치는 일이다."[37]

---

33) 자장은 넓게 사귀는 도에 대해 말하였고, 자하는 사귐을 선택하는 도를 말하였다: 『논어집주대전』「자장(子張)」에는 "자장은 넓게 사귀는 도에 대해 말하였고, 자하는 사귐을 선택하는 도를 말하였다. 넓게 사귀면서 선택할 줄 모르는 것은 잘못되는 길이다.(子張所言泛交之道也, 子夏所言擇交之道也. 泛交而不能擇, 取禍之道也.)"라고 되어 있다.

34) 호광 편(胡廣 編), 『논어집주대전(論語集註大全)』「자장(子張)」. 『주자어류(朱子語類)』 권49, 「논어31(論語三十一)」, 9조목.

35) 화정 윤씨는 자장이 선택하지 않았다고 여긴 것이 아니다: 『논어집주대전』「자장(子張)」 및 『주자어류(朱子語類)』 권49, 「논어31(論語三十一)」, 9조목에는 "넓게 사귀면서 선택하지 않는 것은 잘못되는 길이니, 자장이 넓게 사귀는 일을 말함에도 선택하지 않는 것이 아니다. 처음에는 사람을 거부하는 마음이 없어 단지 그 사이에 친하고 소원함과 두텁고 얇음만 있었을 뿐이었다. 화정 윤씨는 자장이 선택하지 않았다고 여긴 것이 아니다.(泛交而不擇, 取禍之道, 子張之言泛交, 亦未嘗不擇. 蓋初無拒人之心, 但其間自有親疎厚薄爾. 和靖非以子張爲不擇也.)"라고 되어 있다.

36) 호광 편(胡廣 編), 『논어집주대전(論語集註大全)』「자장(子張)」.

37) 괜찮지 않은 경우에는 소원하게 할 뿐이다. 거절한다면 사귀는 도를 해치는 일이다: 『논어집주대전』「자장(子張)」에는 "처음 배울 때는 대개 자하의 말처럼 해야 한다. 그러나 괜찮지 않은 자에게는 단지 소원하게 할 뿐이다. 거절한다면 사귀는 도를 해치는 일이다. 덕을 이룬 때는 대개 자장의 말처럼 해야 한다. 그러나 큰 잘못이 있는 자에게는 또한 절교하지 않을 수 없다. 이렇게 처신한다면 거의 가깝게 될 것이다.(初學, 大畧當如子夏之言. 然於其不可者, 但亦疎之而

○ 蓋因夫子毋友不如己之言, 而推之太過.

'자하지언박협(子夏之言迫狹 : 자하의 말이 성급하고 편협하니)'이라는 구절을 볼 때, 공자가 자신만 못한 자를 친구삼지 말라[38]는 말에 따라 너무 지나치게 하였다.

○ 齊氏曰 : "何所不容, 則幾於無別."[39]

'유과고지폐(有過高之弊 : 지나치게 높은 폐단이 있다)'에 대해, 제씨(齊氏)가 말하였다. "누구나 받아들이지 않으면 구별이 없는 것에 가깝다."[40]

朱註

蓋大賢雖無所不容, 然大故, 亦所當絶, 不賢, 固不可以拒人, 然損, 亦所當遠, 學者不可不察.

큰 성현은 받아들이지 않는 것이 없을지라도 큰 잘못은 또한 절교해야 하고, 어질지 못한 이는 진실로 사람을 거절해서는 안 되지만 손해되는 벗은 또한 멀리해야 하니, 배우는 사람은 살피지 않아서는 안 된다.

詳說

○ 二字見上篇.

'큰 잘못[大故]'[41]이라는 두 글자는 앞 편에 보인다.

○ 二字見「季氏」.

'손해되는 벗[損友]'[42]이라는 두 글자는 『논어(論語)』「계씨(季氏)」에 보인다.

己, 拒之則害交際之道. 成德, 大畧當如子張之說. 然於有大故者, 亦不得而不絶也. 以此處之, 其庶幾乎.)"라고 되어 있다.

38) 자신만 못한 자를 친구삼지 말라 : 『논어(論語)』「학이(學而)」에서 "자신만 못한 자를 친구삼지 말라.(無友不如己者.)"라고 하였다.

39) 호광 편(胡廣 編), 『논어집주대전(論語集註大全)』「자장(子張)」.

40) 누구나 받아들이지 않으면 구별이 없는 것에 가깝다 : 『논어집주대전』「자장(子張)」에는 "거절하면 너무 다그치는 일이고, 누구나 받아들이지 않으면 구별이 없는 것에 가깝다.(拒則太迫, 何所不容, 則幾於無別.)"라고 되어 있다.

41) 큰 잘못[大故] : 『논어(論語)』「미자(微子)」에서 "주공(周公)이 노공(魯公)에게 이르셨다. '군자는 그 친척을 버리지 아니하고, 대신을 써 주지 않는 것에 원망하지 않게 하며, 옛 친구나 선임자가 큰 잘못이 없으면 버리지 않고, 한 사람에게 완전히 갖추기를 요구하지 않는다.'(周公謂魯公曰 : '君子不施其親, 不使大臣怨乎不以, 故舊無大故, 則不棄也, 無求備於一人.')"라고 하였다.

42) 손해되는 벗[損友] : 『논어(論語)』「계씨(季氏)」에 "공자가 말하였다. '유익한 것이 세 가지 벗이

○ 去聲.

'당원(當遠)'에서 '원(遠 : 멀리 함)'자는 거성이다.

○ 以論釋之, 無訓.

경문의 의미 설명으로 풀이하였고, 훈고는 없다.

○ 慶源輔氏曰 : "『集註』得義之中, 無掠虛務高之意, 而有切於學者爲己之資."[43]

경원 보씨(慶源輔氏 : 輔廣)가 말하였다. "『논어집주(論語集註)』는 의리의 알맞음을 얻어 헛된 것을 취하고 높은 것에 힘쓰는 의미가 없으니, 배우는 사람들이 자신을 위하는 바탕에 절실함이 있다."[44]

○ 勉齋黃氏曰 : "三章, 皆有過高之病. 其可已矣, 於察理, 必有所不周焉, 能有亡, 於待人, 必有所太薄, 何所不容, 於善惡, 必有所不察."[45]

면재 황씨(勉齋黃氏 : 黃幹)가 말하였다. "세 장에는 모두 지나치게 높은 병폐가 있다. '괜찮다[其可已矣]'고 하는 것에는 이치를 살핌에 반드시 두루 하지 못함이 있고, '있다'고 하고 '없다'고 하는 것에는 사람을 대함에 반드시 너무 야박함이 있으며, '누구인들 용납하지 못할 것이냐'라고 하는 것에는 선악에 반드시 살피지 못함이 있다."[46]

고, 손해되는 것이 세 가지 벗이다. 벗이 곧고, 벗이 성실하며, 벗이 견문이 많으면 유익하다. 벗이 한쪽[외모]만을 잘하고, 벗이 유순하기를 잘하며, 벗이 말을 잘하면 손해(損害)된다.'(孔子曰 : '益者, 三友, 損者, 三友. 友直, 友諒, 友多聞, 益矣. 友便辟, 友善柔, 友便佞, 損矣.')"라고 하였다.

43) 호광 편(胡廣 編), 『논어집주대전(論語集註大全)』「자장(子張)」.

44) 『집주(集註)』는 의리의 알맞음을 얻어 …… 자신을 위하는 바탕에 절실함이 있다 : 『논어집주대전』「자장(子張)」에는 "괜찮은 자는 그와 함께 말하는 것이 아름답다. 그런데 괜찮지 않은 자를 거절한다고 말하면, 상처가 심한 것이 알맞음을 지나쳐서 의미의 바름을 해친다. 다그치면 관대하지 않고 좁으면 넓지 않으니, 반드시 『집주(集註)』의 '큰 잘못은 또한 절교해야 하고, 손해되는 벗은 또한 멀리 해야 한다.'라는 설명과 같이 해야 한다. 그렇게 한 다음에 의리의 알맞음을 얻어 헛된 것을 취하고 높은 것에 힘쓰는 의미가 없으니, 배우는 자들이 자신을 위하는 바탕에 절실함이 있다.(可者, 與之言美矣. 若曰不可者, 拒之, 則傷亟過中, 而害義理之正矣. 迫則不寬, 狹則不廣, 必如『集註』大故亦所當絶, 損友亦所當遠之說. 然後得義之中, 無掠虛務高之意, 而有切於學者爲己之資.)"라고 되어 있다.

45) 호광 편(胡廣 編), 『논어집주대전(論語集註大全)』「자장(子張)」.

46) 세 장에는 모두 지나치게 높은 병폐가 있다 …… 선악에 반드시 살피지 못함이 있다 : 『논어집주대전』「자장(子張)」에는 "이상의 세 장은 자장의 말로 지나치게 높은 병폐가 있다. 1장에서는 '목숨을 바치고 의를 생각하며 제사에 공경하고 상사에 슬퍼하는 것'을 높은 것으로 여겼기 때문에 '괜찮다'는 말이 있으니, 이치를 살핌에 반드시 두루 하지 못함이 있다. 2장에서는 '덕을 지킴이 넓고 도를 믿음이 독실한 것'을 높은 것으로 여겼기 때문에 '어찌 있다고 하고 없다고

○ 此只是語病耳, 大體則自好.

이는 단지 말의 병폐일 뿐이니, 큰 요점은 본래 좋다.

하겠는가?'라는 말이 있으니, 사람을 대함에 반드시 너무 야박함이 있다. 3장에서는 '사람을 용납하는 것'을 높은 것으로 여겼기 때문에 남을 거절하지 못한다는 말이 있으니, 그 선악에 반드시 살피지 못함이 있다. 공자는 일찍이 그 허물을 말하였고, 증자는 일찍이 능하기 어려움을 말하였으며, 또 당당하다고 하였으니, 이는 기본적인 품성이 앞서 나아가는 것이 지나치게 높은 병폐가 있는 것을 면하지 못했기 때문이다.(以上三章子張之言, 皆有過高之病. 一章以致命思義祭敬喪哀爲高, 故有其可已矣之言, 則其於察理, 必有所不周. 二章以執德弘信道篤爲高, 故有焉能爲有亡之言, 則其於待人必有所太薄. 三章以能容人爲高, 故有不拒人之言, 則其於善惡, 必有所不察. 夫子嘗稱其過, 曾子嘗稱其難能, 又稱其堂堂, 則是其資禀趨向, 未免有過高之病也.)"라고 되어 있다.

[19-4-1]

子夏曰 : "雖小道, 必有可觀者焉, 致遠恐泥. 是以君子不爲也."
자하가 말하였다. "비록 하찮은 도라도 반드시 볼만한 것이 있으나 원대함에 이르는 것에 장애가 될까 두렵다. 이 때문에 군자가 하지 않는 것이다."

朱註

泥, 去聲. 小道, 如農圃醫卜之屬. 泥, 不通也.
'공니(恐泥)'에서 '니(泥 : 진흙)'자는 거성이다. 하찮은 도란 농사와 원예, 의술과 점복술 같은 것들이다. '장애가 된다[泥]'는 말은 통하지 못한다는 뜻이다.

詳說

◯ 有訓無釋. 釋在圈下.
훈고는 있으나 경문의 풀이는 없다. 경문의 풀이는 '동그라미(◯ : 圈)'47) 아래부터 있다.

朱註

楊氏曰 : "百家衆技, 猶耳目鼻口, 皆有所明, 而不能相通, 非無可觀也, 致遠, 則泥矣.
양씨가 말하였다. "백가(百家)의 갖가지 기예(技藝)는, 마치 이목구비(耳目口鼻)와 같아 모두 밝은 바가 있으나 서로 통할 수 없으니, 볼만한 일이 없는 것은 아니고, 원대함에 이르는 데 장애가 된다.

詳說

◯ 一作口鼻.
어떤 판본에는 '비구(鼻口)'가 '구비(口鼻)'로 되어 있다.

◯ 視聽臭味.
'개유소명(皆有所明 : 모두 밝은 바가 있으나)'는 시각 · 청각 · 후각 · 미각이다.

◯ 出『莊子』「天下」篇.

---

47) 동그라미(◯ : 圈) 아래 : 다음에 이어지는 '양씨왈(楊氏曰)' 앞에 원래는 '◯楊氏曰'과 같이 동그라미(圈 : ◯)'이 있음을 말한다.

'이목비구, 개유소명, 이불능상통(耳目鼻口, 皆有所明, 而不能相通 : 이목구비(耳目口鼻)와 같아 모두 밝은 바가 있으나 서로 통할 수 없으니)'은 『장자』「천하」편에 나온다.[48]

○ 於致遠.

'치원(致遠 : 원대함에 이르는 데)'은 원대함에 이르는 것이다.

○ 朱子曰 : "皆用於世而不可無者, 其始固聖人之作, 而各有一事一物之理. 是以有可觀, 然不可以通於君子正心修身之大道."[49]

주자(朱子 : 朱熹)가 말하였다. "모두 세상에 쓰여 없을 수 없는 것들로 처음에는 진실로 모두 성인이 만들어 제각기 하나의 사물에 있는 이치이다. 이 때문에 반드시 볼만한 것이 있지만 군자의 마음을 바르게 하고 자신을 닦는 큰 도에 통할 수 없는 것들이다."[50]

朱註

故君子不爲也."

그러므로 군자가 하지 않는 것이다."

48) 『장자』「천하」편에 나온다 : 『장자(莊子)』「천하(天下)」에 "천하가 크게 어지러워지자 현인과 성인이 모습을 감추었고, 도와 덕이 하나로 통일되지 못해서 천하 사람들이 일부만 알고 스스로 만족하는 경우가 많아졌다. 비유하자면 귀·눈·코·입이 각자 밝게 아는 부분이 있지만 서로 소통하지 못하는 것은 제자백가의 여러 기술이 모두 나름대로 뛰어난 점이 있어 때에 따라 그 기술을 쓸 곳이 있는 것과 같다. 비록 그렇지만 전부를 포괄하거나 두루 미치지 못하여 일부분밖에 알지 못하는 사람들이다.(天下大亂, 賢聖不明, 道德不一, 天下多得一察焉, 以自好. 譬如耳目鼻口, 皆有所明, 不能相通, 猶百家衆技也, 皆有所長, 時有所用. 雖然不該不徧, 一曲之士也.)"라는 말이 있다.

49) 호광 편(胡廣 編), 『논어집주대전(論語集註大全)』「자장(子張)」.

50) 모두 세상에 쓰여 없을 수 없는 것들로 …… 자신을 닦는 큰 도에 통할 수 없는 것들이다 : 『논어집주대전』「자장(子張)」에는 "'하찮다'는 '크다'는 말에 상대되는 명칭이다. 마음을 바르게 하고 자신을 닦는 것은 사람을 다스리는 일로 도의 큰 것이다. 한 집안의 생업을 오로지 하여 남에게 다스림을 받는 일은 도의 하찮은 것이다. 그러나 모두 세상에 쓰여 없을 수 없는 것들로 처음에는 진실로 모두 성인이 만들어 제각기 하나의 사물에 있는 이치이다. 이 때문에 반드시 볼만한 일이 있지만 이것에 능하면 간혹 저것에 능하지 못하여 군자의 큰 도에 통할 수 없는 것들이다.(小者, 對大之名. 正心修身, 以治人, 道之大者也. 專一家之業, 而治於人, 道之小者也. 然皆用於世而不可無者, 其始固皆聖人之作, 而各有一事一物之理焉. 是以必有可觀, 然能於此或不能於彼, 而不可以通於君子之大道也.)"라고 되어 있다.

詳說

○ **朱子曰 : "小道不是異端. 異端邪道也."**[51]

'군자불위야(君子不爲也 : 군자가 하지 않는 것이다)'에 대해, 주자(朱子 : 朱熹)가 말하였다. "하찮은 도는 이단이 아니다. 이단은 잘못된 도이다."[52]

51) 『주자어류(朱子語類)』 권49, 「논어31(論語三十一)」, 10조목.

52) 하찮은 도는 이단이 아니다. 이단은 잘못된 도이다 : 『주자어류(朱子語類)』 49권 10조목에는 "하찮은 도는 이단을 말하는 것은 아니다. 하찮은 도 또한 도리로 작은 것일 뿐이다. 예를 들어 농사, 원예, 의술, 점복술, 기술 같은 종류는 여전히 도리가 있는 것인데, 단지 곧장 표면으로 도리를 추구해서 통달할 수 없었던 것이다. 이단이라면 이는 잘못된 도로 하루 가까운 것일지라도 행할 수 없다.(小道不是異端, 小道亦是道理, 只是小. 如農圃醫卜百工之類, 却有道理在, 只一向上面求道理, 便不通了. 若異端, 則是邪道, 雖至近亦行不得.)"라는 말이 있다.

[19-5-1]

子夏曰 : "日知其所亡, 月無忘其所能, 可謂好學也已矣."
자하가 말하였다. "날마다 모르는 것을 알고, 달마다 능한 것을 잊지 않으면, 배움을 좋아한다고 말할 수 있다."

朱註

亡讀作無. 好去聲.

'소무(所亡)'에서 '무(亡)'자는 '무(無)'로 해서 읽는다. '호학(好學)'에서 '호(好 : 좋아함)'자는 거성이다.

詳說

○ 前章亡字, 音訓旣云下同, 且此註, 又特訓其義曰亡無也. 然則此亡讀作無四字, 恐傳寫者之衍耳.

앞장 '무(亡)'자의 음과 뜻에서 이미 아래에서도 같다고 말했는데, 또 여기에서 주를 달고는 또 특별히 그 의미를 풀이하여 '무(亡)'는 '무(無)'라고 하였다. 그렇다면 여기 '소무(所亡)에서 무(亡)자는 무(無)자로 해서 읽는다.'라는 말은 아마도 베껴 쓰는 사람이 끌어다 놓은 글자일 것이다.

朱註

亡, 無也, 謂己之所未有.

무(亡)는 없다[無]는 뜻이니, 자신이 아직 가지고 있지 못한 것을 말한다.

詳說

○ 特訓其義者, 嫌其爲亡失之義故也.

'무, 무야(亡, 無也 : 무(亡)는 없다[無]는 것)'에 대해, 특별히 그 의미를 풀이한 것은 망실의 의미로 여길까 염려했기 때문이다.

○ 朱子曰 : "所未知."53)

'기지소미유(己之所未有 : 자신이 아직 가지고 있지 못한 것)'에 대해, 주자(朱子 : 朱

53) 호광 편(胡廣 編), 『논어집주대전(論語集註大全)』「자장(子張)」. 『주자어류(朱子語類)』 권49, 「논어31(論語三十一)」, 13조목.

熹)가 말하였다. "아직 알지 못하는 것이다."[54]

○ 有訓無釋.

훈고는 있으나 경문의 풀이는 없다.

○ 樂菴李氏曰 : "所能, 已學而得之者也."[55]

악암 이씨(樂菴李氏)가 말하였다. "능한 일은 이미 배워서 터득한 것이다."[56]

朱註

尹氏曰 : "好學者日新而不失."

윤씨가 말하였다. "학문(學問)을 좋아한다는 뜻은 날로 새롭게 하고 잃지 않는 것이다."

詳說

○ 知.

'일신(日新 : 날로 새롭게 하는 것)'은 앎이다.

---

54) 아직 알지 못하는 것이다 : 『논어집주대전』「자장(子張)」에는 "날마다 모르던 사안을 아는 것은 하루에 아직 알지 못하던 사안을 아는 것이다. 달마다 능한 것을 잊지 않는 일은 저것에 길고 멀리 하는 것이다.(日知其所亡, 便是一日之間, 知所未知. 月無忘其所能, 便是長遠在這裏.)"라고 되어 있다. 『주자어류(朱子語類)』 권49, 「논어31(論語三十一)」, 13조목에는 "물었다. ''날마다 모르는 일을 알고 달마다 능한 일을 잊지 않는다.'는 것은 무슨 뜻입니까?' 주희가 말하였다. '모르는 일을 안다.'는 것은 곧 하루 사이에 모르는 일을 알게 된 것이다. '달마다 능한 일을 잊지 않는다.'는 것은 오랜 시간이 지난 뒤에도 또한 여기에 있는 것을 기억한다는 말이다. 오늘날의 학자들은 오늘 알았던 것도 며칠 지나면 또 잊어버린다. 만약 공부가 참되지 않다면 어떻게 한 달 뒤에 기억할 수 있겠는가?'(問: '日知其所亡, 月無忘其所能.' 曰 : ''知其所亡', 便是一日之間, 知得所未知 ; '月無忘其所能', 便是長遠後也記得在這裏. 而今學者, 今日知得, 過幾日又忘了. 若不眞在此做工夫, 如何會到一月後記得!')"

55) 호광 편(胡廣 編), 『논어집주대전(論語集註大全)』「자장(子張)」.

56) 능한 일은 이미 배워서 터득한 것이다 : 『논어집주대전』「자장(子張)」에는 "날마다 모르는 일을 안다는 것은 배우려고 하지만 아직 지극하지 못한 것이고, 달마다 능한 일을 잊지 않는다는 것은 이미 배워서 터득한 것이다. 군자가 사람들을 가르침에 아직 배우지 않은 일에 대해서는 절실하게 날마다 생각하게 하고, 이미 배운 일에 대해서는 한 달 동안 반드시 늘 스스로 깨닫게 한다. 이와 같이 하면 배움이 어찌 나아가지 않겠는가?(日知其所亡者, 凡欲學而未至者也, 月無忘其所能者, 已學而得之者也. 君子教人, 於其所未學, 則切切然日以爲念, 於其所已學, 則一月之間, 須常自省也. 如此, 則學安得不進.)"라고 되어 있다.

○ 無忘.

'부실(不失 : 잃지 않는 것)'은 '잊지 않는 일'이다.

○ 雲峰胡氏曰 : "月無忘, 其日新之所積者."[57]

운봉 호씨(雲峯胡氏 : 胡炳文)가 말하였다. "달마다 잊지 않는 것은 날마다 새롭게 쌓아 놓은 것들이다."[58]

○ 朱子曰 : "此與温故知新不同, 却是因知新, 而帶得溫故."[59]

주자(朱子 : 朱熹)가 말하였다. "이 말은 '옛것을 익혀 새로운 것을 안다.'[60]라는 말과는 같지 않고, 새로운 것을 아는 데에 따라 옛날에 익힌 것을 터득한다는 뜻이다."[61]

---

57) 호광 편(胡廣 編), 『논어집주대전(論語集註大全)』「자장(子張)」.

58) 달마다 잊지 않는 것은 날마다 새롭게 쌓아 놓은 것들이다 : 『논어집주대전』「자장(子張)」에는 "날은 달로 쌓이는 것이다. 달마다 능한 일을 잊지 않는 것은 날마다 새롭게 쌓은 일을 잃을까 염려하기 때문이다.(日者, 月之積. 月無忘其所能, 惟恐失其日新之所積者也.)"라고 되어 있다.

59) 호광 편(胡廣 編), 『논어집주대전(論語集註大全)』「자장(子張)」. 『주자어류(朱子語類)』 권49, 「논어31(論語三十一)」, 14조목.

60) 옛것을 익혀서 새로운 것을 안다 : 『논어(論語)』「위정(爲政)」에서 "공자가 말하였다. '옛것을 익혀서 새로운 것을 알게 되면 스승이 될 수 있을 것이다.'(子曰 : '溫故而知新, 可以爲師矣.')"라고 하였다.

61) 이 말은 …… 새로운 것을 아는 데에 따라 옛날에 익힌 것을 터득한다는 뜻이다 : 『논어집주대전』「자장(子張)」과 『주자어류(朱子語類)』 권49, 「논어31(論語三十一)」, 14조목에는 "물었다. '달마다 능한 일을 잊지 않는다는 말은 옛것을 익힌다는 뜻입니까?' 답하였다. '이 장은 '옛 것을 익혀서 새로운 것을 안다.'라는 것과는 같지 않습니다. 옛것을 익혀 새로운 것을 안다는 말은 옛것을 익히는 가운데 새로운 도리를 터득하는 것입니다. 이는 새로운 것을 아는 데에 따라 옛것을 터득하기를 점차로 한다는 뜻이니, 한 가지 선한 것을 들었으면 가슴에 품고 놓치지 않는다는 말과 같습니다. 자로는 들은 것을 아직 실천하지 못했을 때는 다른 것을 들을까 두려워했습니다. 이와 같이 했으니, 자로는 오직 한 가지 일을 성취한 것입니다.'(問 : '月無忘其所能, 還是温故否.' 曰 : '此章與温故知新意却不同. 温故知新, 是温故之中, 而得新底道理. 此却是因知新, 而帶得温故漸漸温習, 如得一善, 則拳拳服膺而弗失之矣. 子路有聞, 未之能行, 惟恐有聞. 若是如此, 則子路只做得一件事.')"라고 되어 있다.

[19-6-1]

子夏曰:"博學而篤志, 切問而近思, 仁在其中矣."
자하가 말하였다. "배우기를 널리 하고 뜻을 독실하게 하며, 절실하게 묻고 가까이서 생각하면 인(仁)이 그 가운데 있다."

朱註

四者, 皆學問思辨之事耳, 未及乎力行而爲仁也. 然從事於此, 則心不外馳, 而所存自熟.

이 네 가지는 모두 배우기를 널리 하고 묻기를 자세히 하며 생각을 삼가고 분변을 분명하게 하는 일들이니, 힘써 행하면서 인을 하는 데는 아직 미치지 못한 것이다. 그러나 여기에 종사하면 마음이 밖으로 달리지 않아 보존하고 있는 것이 저절로 무르익는다.

詳說

○ 朱子曰:"篤志, 只是至誠求之."[62]

주자(朱子:朱熹)가 말하였다. "뜻을 독실하게 하는 것은 지성으로 구하는 일일 뿐이다."[63]

---

62) 호광 편(胡廣 編), 『논어집주대전(論語集註大全)』「자장(子張)」. 『주자어류(朱子語類)』 권49, 「논어31(論語三十一)」, 27조목.

63) 뜻을 독실하게 하는 것은 지성으로 구하는 것일 뿐이다: 『논어집주대전』「자장(子張)」과 『주자어류(朱子語類)』 권49, 「논어31(論語三十一)」, 27조목에는 "물었다. '배우기를 널리 하는 일과 가까이서 생각하는 일은 서로 방해되지 않습니까?' 답하였다. '배우기를 널리 하는 일은 이해하려는 것이고, 가까이서 생각하는 일은 마음을 기울여 힘쓰는 것입니다. 배우기를 널리 하는 일은 큰 규모이고, 가까이서 생각하는 일은 점차로 공부하는 것입니다. 이를테면 천하에 밝은 덕을 밝히는 일은 큰 규모이고, 그 가운데 격물·치지·성의·정심·수신·제가 등은 순서입니다.' 물었다. '뜻을 독실하게 하는 일로는 행하는 것에 이르렀다고 할 수 없습니까?' 답하였다. '뜻을 독실하게 하는 일은 아주 성실하고 간절한 사안으로 구하는 것일 뿐이지 이해하지 못한 사안을 바로잡아 이해하려는 것이 아닙니다. 만약 범범하게 외면으로 배우기를 널리 하여 간절한 뜻이 없다면, 도리어 방심해서 찾을 줄 모르는 마음이거나 마비되어 불인한 것입니다. 오직 뜻을 돈실하게 하고 또 간절하게 묻고 가까이서 생각하면 귀착점이 있을 것입니다. 이 마음이 흘러 넘치는 데로 달려가지 않으면 인이 그 가운데 있을 것입니다.'(問:'博學與近思, 亦不相妨否.' 曰:'博學是都要理會過, 近思是注心著力處. 博學是箇大規模, 近思是漸進工夫. 如明明德於天下, 是大規模, 其中格物致知誠意正心修身齊家等, 便是次序.' 問:'篤志未說到行處否.':曰:

○ 朱子曰："天理可存."[64]

'심불외치, 이소존자숙(心不外馳, 而所存自熟 : 마음이 밖으로 달리지 않아 보존하고 있는 것이 저절로 무르익는다)'에 대해, 주자(朱子 : 朱熹)가 말하였다. "천리가 보존될 수 있는 것이다."[65]

○ 雲峰胡氏曰："存於中者自熟."[66]

운봉 호씨(雲峯胡氏 : 胡炳文)가 말하였다. "마음에 보존된 것은 저절로 무르익는다."[67]

○ 勉齋黄氏曰："『集註』初本, 此四字作事皆有益, 後乃易之."[68]

'篤志只是至誠懇切以求之, 不是理會不得又掉了. 若只管汎汎底外面去博學, 更無懇切之志, 便成放不知求底心, 便成頑痲不仁. 惟篤志又切問近思, 便有歸宿處. 這心便不汎濫走作, 仁便在其中.')"라고 되어 있다.

64) 호광 편(胡廣 編), 『논어집주대전(論語集註大全)』「자장(子張)」. 『주자어류(朱子語類)』 권49, 「논어31(論語三十一)」, 18조목.

65) 천리가 보존될 수 있는 것이다 : 『논어집주대전』「자장(子張)」. 『주자어류(朱子語類)』 권49, 「논어31(論語三十一)」, 18조목에는 "또 말하였다. '이 네 가지 일은 배우기 위한 공부일 뿐이고 인을 하는 것이 아니니, 반드시 공자가 안회와 염구에게 말한 것처럼 해야 인을 하는 것이라고 바로 말할 수 있을 뿐이다. 그러나 사람이 배우기를 널리 하고 뜻을 독실하게 하며, 절실하게 묻고 가까이서 생각한다면, 마음이 방종하고 안락하게 되지 않아 천리가 보존될 수 있기 때문에 인이 그 속에 있다고 하였다.'(又曰 : '此四事只是爲學工夫, 未是爲仁, 必如夫子所以語顔冉者, 乃正言爲仁耳. 然人能博學而篤志, 切問而近思, 則心不放逸, 天理可存, 故曰仁在其中.')"라고 되어 있다.

66) 호광 편(胡廣 編), 『논어집주대전(論語集註大全)』「자장(子張)」.

67) 중심에 보존된 것은 저절로 무르익는다 : 『논어집주대전』「자장(子張)」에는 "『중용(中庸)』에서는 배우기를 널리 하고 묻기를 자세히 하며, 가까이서 생각하고, 분변을 분명하게 하는 것을 지(智)의 일로 여겼다. 그런데 이 장에서 말하는 것으로는 배우기를 널리 하고 묻기를 자세히 하며 생각을 삼가는 것은 인을 하는 데 미치지 못한 것인데도 '인이 그 가운데 있다.'라고 하였으니, 그것은 어진 사람의 마음이기 때문이다. 마음이 속에 보존되는 것은 인이고, 밖으로 달려가는 것은 인이 아니다. 배우기를 널리 하고 뜻을 독실하게 하며 묻기를 절실하게 하고 생각을 가까이서 하는 것은 마음이 밖으로 달려가지 않는 것이다. 밖으로 달려가지 않으면 가운데 보존된 것이 저절로 무르익으니, 인도 무르익는 것에 있을 뿐이다. 무르익게 한 자는 힘써 행해 인을 한다. 그러니 저절로 무르익었다고 하는 자에게는 힘써 행하는 데 미치지 못했을지라도 인이 저절로 그 가운데 있는 것이다.(『中庸』以學問思辨爲智之事. 此章所謂學問思, 未及乎爲仁也, 而曰仁在其中者, 仁人之心也. 心存於內, 則爲仁, 馳於外, 則非仁矣. 惟學之博, 而志之篤, 問之切, 而思之近, 則心不馳於外矣. 不馳於外, 則存於中者, 自熟矣, 夫仁亦在乎熟之而已矣. 熟之者, 力行而爲仁也. 自熟云者, 未及乎力行, 而仁自在其中也.)"라고 되어 있다.

면재 황씨가 말하였다. "『논어집주(論語集註)』의 초본에서는 '보존하고 있는 것이 저절로 익숙해진다.'라는 말을 '일에 모두 유익하다.'로 했다가 나중에 바꾸었다."[69]

朱註

故曰仁在其中矣.

그러므로 '인이 그 가운데 있다.'고 말하였다.

詳說

○ **以論釋之, 無訓.**

경문의 의미 설명으로 풀이하였고, 훈고는 없다.

○ **朱子曰 : "尋討求仁門路去, 漸見效在其中."**[70]

---

68) 호광 편(胡廣 編), 『논어집주대전(論語集註大全)』「자장(子張)」.

69) 『집주(集註)』의 초본에서는 '보존하고 있는 것이 저절로 익숙해진다.'는 말을 …… 나중에 바꾸었다 : 『논어집주대전』「자장(子張)」에는 "『집주(集註)』의 초본에서는 '마음이 밖으로 달리지 않아 일에 모두 유익하다.'라고 했으니, 배우기를 널리 하고 뜻을 독실하게 하며 절실하게 묻고 가까이서 생각하는 것으로 마음으로 삼아 밖으로 달려가지 않으면, 배우고 뜻하며 묻고 생각하는 것을 일로 함에 모두 유익하다는 뜻이다. 배우고 뜻하며 묻고 생각함이 일에 유익해야 구해서 얻는 것이 있고, 이것을 구했는데 저것을 얻는 것이 되어서는 안 된다. 그래서 나중에 '보존하고 있는 것이 저절로 무르익는다.'라는 말로 바꾸었으니, 마음이 보존하고 있는 것을 오로지 근본으로 해서 말하였다. 사람이 오직 그 마음을 쓰는 곳이 없으면 그 마음이 방종하고 안락하게 되어 거두어지지 않는다. 배우기를 널리 하면 이 마음이 언제나 소속되어 붙어 있는 것이 있어 방종하고 안락하게 되지 않는다. 사람이 오직 뜻한 것이 진실로 간략하여 확고하지 않으면 그 마음이 넘쳐 하나로 되지 않는다. 뜻이 독실하면 이 마음이 언제나 일정한 방향이 있어서 넘치지 않는다. 묻는 것이 간절하지 않고 생각이 가까이서 되지 않으면, 그 마음을 쓰는 것이 모두 내 몸 밖에 있는 것이다. 절실하게 묻고 가까이서 생각한다면 모두 자신에게서 구하니 다시 밖으로 달려가는 우환이 없다. 사람이 이 네 가지를 극진하게 할 수 있다면 배우고 물으며 생각하고 분변하는 것을 일삼을지라도 저절로 잡아서 보존하고 함양하는 효과를 얻는 것이 있기 때문에 '인이 그 가운데 있다.'라고 하는 것이다.(集註初本, 謂心不外馳而事皆有益, 蓋以博篤切近爲心, 不外馳, 學志問思爲事, 皆有益. 夫以學志問思爲有益於事, 乃是有所求而得之, 不可以爲求此而得彼也. 後乃以所存自熟易之, 則專主於心之所存而言. 人惟無所用其心, 則其心放逸而不收. 學之博, 則此心常有所繫著, 而不放逸矣. 人惟所志苟簡而不堅也, 則其心泛濫而不一. 志之篤, 則此心常有定向, 而不泛濫矣. 問不切, 思不近, 則其所用心, 皆在吾身之外矣. 切問近思, 則皆求其在己者, 而無復外馳之患矣. 人能盡此四者, 則雖學問思辨之事, 而自有得夫操存涵養之效, 所以謂仁在其中矣.)"라고 되어 있다.

70) 호광 편(胡廣 編), 『논어집주대전(論語集註大全)』「자장(子張)」.

주자(朱子 : 朱熹)가 말하였다. “인을 구하는 방법을 찾아가면 점차로 효과는 그 가운데 있다.”71)

○ 胡氏曰 : “是乃力行之本, 故曰仁在其中.”72)
호씨가 말하였다. “이것이 바로 힘써 행하는 근본이기 때문에 ‘인이 그 가운데 있다.’라고 하였다.”73)

朱註

程子曰 : “博學而篤志, 切問而近思, 何以言仁在其中矣. 學者要思得之. 了此, 便是徹上徹下之道.”
정자가 말하였다. “배우기를 널리 하고 뜻을 독실히 하며, 절실하게 묻고 가까이서 생각하는 것을 어찌하여 인이 그 가운데 있다고 말하였는가? 배우는 사람들은 이를 잘 생각하여 알아야 할 것이다. 이에 밝게 되면, 바로 위와 아래를 꿰뚫는 방법이다.”

詳說

○ 伯子.
‘정자왈(程子曰)’에서 ‘정자(程子)’는 형 정호(程顥)이다.

○ 新安陳氏曰 : “程子引而不發. 朱子謂心不外馳, 所存自熟, 盡發以示人.”74)

---

71) 인을 구하는 방법을 찾아가면 점차로 효과는 그 가운데 있다 : 『논어집주대전』「자장(子張)」에는 “이는 완전하게 인을 설명한 것이 아니라, 인을 구하는 방법을 찾아 여기에서 나아가면 점차로 효과는 그 가운데 있다는 것으로 이런 이치가 있음을 말했을 뿐이다.(此全未是說仁處, 方是尋討箇求仁門路, 當從此去, 漸見效在其中, 謂有此理耳.)”라고 되어 있다.

72) 호광 편(胡廣 編), 『논어집주대전(論語集註大全)』「자장(子張)」. 『주자어류(朱子語類)』 권49, 「논어31(論語三十一)」, 17조목.

73) 이것이 바로 힘써 행하는 근본이기 때문에 ‘인이 그 가운데 있다.’라고 하였다 : 『논어집주대전』「자장(子張)」과 『주자어류(朱子語類)』 권49, 「논어31(論語三十一)」, 17조목에는 “힘써 행하는 일은 진실로 인을 하는 것이다. 그러나 배우고 물으며 생각하고 분변하는 일은 모두 인을 하는 것을 구하는 방법이다. 마음이 배우고 물으며 생각하고 분변하는 것에 보존되어 있으면, 행하는 것으로 드러내지 못해도 이미 바깥으로 달려가지 않는다. 마음이 바깥으로 달려가지 않으면 보존된 것이 저절로 무르익으니, 바로 힘써 행하는 일로 근본이다. 그러므로 ‘인이 그 가운데 있다.’라고 하였다.(力行, 固所以爲仁. 然學問思辨, 皆所以求爲仁之方. 心存乎學問思辨, 則雖未見於行, 而已不外馳矣. 心不外馳, 則所存自熟, 是乃力行之本, 故曰仁在其中矣.)”라고 되어 있다.

74) 호광 편(胡廣 編), 『논어집주대전(論語集註大全)』「자장(子張)」.

신안 진씨(新安陳氏 : 陳櫟)가 말하였다. "정자는 문제만 제기하고 말하지 않았다. 주자는 마음이 바깥으로 달려가지 않으면, 보존하는 것이 저절로 무르익고 모두 드러나서 사람들에게 보여준다고 하였다."[75]

○ 猶曉也.

'료차(了此)에서 밝게 된다[了]'는 것은 '깨닫다'는 말과 같다.

○ 沙溪曰 : "句."

사계(沙溪 : 金長生)가 말하였다. "료차(了此)에서 구절이 끊어진다."

○ 雲峯胡氏曰 : "徹上徹下, 『集註』兩述程子之言. 樊遲問仁章, 仁是徹下, 天下平是徹上. 此章學問思是徹下, 仁在其中是徹上."

'철상철하지도(徹上徹下之道 : 위와 아래를 꿰뚫는 방법이다)'에 대해, 운봉 호씨(雲峯胡氏 : 胡炳文)가 말하였다. "위와 아래로 꿰뚫는 일에 대해 『논어집주(論語集註)』에서는 양쪽으로 정자의 말을 기술하였다. '번지문인장(樊遲問仁章)'[76]에서 인은 아래로 꿰뚫는 일이고, '천하가 평안해진다.'[77]는 것은 위로 꿰뚫는 일이며, 이 장에서 배우고 물으며 생각하는 것은 아래로 꿰뚫는 일이고 인이 그 가운데 있다는 것은 위로 꿰뚫는 일이다."[78]

---

75) 정자는 문제만 제기하고 말하지 않았다 …… 사람들에게 보여준다고 하였다 : 『논어집주대전』 「자장(子張)」에는 "정자는 사람들이 생각해서 터득하게 하려고 문제만 제기하고 말하지 않았다. 주자는 이에 매달리면 마음이 바깥으로 달려가지 않고 보존하는 것이 저절로 무르익으며 모두 드러나서 사람들에게 보여준다고 하였다.(程子欲人思而得之, 乃引而不發. 朱子謂從事於此, 則心不外馳, 而所存自熟, 盡發以示人矣.)"라고 되어 있다.

76) 번지문인장(樊遲問仁章) : 『논어(論語)』「자로(子路)」에 "번지(樊遲)가 인(仁)을 물었다. 공자가 대답하였다. '거처할 적에 공손히 하고, 일을 집행할 적에 공경하며, 사람을 대할 적에 충성되게 하여야 한다. 이는 비록 이적(夷狄)의 나라에 가더라도 버려서는 안 된다.'(樊遲問仁. 子曰 : '居處恭, 執事敬, 與人忠, 雖之夷狄, 不可棄也.')"라고 되어 있다.

77) 천하가 평안해진다 : 번지문인장(樊遲問仁章)의 『논어집주(論語集註)』에 "정자가 말하였다. '이는 위와 아래로 모두 통하는 말이니, 성인은 애당초 두 말씀이 없다. 이것을 자기 몸에 채우면 얼굴에 빛나고 등에 가득한 것이고, 미루어 천하에 도달하면, 공손함을 독실하게 하여 천하가 평안해지는 것이다.'(程子曰 : '此是徹上徹下語, 聖人初無二語也. 充之, 則睟面盎背, 推而達之, 則篤恭而天下平矣.')"라는 말이 있다.

78) 위와 아래로 꿰뚫는 일에 대해 『집주(集註)』에서는…… 위로 꿰뚫는 일이다 : 『논어집주대전』 「자장(子張)」에는 "위와 아래로 꿰뚫는 일에 대해 『집주(集註)』에서는 양쪽으로 정자의 말을 기술하였다. 번지문인장(樊遲問仁章)에서 '위와 아래로 꿰뚫는 일은 애당초 두 말씀이 없다.'라고 하였고, 여기에서는 '이것에 밝게 되면 위와 아래로 꿰뚫는 방법이다.'라고 하였다. 그런데 저기에서 말한 것은 인이다. 인을 말한 것은 아래로 꿰뚫는 일이고, '얼굴에 빛나고 등에 가득

朱註

又曰：“學不博，則不能守約，志不篤，則不能力行，切問近思在己者，則仁在其中矣。”

정자가 또 말하였다. “배우기를 널리 하지 않으면 핵심을 지킬 수 없고, 뜻이 독실하지 못하면 힘써 행할 수 없으며, 자신에게 있는 것을 절실히 묻고 가까이서 생각하면, 인(仁)이 그 가운데 있는 것이다.”

詳說

○ 伯子. 『精義』作叔子.

'또 말하였다.'에서 '또'는 형 정호(程顥)이다. 『논어정의』에는 동생 정이(程頤)로 되어 있다.

○ 此以行言，與『集註』正意有不同.

여기에서는 행위로 말하였으니, 『논어집주(論語集註)』에서 진정한 뜻과 같지 않다.

○ 慶源輔氏曰：“切與近，只是在己之事.”[79)]

'절문근사재기자(切問近思在己者：자신에게 있는 것을 절실히 묻고 가까이서 생각하면)'에 대해, 경원 보씨(慶源輔氏：輔廣)가 말하였다. “절실하게 묻고 가까이서 생각하는 것은 자신에게 있는 일일 뿐이다.”[80)]

한 것이고, 공손함을 독실하게 하여 천하가 평안해진다.'라는 것은 위로 꿰뚫는 일이다. 이 장에서 힘써 행하여 인을 한다는 일에 대해 언급하지 않았는데, 배우고 물으며 생각한다는 것은 아래로 꿰뚫는 일이고, 인이 그 가운데 있다는 것은 위로 꿰뚫는 일이다.(徹上徹下，集註兩述程子之言. 樊遲問仁章曰，徹上徹下，初無二語，此則曰，了此，便是徹上徹下之道. 彼所言者，仁也. 言仁是徹下，言睟面盎背，篤恭而天下平，是徹上. 此章未及力行爲仁之事，學問思，是徹下，仁在其中，是徹上.)”라고 되어 있다.

79) 호광 편(胡廣 編), 『논어집주대전(論語集註大全)』「자장(子張)」.

80) 절실하게 묻고 가까이서 생각하는 것은 자신에게 있는 일일 뿐이다：『논어집주대전』「자장(子張)」에는 “반드시 먼저 배우기를 널리 하는 것에 극진하게 한 뒤에 그 핵심을 얻어 지킬 수 있다. 그렇게 하지 않으면 들은 것이 적고 본 것이 미천해 어떻게 그 핵심을 알 수 있겠는가? 반드시 먼저 그 뜻을 세우면 저절로 머물러 굳이 잡고 힘써 행할 필요가 없다. 그렇게 하지 않으면 있는 듯 없는 듯하니 어떻게 행위로 드러낼 수 있겠는가? 이른바 절실하게 묻고 가까이서 생각하는 것은 자신에게 있는 일일 뿐이다.(必先盡乎博，然後有以得其約而守之. 不然，則寡聞淺見，將何以識其約. 必先立其志，則自然住，不得須著去力行. 不然，則若有若亡，何能見於行. 所謂切與近，只是在己之事.)”라고 되어 있다.

○ 言旣守約力行, 又切問近思, 其在己者也. 三則字, 文勢不必一例作, 對看.

'절문근사재기자(切問近思在己者 : 자신에게 있는 것을 절실히 묻고 가까이서 생각하면)'라는 구절에서 볼 때, 이미 핵심을 지켜 힘써 행하면, 또 절실하게 묻고 가까이서 생각하는 사안이 자신에게 있는 것이다. 세 번의 '~면[則]'이라는 말은 말투를 굳이 하나로 할 필요가 없으니, 대조하여 보라.

朱註

又曰 : "近思者, 以類而推."

정자가 또 말하였다. "가까이 생각한다는 말은 같은 것들로써 미룬다는 뜻이다."

詳說

○ 叔子.

'또 말하였다.'에서 '또'는 동생 정이(程頤)이다.

○ 朱子曰 : "如親親, 便推類去仁民."[81)]

주자(朱子 : 朱熹)가 말하였다. "어버이께 친하게 하면, 그와 같이 미뤄 백성들에게 인하게 하는 것이다."[82)]

朱註

蘇氏曰 : "博學而志不篤, 則大而無成, 汎問遠思, 則勞而無功."

소씨(蘇氏)가 말하였다. "배우기를 널리 하기만 하고 뜻을 독실하게 하지 않으

---

81) 호광 편(胡廣 編), 『논어집주대전(論語集註大全)』「자장(子張)」. 『주자어류(朱子語類)』 권49, 「논어31(論語三十一)」, 27조목.

82) 어버이께 친하게 하면, 그와 같이 미뤄 백성들에게 인하게 하는 것이다 : 『논어집주대전』「자장(子張)」에는 "같은 사안으로 미루는 것은 오직 쉽게 깨달을 수 있는 일이니, 어버이께 친하게 하면 그와 같이 미뤄 백성들에게 인하게 하는 것이고 백성들에게 인하게 하면 그와 같이 미뤄 사물을 사랑하는 것이다.(以類而推, 只是傍易曉底挨將去, 如親親, 便推類去仁民, 仁民便推類去愛物.)"라고 되어 있다. 『주자어류(朱子語類)』 권49, 「논어31(論語三十一)」, 27조목에는 "단지 이는 쉽게 깨달아서 미루어갈 수 있는 것이다. 예를 들어 어버이를 친애하는 '친친'을 이해하여 곧 백성을 어질게 대하는 '인민'으로 유추해 가는데, 인민은 친친의 종류이다. 인민을 이해하여 곧 사물을 사랑하는 '애물'로 유추해 가는데, 애물은 인민의 종류이다.(只是傍易曉底挨將去. 如理會得親親, 便推類去仁民, 仁民是親親之類. 理會得仁民, 便推類去愛物, 愛物是仁民之類.)"로 되어 있다.

면, 크기만 하고 이룸이 없으며, 일반적으로 묻고 멀리 생각하면 수고롭기만 하고 공효가 없다."

詳說

○ **相因爲言.**

'박학이지부독(博學而志不篤 : 배우기를 널리 하기만 하고 뜻을 독실하게 하지 않으면)'은 서로 원인이 되는 것으로 말하였다.

○ **各自爲言.**

'대이무성, 범문원사(大而無成, 汎問遠思 : 크기만 하고 이룸이 없으며, 일반적으로 묻고 멀리 생각하면)'는 각자로 말하였다.

○ **新安陳氏曰 : "博學先提其綱, 篤志切問近思, 是分其目."**[83]

신안 진씨(新安陳氏 : 陳櫟)가 말하였다. "널리 배운다는 말은 먼저 그 강령을 제시한 것이고, 뜻을 독실하게 하고 물음을 절실하게 하며 가까이서 생각한다는 말은 그 조목으로 나눈 것이다."[84]

---

83) 호광 편(胡廣 編), 『논어집주대전(論語集註大全)』「자장(子張)」.

84) 널리 배운다는 말은 먼저 그 강령을 제시한 것이고 …… 그 조목으로 나눈 것이다 : 『논어집주대전』「자장(子張)」에는 "널리 배운다는 말은 먼저 그 강령을 제시한 것이고, 뜻을 독실하게 하고 물음을 절실하게 하며 가까이서 생각한다는 말은 그 조목으로 나눈 것이니, 널리 배운다는 말을 가지고 뜻을 독실하게 하고 물음을 절실하게 하며 가까이서 생각한다는 말이다. 배움을 널리 하지 않으면 진실로 좁은 것에서 잘못되고, 뜻이 독실하지 않고 물음이 절실하지 않으며 생각을 가까이서 하지 않으면, 또 넘치는 것에서 잘못되니, 또한 헛되이 널리 하는 것일 뿐이다.(博學先提其綱, 篤志切問近思, 是分其目. 蓋就所博學者, 而志之篤問之切思之近也, 學不博, 固失之狹隘, 志不篤, 問不切, 思不近, 則又失之泛濫, 亦徒博耳.)"라고 되어 있다.

[19-7-1]

子夏曰 : "百工居肆, 以成其事, 君子學, 以致其道."
자하가 말하였다. "온갖 기술자들은 공장에 있으면서 그 일을 이루고, 군자는 배워서 그 도를 지극히 한다."

朱註

肆, 謂官府造作之處. 致, 極也.
공장[肆]은 관청에서 물건을 만드는 곳을 말한다. '지극히 한다[致]'는 끝까지 한다는 뜻이다.

詳說

○ 主言官府以該私.
'사, 위관부조작지처(肆, 謂官府造作之處 : 공장[肆]은 관청에서 물건을 만드는 곳을 말한다)라는 구절을 보면, 관청을 중심으로 말함으로써 사사로움을 겸하였다.

○ 訓畢.
훈고가 끝났다.

朱註

工不居肆, 則遷於異物, 而業不精, 君子不學, 則奪於外誘, 而志不篤.
기술자가 공장에 있지 않으면, 다른 일에 마음이 뺏겨 일이 정교하지 못하고, 군자가 배우지 않으면 바깥 사물의 유혹에 마음을 빼앗겨 뜻이 독실하지 못하다.

詳說

○ 此喻意也.
'공불거사, 즉천어이물, 이업부정(工不居肆, 則遷於異物, 而業不精 : 기술자가 공장에 있지 않으면, 다른 일에 마음이 뺏겨 일이 정교하지 못하고)'라는 구절을 보면, 이는 뜻을 비유한 것이다.

○ 與遷於異物相似.
'탈어외유(奪於外誘 : 바깥 사물의 유혹에 마음을 빼앗겨)'라는 구절은 '다른 일에 마음이 뺏긴다.'라는 것과 서로 같다.

○ 此正意也.

'지부독(志不篤 : 뜻이 독실하지 못하다)'이라는 구절을 보면, 이것이 진정한 뜻이다.

○ 新安陳氏曰 : "此重在居肆與學."[85]

신안 진씨(新安陳氏 : 陳櫟)가 말하였다. "여기서의 중점은 공장에 있는 것과 배우는 일에 있다."

○ 胡氏曰 : "主於用功."[86]

호씨(胡氏)가 말하였다. "공을 쓰는 것을 중심으로 하였다."[87]

朱註

尹氏曰 : "學, 所以致其道也. 百工居肆, 必務成其事, 君子之於學, 可不知所務哉."

윤씨가 말하였다. "배움은 그 도를 지극히 하려는 일이다. 모든 기술자들은 공장에 있으면서 반드시 그 일을 이룰 것을 힘쓰는데, 군자가 배움에 힘쓸 줄을 몰라서야 되겠는가?"[88]

---

85) 호광 편(胡廣 編), 『논어집주대전(論語集註大全)』「자장(子張)」.

86) 호광 편(胡廣 編), 『논어집주대전(論語集註大全)』「자장(子張)」.

87) 공을 쓰는 것을 중심으로 하였다 : 『논어집주대전』「자장(子張)」에는 "앞의 말은 중점이 공장에 있고 배우는 데 있고, 뒤의 말은 중점이 일을 이루고 도를 지극히 하는 데 있으니, 한편으로는 공을 쓰는 것을 중심으로 하고 한편으로는 뜻을 세우는 것을 중심으로 하였다. 그러나 공을 쓰면서 뜻이 세워지지 않는 것이 안 됨을 알고, 뜻이 세워지면서 공이 정밀하지 않은 것도 안 됨을 안다. 그러므로 두 말이 서로 필요해서 갖추어져야 하니, 다른 장에서 두 가지로 말을 보존하는 것과는 같지 않다.(前說則重在居肆與爲學, 後說則重在成事與致道, 一主於用功, 一主於立志. 然知所以用功而志不立不可也, 知所以立志, 而功不精, 亦不可也. 故二說相須而備, 非如他章存兩說之比也.)"라고 되어 있다.

88) 『주자어류(朱子語類)』 권49, 「논어31(論語三十一)」, 30조목에는 윤씨의 학설을 채용한 이유를 간략하게 언급하였다. "물었다. ''공인들이 공장에 있다.'는 구절에 대한 두 학술은 어떻게 봐야 합니까?' 주희가 말하였다. '군자가 배우지 않으면 진실로 도를 극진하게 할 수 없다. 그러나 또한 학문을 해도 알지 못하는 사람이 많다. 이 두 가지 학술을 합쳐 하나로 만들어야 한다. 그런데 또한 선배의 이름을 가리고 싶지 않아서 윤씨의 본문을 잠시 게재한 것이다.'(問 : ''百工居肆', 二說合如何看?' 曰 : '君子不學, 固不足以致道, 然亦有學而不知道者多矣. 此二說要合爲一, 又不欲揜先輩之名, 故姑載尹氏之本文.')"

詳說

○ 先以正意起之.

'치기도(致其道 : 그 도를 지극히 하려는 것)'에서 보면, 먼저 진정한 뜻으로 시작하였다.

○ 致道.

'가부지소무재(可不知所務哉)에서 힘쓰는 일[所務]'은 도를 지극히 하는 것이다.

○ 新安陳氏曰 : "此重在成事與致道."89)

신안 진씨(新安陳氏 : 陳櫟)가 말하였다. "여기서의 중점은 일을 이루는 것과 도를 지극히 하는 데 있다."

○ 胡氏曰 : "主於立志."90)

호씨(胡氏)가 말하였다. "뜻을 세우는 일을 중심으로 하였다."91)

○ 釋畢.

경문의 풀이가 끝났다.

○ 此下則論也.

이 아래는 경문의 의미를 설명하였다.

朱註

愚按, 二說相須, 其義始備.

내가 살펴보건대, 위의 두 말은 서로 보완하여야 그 뜻이 비로소 갖추어진다.92)

---

89) 호광 편(胡廣 編), 『논어집주대전(論語集註大全)』「자장(子張)」.

90) 호광 편(胡廣 編), 『논어집주대전(論語集註大全)』「자장(子張)」.

91) 뜻을 세우는 일을 중심으로 하였다 : 『논어집주대전』「자장(子張)」에는 "앞의 말은 중점이 공장에 있고 배우는 데 있고, 뒤의 말은 중점이 일을 이루고 도를 지극히 하는 데 있으니, 한편으로는 공을 쓰는 것을 중심으로 하고 한편으로는 뜻을 세우는 것을 중심으로 하였다. 그러나 공을 쓰면서 뜻이 세워지지 않는 것이 안 됨을 알고, 뜻이 세워지면서 공이 정밀하지 않은 것도 안 됨을 안다. 그러므로 두 말이 서로 필요해서 갖추어져야 하니, 다른 장에서 두 가지로 말을 보존하는 것과는 같지 않다.(前說則重在居肆與爲學, 後說則重在成事與致道, 一主於用功, 一主於立志. 然知所以用功而志不立不可也, 知所以立志, 而功不精, 亦不可也. 故二說相須而備, 非如他章存兩說之比也.)"라고 되어 있다.

92) 『주자어류(朱子語類)』 권49, 「논어31(論語三十一)」, 29조목에는 다음과 같이 설명되어 있다. "물었다. '『논어집주(論語集註)』에서 두 학설을 인용하여 말하기를 '위의 두 말은 서로 보완하

詳說

○ 胡氏曰 : "非如他章存兩說之比也."[93]

호씨(胡氏)가 말하였다. "다른 장에서 두 가지로 말을 보존하는 것과는 같지 않다."[94]

○ 雲峰胡氏曰 : "前說尤重."[95]

운봉 호씨(雲峯胡氏 : 胡炳文)가 말하였다. "앞의 말이 더욱 중요하다."[96]

여야 그 뜻이 비로소 갖추어진다.'라고 했는데 무슨 말입니까?' 주희가 말하였다. '앞의 학설은 공장에 있으면서 바야흐로 일을 이룰 수 있는 것에 대해 말하였다. 공장에 있지 않으면 일을 이룰 수 없다. 군자는 학문을 통해 도를 극진하게 하는 것이다. 배우지 않으면 도를 극진하게 할 수 없다. 그런데 공장에 있으면서 일을 완성할 수 없는 것은 마치 문지방에 앉아서 지나가는 태양의 밑바닥을 때리는 것과 같다. 배우고서 도를 극진하게 할 수 없는 것은 작은 도리를 배워 '중도에서 멈추는 것'과 같은 부류가 된다. 그러므로 뒤의 학설에서는 '공장에 있으면 반드시 그 일을 이룰 것을 힘쓰고, 학문은 반드시 그 도를 극진하게 하는데 힘써야 한다.'고 말한 것이다. 이는 모두 각각 한쪽의 학설을 얻은 것이므로 반드시 서로 보완해야 뜻이 비로소 갖추어지게 된다.'(問: '『集注』所引二說, 云 : '二說相須, 其義始備.'' 曰 : '前說蓋謂居肆, 方能做得事成 ; 不居肆, 則做事不成. 君子學, 便可以致其道 ; 不學, 則不能致其道. 然而居肆亦有不能成其事, 如閑坐打閑過日底. 學亦有不能致其道, 如學小道, 與夫'中道而廢'之類. 故後說云, 居肆必須務成其事, 學必須務致其道. 是皆各說得一邊, 故必相須而其義始備也.')"

93) 호광 편(胡廣 編), 『논어집주대전(論語集註大全)』「자장(子張)」.

94) 다른 장에서 두 가지로 말을 보존하는 것과는 같지 않다 : 『논어집주대전』「자장(子張)」에는 "앞의 말은 중점이 공장에 있고 배우는 데 있고, 뒤의 말은 중점이 일을 이루고 도를 지극히 하는 데 있으니, 한편으로는 공을 쓰는 것을 중심으로 하고 한편으로는 뜻을 세우는 것을 중심으로 하였다. 그러나 공을 쓰면서 뜻이 세워지지 않는 것이 안 됨을 알고, 뜻이 세워지면서 공이 정밀하지 않은 것도 안 됨을 안다. 그러므로 두 말이 서로 필요해서 갖추어져야 하니, 다른 장에서 두 가지로 말을 보존하는 것과는 같지 않다.(前說則重在居肆與爲學, 後說則重在成事與致道, 一主於用功, 一主於立志. 然知所以用功而志不立不可也, 知所以立志, 而功不精, 亦不可也. 故二說相須而備, 非如他章存兩說之比也.)"라고 되어 있다.

95) 호광 편(胡廣 編), 『논어집주대전(論語集註大全)』「자장(子張)」.

96) 앞의 말이 더욱 중요하다 : 『논어집주대전』「자장(子張)」에는 "기술자가 공장에 있으면 이목으로 보는 것이 여기에 있고 마음과 생각으로 하는 것도 여기에 있어 그 일이 곧 여기에서 이루어진다. 군자가 배움에 머무르는 것도 그렇다. 『논어집주(論語集註)』의 두 말은 서로 필요하지만 앞의 말이 더욱 중요하다. 공장에 있으면 그 일 이루기를 힘쓰지 않는 경우는 있지만 공장에 있지 않으면서 그 일을 이룰 수 있는 경우는 없다. 배우면서 힘쓸 곳을 모르는 경우는 있지만 배우지 않으면서 그 도를 지극히 할 수 있는 경우는 없다.(工必居肆, 則耳目之所接者, 在此, 心思之所爲者, 在此, 而其事即成於此. 君子之居於學也, 亦然. 『集註』二說相須, 然前說尤重. 蓋居肆而不務成其事者, 有之矣, 未有不居肆, 而能成其事者也. 學而不知所務者有之矣, 未有不學而

○ 新安陳氏曰 : "前說是本意, 觀二以字可見. 後說是發餘意, 而警戒學者, 尤切."97)
신안 진씨(新安陳氏 : 陳櫟)가 말하였다. "앞의 말은 본래 의도이니, 두 번의 이(以)자를 보면 알 수 있다. 뒤의 말은 나머지 의도를 드러낸 것인데, 배우는 사람들에게 경계한 사안이 더욱 절실하다."98)

○ '君子學', 此章之綱領.
'군자학(君子學 : 군자가 배우다)'이 이 장의 강령이다.

能致其道者也.)"라고 되어 있다.

97) 호광 편(胡廣 編), 『논어집주대전』「자장(子張)」.

98) 앞의 말은 본래 의도이니 …… 배우는 사람들에게 경계한 사안이 더욱 절실하다 : 『논어집주대전』「자장(子張)」에는 "앞의 말은 자하의 본래 의도이니, 두 번의 이(以)자를 보면 알 수 있다. 뒤의 말은 자하의 나머지 의도를 드러낸 것인데, 배우는 사람들에게 경계한 사안이 더욱 절실하다.(前說是子夏本意, 觀二以字可見, 後說是發子夏餘意, 而於警戒學者, 尤切.)"라고 되어 있다.

[19-8-1]

子夏曰 : "小人之過也, 必文."
자하가 말하였다. "소인들은 허물이 있으면 반드시 문식한다."

朱註

文, 去聲. 文, 飾之也.
'필문(必文)'에서 '문(文 : 꾸미다)'자는 거성이다. 문식한다는 것은 꾸민다는 말이다.

詳說

○ 訓.
훈고이다.

朱註

小人憚於改過, 而不憚於自欺, 故必文, 以重其過.
소인은 잘못을 고치는 일을 꺼리고 스스로 속이는 것을 꺼리지 않는다. 그러므로 반드시 꾸며서 잘못을 무겁게 만든다.

詳說

○ 南軒張氏曰 : "飾非以自欺."[99]
'소인탄어개과, 이불탄어자기, 고필문(小人憚於改過, 而不憚於自欺, 故必文 : 소인은 잘못을 고치는 일을 꺼리고 스스로 속이는 것을 꺼리지 않는다. 그러므로 반드시 꾸며서)'에 대해, 남헌 장씨(南軒張氏 : 張栻)가 말하였다. "잘못을 꾸며 스스로 속이는 것이다."[100]

---

99) 호광 편(胡廣 編), 『논어집주대전(論語集註大全)』「자장(子張)」. 장식(張栻), 『계사논어해(癸巳論語解)』「자장(子張)」.

100) 잘못을 꾸며 스스로 속이는 것이다 : 『논어집주대전』「자장(子張)」에는 "잘못이 있으면 고칠 뿐이다. 소인은 잘못을 부끄러워하면서 고치기를 꺼리기 때문에 반드시 문식한다. 문식하는 일은 잘못을 꾸며 스스로 속이는 것이다.(有過則改之而已. 小人恥過而憚改, 故必文. 文謂飾非以自欺.)"라고 되어 있다. 『계사논어해』「자장(子張)」에도 "有過則改之而已. 小人耻過而憚改, 故必文. 文謂飾非以自欺也."라고 되어 있다.

○ 去聲.

'이중기과(以重其過)'에서 '중(重 : 무겁게 하다)'자는 거성이다.

○ 胡氏曰 : "是再過也."101)

이중기과(以重其過 : 잘못을 무겁게 만든다)'에 대해, 호씨(胡氏)가 말하였다. "거듭 잘못하는 것이다."102)

○ 釋.

경문의 풀이다.

○ 雲峰胡氏曰 : "此當與後章君子之過參看."103)

운봉 호씨(雲峯胡氏 : 胡炳文)가 말하였다. "이는 뒷장에 나오는 '군자의 잘못'104)과 참고해서 봐야 한다."105)

---

101) 호광 편(胡廣 編), 『논어집주대전(論語集註大全)』「자장(子張)」.

102) 거듭 잘못하는 것이다 : 『논어집주대전』「자장(子張)」에는 "잘못 고치기를 꺼리고 스스로 속이는 것을 꺼리지 않는 경우에는 고치고 뉘우치기가 어렵고 저절로 본연의 선에 어두워서 마음이 도리어 그 거듭 잘못하는 것을 어려워하지 않는다. 처음에는 자세히 살피고 생각할 수 없지만 마침내 이치에 어그러져 잘못되는데, 또 꾸며서 속이니, 거듭 잘못하는 것이다.(憚於改過而不憚於自欺者, 以改悔爲難, 而自昧其本然之善, 心反不以爲難重其過者, 始焉不能審思, 而遂與理悖過矣, 而又飾之以爲欺, 是再過也.)"라고 되어 있다.

103) 호광 편(胡廣 編), 『논어집주대전(論語集註大全)』「자장(子張)」.

104) 군자의 잘못 : 『논어(論語)』「자장(子張)」에서 "자공이 말하였다. '군자의 잘못은 일식·월식과 같아 잘못이 있으면 사람들이 모두 볼 수가 있고, 허물을 고쳤을 때는 사람들이 우러러본다.' (子貢曰 : '君子之過也, 如日月之食焉, 過也, 人皆見之, 更也, 人皆仰之.')"라고 하였다.

105) 이는 뒷장에서 '군자의 잘못'과 참고해서 봐야 한다 : 『논어집주대전』「자장(子張)」에는 "이 장은 뒷장에서 자공이 말한 '군자의 잘못'과 참고해서 봐야 한다. 군자는 잘못을 하면, 남들이 그에 대해 아는 것을 다행으로 여기니, 감히 스스로 속이지 않을 뿐만 아니라 또한 남들도 속이지 않는다. 그러므로 그 잘못은 마침내 고쳐져서 선하게 된다. 소인을 잘못을 하면 오직 남들이 그것을 알까 염려하여 남들을 속일 뿐만 아니라 스스로도 속이니, 그 잘못이 마침내 흘러가서 악하게 된다.(此章當與後章子貢所謂君子之過也參看. 蓋君子有過, 幸人知之, 非惟不敢自欺, 亦不欺人. 故其過也卒改而爲善. 小人之過, 惟恐人知之, 不惟欺人, 徒以自欺, 其過也, 卒流而爲惡.)"라고 되어 있다.

[19-9-1]

子夏曰 : "君子有三變, 望之儼然, 卽之也溫, 聽其言也厲."
자하가 말하였다. "군자는 세 가지로 변함이 있으니, 멀리서 바라보면 엄숙하고, 그 앞에 나아가면 온화하고, 그 말을 들어보면 명확하다."

朱註

儼然者, 貌之莊, 溫者, 色之和, 厲者, 辭之確.
'엄숙하다[儼然]'는 것은 용모가 씩씩하다는 뜻이고, 온화하다는 것은 얼굴빛이 온화하다는 뜻이며, 명확하다는 것은 말이 확실하다는 뜻이다.

詳說

○ 雙峰饒氏曰 : "是是非非, 確乎不易."[106]
쌍봉 요씨(雙峰饒氏 : 饒魯)가 말하였다. "옳은 것을 옳다고 하고 그른 것을 그르다고 하는 것은 확고해서 바꾸지 못한다."[107]

○ 訓兼釋.
훈고에 경문의 풀이를 겸하였다.

朱註

程子曰 : "他人儼然則不溫, 溫則不厲, 惟孔子全之."
정자가 말하였다. "다른 사람은 엄연하면 온화하지 못하고, 온화하면 명확하지

106) 호광 편(胡廣 編), 『논어집주대전(論語集註大全)』「자장(子張)」.

107) 옳은 것을 옳다고 하고 그른 것을 그르다고 하는 것은 확고해서 바꾸지 못한다 : 『논어집주대전』「자장(子張)」에는 "성인은 본래 세 가지로 변함이 없고, 단지 다른 사람들의 입장에서 본 것일 뿐이다. 그렇다면 멀리서 바라봐도 한결같고, 가까이 나아가도 한결같으며, 그 말을 들어봐도 또 한결같은데, 세 가지로 변하는 것 같을 뿐이다. 물었다. '명확하다는 것은 가르침이 엄하다는 뜻인데 확실하다고 말한 것은 무엇 때문입니까?' 답하였다. '명확하다는 것에는 엄숙하다는 의미가 있어 엄숙하다고 했을 뿐이니, 사람들이 맹렬한 것으로 생각할까 염려한 것입니다. 확실하다는 것은 옳은 것을 옳다고 하고 그른 것을 그르다고 하는 말인데 확고해서 바꾸지 못한다는 의미입니다. 엄숙하고 명확하다는 뜻을 표현한 것으로는 아주 적절합니다.' (聖人本無三變, 但自他人觀之. 則遠望, 是一般, 近就之是一般, 聽其言, 又是一般, 似乎有三變耳. 問 : '厲只當訓嚴而云確何也.' 曰 : '厲也, 有嚴意, 但曰嚴, 恐人認做猛烈. 確者, 是是非非, 確乎不易之義. 形容嚴厲, 最切.')"라고 되어 있다.

못한데, 공자만이 온전히 갖추었다."

詳說

○ 當考.

'정자(程子)'는 동생 정이(程頤)인지 형 정호(程顥)인지 살펴보아야 한다.

○ 當與前篇溫而厲章參看.

앞의 편에 있는 '온이려장(溫而厲章)'[108]과 함께 참고해서 봐야 한다.

朱註

謝氏曰:"此非有意於變, 蓋竝行而不相悖也. 如良玉溫潤而栗然."

사씨가 말하였다. "이는 변함에 마음을 둔 것이 아니었으니, 대개 함께 행해지면서도 서로 어긋나지 않은 것이다. 마치 좋은 옥이 따뜻하고 윤기가 있으면서도 단단한 것과 같다."

詳說

○ 此句出『中庸』.

'병행이불상패야(竝行而不相悖也: 함께 행해지면서도 서로 어긋나지 않은 것이다.)'라는 이 구절은 『중용(中庸)』에 나온다.[109]

○ 出『禮記』「聘義」.

'양옥온윤이률연(良玉溫潤而栗然: 좋은 옥이 따뜻하고 윤기가 있으면서도 단단한 것)'이라는 구절은 『예기』「빙의」에 나온다.[110]

○ 雙峯饒氏曰:"聖人本無三變. 但自他人觀之, 似乎有三變耳."[111]

쌍봉 요씨(雙峰饒氏: 饒魯)가 말하였다. "성인은 본래 세 가지로 변함이 없다. 다

108) 온이려장(溫而厲章): 『논어(論語)』「술이(述而)」에서 "공자는 온화하면서도 엄숙하고, 위엄이 있으면서도 사납지 않으며, 공손하면서도 편안하셨다.(子溫而厲, 威而不猛, 恭而安.)"라고 하였다.

109) 이 구절은 『중용(中庸)』에 나온다: 『중용(中庸)』에 제30장에 "만물이 함께 길러지면서도 서로 해치지 않고, 도가 함께 행해지면서 서로 위배되지 않는다.(萬物育而不相害, 道行而不相悖.)"라고 되어 있다.

110) 『예기』「빙의」에 나온다: 『예기』「빙의」에 "옛날에 군자는 옥에 덕을 비유했으니, 따뜻하고 윤기가 있는 것은 인이고, 치밀하여 견실한 것은 지이다.(昔者, 君子比德于玉焉, 溫潤而澤仁也, 縝密以栗知也.)"라고 되어 있다.

111) 호광 편(胡廣 編), 『논어집주대전(論語集註大全)』「자장(子張)」.

만 다른 사람에게서 보면 세 가지로 변함이 있는 것 같다."112)

○ 子夏可謂善觀聖人矣.

자하는 성인을 잘 봤다고 할 수 있다.

---

112) 성인은 본래 세 가지로 변함이 없다 …… 세 가지로 변함이 있는 것 같다 : 『논어집주대전』 「자장(子張)」에는 "성인은 본래 세 가지로 변함이 없고, 단지 다른 사람들의 입장에서 본 것일 뿐이다. 그렇다면 멀리서 바라봐도 한결같고, 가까이 나아가도 한결같으며, 그 말을 들어봐도 또 한결같은데, 세 가지로 변하는 것 같을 뿐이다.(聖人本無三變, 但自他人觀之. 則遠望, 是一般, 近就之是一般, 聽其言, 又是一般, 似乎有三變耳.)"라고 되어 있다.

[19-10-1]

子夏曰 : "君子信而後勞其民, 未信則以爲厲己也. 信而後諫, 未信則以爲謗己也."
자하가 말하였다. "군자는 백성들에게 신임을 얻은 뒤에 그 백성을 부리니, 그렇게 하지 못하고 부리면 자신들을 괴롭힌다고 여기기 때문이다. 신임을 얻은 뒤에 간하니, 그렇게 하지 못하고 간하면 자기를 비방한다고 여기기 때문이다."

詳說

○ 諫字已含諫君之意, 故不復言其君.
'간한다'는 글자에는 이미 '임금에게 간한다'는 의미가 포함되어 있기 때문에 다시 그 임금에 대해 말하지 않았다.

朱註

信, 謂誠意惻怛, 而人信之也. 厲, 猶病也.
신임은 성의가 간곡하여 남들이 이것을 신임함을 말한다. 괴롭힌다는 말은 해친다는 뜻과 같다.

詳說

○ 兼仁之意.
'신, 위성의측달(信, 謂誠意惻怛 : 신임은 성의가 간곡하여)'라는 구절은 인(仁)을 겸한다는 의미이다.

○ 訓畢.
훈고가 끝났다.

朱註

事上, 使下, 皆必誠意交孚而後, 可以有爲.
윗사람을 섬기고 아랫사람을 부릴 때 모두 반드시 성의가 서로 믿어진 뒤에야 일을 할 수 있다.

詳說

○ 諫.

'사상(事上 : 윗사람을 섬기고)'은 간하는 일이다.

○ 勞.

'사하(使下 : 아랫사람을 부릴 때)'는 일하게 하는 것이다.

○ 以論釋之.

경문의 의미 설명으로 풀이하였다.

○ 慶源輔氏曰 : "湯武信而後勞之, 伊傳信而後諫之."113)

경원 보씨(慶源輔氏 : 輔廣)가 말하였다. "탕왕과 무왕은 신임을 받은 뒤에 부리고, 이윤과 부열은 신임을 얻은 뒤에 간하였다."114)

---

113) 호광 편(胡廣 編), 『논어집주대전(論語集註大全)』「자장(子張)」.

114) 탕왕과 무왕은 신임을 받은 뒤에 부리고, 이윤과 부열은 신임을 얻은 뒤에 간했다 : 『논어집주대전』「자장(子張)」에는 "신임은 위아래에서 서로 자신을 믿어주는 것일 뿐이다. 신임을 할지라도 사람들이 간혹 믿지 않는다면 여전히 신임을 받았다고 말할 수 없다. 위아래에서 아직 믿지 못한다면, 임금이 백성을 부리는 일은 그들의 삶을 편안하게 해 주기 위한 것인데 도리어 자신들을 괴롭힌다고 여기고, 신하가 임금에게 간하는 일은 그의 덕을 이뤄주기 위한 것인데 도리어 자신을 비방한다고 여긴다. 탕왕과 무왕이 백성을 부린 것처럼 한다면, 신임을 받은 뒤에 부리는 일이라고 할 수 있고, 이윤과 부열이 임금에게 고한 것처럼 한다면, 신임을 얻은 뒤에 간하는 것이라고 할 수 있다.(信, 謂上下交孚己. 雖有信而人或未之信, 猶未可謂之信也. 若上下未交孚, 則君之勞民, 所以安其生也, 而反以爲厲己也, 臣之諫君, 所以成其德也, 而反以爲謗己也. 如湯武之使民, 則可謂信而後勞之矣, 如伊傳之告君, 則可爲信而後諫之矣.)"라고 되어 있다.

[19-11-1]

子夏曰 : "大德不踰閑, 小德出入可也."
자하가 말하였다. "큰 덕에서 한계를 넘지 않으면 작은 덕에서는 들락날락해도 괜찮다."

朱註

大德小德, 猶言大節小節.
큰 덕과 작은 덕은 큰일과 작은 일이라는 말과 같다.

詳說

○ 此本明道語.
이는 본래 명도(明道 : 程顥)의 말이다.

○ 胡氏曰 : "大德, 父子君臣之倫, 小德, 動靜語默, 應對進退之文."115)
호씨가 말하였다. "큰 덕은 부모와 자식, 임금과 신하의 윤리이고, 작은 덕은 움직이고 가만히 있으며 말을 하고 침묵하며 응대하고 진퇴할 때 나타내는 꾸밈이다."116)

朱註

閑, 闌也, 所以止物之出入.
한계[閑]는 문지방이니, 사물의 출입을 중지시키는 것이다.

---

115) 호광 편(胡廣 編), 『논어집주대전(論語集註大全)』「자장(子張)」.

116) 큰 덕은 아비와 자식, 임금과 신하의 윤리이고 …… 응대하고 진퇴할 때 나타내는 꾸밈이다 : 『논어집주대전』「자장(子張)」에는 "책에서는 작은 일을 큰 덕에 짝하여 말하였는데, 작은 일은 작은 덕이다. 큰일과 작은 일은 크고 작은 사안에 관계된 일들이다. 부모와 자식, 임금과 신하 등은 큰 덕이 있는 것이고 한 번 움직이고 가만히 있으며 한 번 말하고 침묵하는 것은 응대와 진퇴에 관여되어 나타내는 꾸밈으로 작은 덕이 있는 것이다. 사람의 도를 보면 큰일을 취하고 작은 일을 간략하게 하다가 잘못되는 것은 오히려 괜찮은데, 마음을 세우고 스스로 처신하는 것이 그 큰 것만 삼가고 작은 일에는 굳이 뜻을 다하지 않는다면 큰 일까지도 함께 잘못될 것이다. (書以細行對大德而言, 細行卽小德. 大節小節, 蓋以其所關有大小也. 父子君臣等之大倫, 大德所在也, 一動靜一語默, 與凡應對進退之文, 小德所在也. 觀人之道, 取大端而畧小, 失猶可也, 若立心自處, 但曰謹其大者, 而小節不必致意, 則將併其大者失之矣.)"라고 되어 있다.

詳說

○ 閑是止馬之出入者, 而此言於人事, 故以物字槩之.

한계는 말[馬]의 출입을 중지시키는 것인데, 여기에서는 사람의 일로 말했기 때문에 사물이라는 말로 개괄하였다.

○ 訓畢.

훈고가 끝났다.

朱註

言人能先立乎其大者, 則小節雖或未盡合理, 亦無害也.
사람이 먼저 큰 것을 확립시키면, 작은 일은 간혹 이치에 부합되지 않더라도 무방하다는 말이다.

詳說

○ 六字出『孟子』「告子」.

'선립호기대자(先立乎其大者 : 먼저 큰 것을 확립시킨다)'라는 여섯 글자는 『맹자(孟子)』「고자」가 출처이다.[117]

○ 此四字, 亦如首章註, 以庶乎其可, 釋其可已矣.

'역무해야(亦無害也 : 무방하다)' 이 네 글자는 첫 장의 주석에서 '괜찮다는 것에 가깝다'라고 해석한 뜻과 같으니,[118] 괜찮다고 해석하는 것일 뿐이다.

---

117) '먼저 큰 것을 확립시킨다'는 말은 『맹자(孟子)』「고자」가 출처이다 : 『맹자(孟子)』「고자상(告子上)」에는 "말하였다. '똑같이 사람인데, 때로는 그 대체(大體)를 따르며 때로는 그 소체(小體)를 따르는 것은 무엇 때문입니까?' 답하였다. '귀와 눈의 기능은 생각을 하지 못해 사물에 가려지니, 사물에 접촉되면 끌려갈 뿐이다, 마음의 기능은 생각할 수 있으니, 생각하면 얻고 생각하지 못하면 얻지 못한다. 이것은 하늘이 우리에게 부여해 준 것으로 먼저 그 큰 것에 선다면 그 작은 것이 빼앗지 못할 것이니, 이것이 대인이 되는 이유이다.(曰 : '鈞是人也, 或從其大體, 或從其小體, 何也.' 曰 : '耳目之官, 不思而蔽於物, 物交物, 則引之而已矣, 心之官則思, 思則得之, 不思則不得也. 此天之所與我者, 先立乎其大者, 則其小者不能奪也, 此爲大人而已矣.')"라고 되어 있다.

118) 첫 장의 주석에서 '괜찮다는 것에 가깝다'라고 해석한 뜻과 같으니 : 『논어집주(論語集註)』「자장(子張)」 1장의 주석에 "한 가지라도 지극하지 못하면 그 나머지는 별로 볼 것이 없기 때문에 선비가 이와 같이 할 수 있다면 '괜찮다'는 것에 가깝다고 말한 것이다.(一有不至, 則餘無足觀, 故言士能如此, 則庶乎其可矣.)"라고 하였다.

○ 釋畢.

경문의 풀이가 끝났다.

○ 勉齋黃氏曰 : "大德小德, 皆不踰閑上也. 大德盡善, 小德未純, 次也. 拘拘於小廉曲謹, 而臨大節, 顚倒錯亂, 無足觀也. 子夏豈有懲而云乎."119)

면재 황씨(勉齋黃氏 : 黃幹)가 말하였다. "큰 덕과 작은 덕은 모두 문지방 위를 넘어가지 않는다. 큰 덕은 선을 다한 것이고, 작은 덕은 순전하지 않은 것으로 그 다음이다. 하찮은 청렴과 너무 신중한 사안에 얽매이면서 큰일을 한다면 본말이 뒤집히고 혼란되어 별로 볼 것도 없다. 자하가 어찌 고칠 것이 있어서 말했겠는가?"120)

○ 雙峰饒氏曰 : "此章用之觀人則可, 用之律己則不可. 律己之道, 雖一毫不可放過."121)

쌍봉 요씨(雙峰饒氏 : 饒魯)가 말하였다. "이 장은 사람을 보는 데 쓴다면 괜찮고 자신을 단속하는 데 쓴다면 안 된다. 자신을 단속하는 도는 털끝만큼이라도 방기해서는 안 되기 때문이다."122)

---

119) 호광 편(胡廣 編), 『논어집주대전(論語集註大全)』「자장(子張)」.

120) 큰 덕과 작은 덕은 모두 문지방 위를 …… 자하가 어찌 고칠 것이 있어서 말했겠는가 : 『논어집주대전』「자장(子張)」에는 "자하의 이 말에는 진실로 병폐가 있다. 그러나 큰 덕과 작은 덕은 모두 문지방 위를 넘어가지 않는다. 큰 덕은 선을 다한 것이고, 작은 덕은 순전하지 않은 것으로 바로 그 다음이다. 만약 하찮은 청렴과 너무 신중한 사안에 얽매이면서 큰일을 한다면, 본말이 뒤집히고 혼란되어 별로 볼 것도 없다. 자하가 어찌 고칠 것이 있어서 말했겠는가? 이것은 또 배우는 사람들이 살피지 않아서는 안 되는 것이다.(子夏此語, 信有病矣, 然大德小德, 皆不踰閑者上也. 大德盡善, 而小德未純者, 乃其次也. 若夫拘拘於小廉曲謹, 而臨大節, 則顚倒錯亂者, 無足觀也矣. 子夏之言, 豈有激而云乎. 此又學者不可不察.)"라고 되어 있다.

121) 호광 편(胡廣 編), 『논어집주대전(論語集註大全)』「자장(子張)」.

122) 이 장은 사람을 보는 데 쓴다면 괜찮고 …… 털끝만큼이라도 방기해서는 안 되기 때문이다 : 『논어집주대전』「자장(子張)」에는 "이 장은 사람을 보는 데 쓴다면 괜찮고 자신을 단속하는 데 쓴다면 안 된다. 다만 사람을 봄에는 완비하기를 책망해서는 안 되고, 또한 다만 다른 사람의 큰일을 보고 그것이 이미 서 있다면, 소소한 절목은 들락날락해도 자질구레한 것으로 의론해서는 안 된다. 자신을 단속하는 도가 또 남을 보는 것과 같지 않다면, 털끝만큼이라도 방기해서는 안 된다. 조금이라도 이치에 어긋나면 부족하게 되니, 어떻게 그 출입을 들을 수 있겠는가?(此章用之觀人則可, 用之律己則不可. 但觀人不可責備, 且只看他大節, 大節旣立, 而小小節目或有出入, 亦未可瑣屑議之. 若律己之道, 又與觀人不同, 雖一毫亦不可放過. 微有背理, 便成欠缺, 如何聽他出入得.)"라고 되어 있다.

朱註

吳氏曰 : "此章之言, 不能無弊, 學者詳之."

오씨(吳氏)가 말하였다. "이 장의 말에는 폐단이 없을 수 없으니, 배우는 사람이 자세히 살펴보아야 한다."

詳說

○ 朱子曰 : "小處放過, 只是力做不徹, 不當道是可也.[123] 一以小差爲無害, 則必有枉尋直尺者矣."[124]

주자(朱子 : 朱熹)가 말하였다. "작은 일을 방기하는 것은 힘써 하지 않는 태도일 뿐이니, 이를 '괜찮다'고 말해서는 안 된다. 하나에서 조금의 잘못을 무방한 일이라고 여기면, 반드시 한 장을 굽혀서 한 자를 곧게 하는 일이 있을 것이다."[125]

---

123) 『주자어류(朱子語類)』 권 49, 34조목.

124) 『주자어류(朱子語類)』 권 49, 33조목.

125) 작은 일을 방기하는 것은 힘써 하지 않는 …… 한 자를 곧게 하는 일이 있을 것이다 : 『주자어류(朱子語類)』 49권, 34조목에는 "자하의 의도는 큰일이 이미 옳다면 작은 일은 비록 아주 좋지 않아도 무방하다는 뜻이다. 그런데 작은 일을 방기하는 것은 힘써 하지 않는 태도일 뿐이니, 이를 '괜찮다'고 말해서는 안 된다는 뜻이다.(子夏之意, 只爲大節旣是了, 小小處雖未盡善, 亦不妨. 然小處放過, 只是力做不徹, 不當道是可也.)"라고 되어 있고, 『논어집주대전』「자장(子張)」에는 "큰일이 정해진 다음에는 작은 일에 차이가 있어도 그것을 벗어날 수 없다. 그런데 오씨는 '이 장에는 폐단이 없을 수 없다.'라고 하였으니, 배우는 사람들은 바로 이것을 가지고 스스로 받아들여서는 안 된다. 하나에서 조금의 잘못을 무방한 것이라고 여기면, 큰일에서 반드시 한 장을 굽혀 한 자를 곧게 하는 일이 있을 것이다(大節旣定, 小節有差, 亦所不免. 然吳氏謂此章不能無弊, 學者正不可以此自恕. 一以小差爲無害, 則於大節必將有枉尋而直尺者矣.)"라고 되어 있다.

[19-12-1]

子游曰："子夏之門人小子，當灑掃應對進退，則可矣，抑末也，本之則無，如之何."

자유가 말하였다. "자하의 제자들은 물 뿌리고 청소하며, 응대하고 진퇴하는 예절에서는 괜찮은데, 이는 지엽적인 사안이고 근본적인 일이 없으니, 어떻게 해야 하겠는가?"

朱註

灑，色賣反. 掃，素報反. 子游譏子夏弟子，於威儀容節之間，則可矣，然此小學之末耳，推其本，如『大學』正心誠意之事，則無有.

'쇄소(灑掃)'에서 '쇄(灑)'는 '색(色)'과 '매(賣)'의 반절(反切)이다. '소(掃)'는 '소(素)'와 '보(報)'의 반절(反切)이다. 자유는 자하의 제자들이 위의와 용모와 범절에서는 괜찮지만 이는 소학의 지엽적인 사안이니, 그 근본을 미루어 예컨대 『대학(大學)』의 정심(正心)·성의(誠意)와 같은 일은 없다고 나무랐다.

詳說

○ 於字，襯當字. 當猶在也.

'어위의용절지간(於威儀容節之間 : 위의와 용모와 범절에서는)'이라는 구절을 보면, '에서는[於]'이라는 글자는 '마주 대하다[當]'는 말에 가깝다. '마주 대하다[當]'는 것은 '있다[在]'는 말과 같다.

○ 之字有推意，『諺』釋可考.

'소학지말이(小學之末耳)'에서 '~의[之]'라는 글자는 뜻을 미루어 보면, 『언해』의 풀이에서 살펴볼 수 있다.[126]

○ 添此句，以足本文未足之語.

'『대학(大學)』정심성의지사(『大學』正心誠意之事 : 『대학(大學)』의 정심(正心)·성의(誠意)와 같은 일은)'라는 이 구절을 더함으로써 본문에서 충분하지 못한 말을 보충하였다.

---

126) 『언해』본에는 "ᄌᆞ하의 문신 쇼ᄌᆞ 새소와응ᄃᆡ진퇴에 당ᄒᆞ얀 가ᄒᆞ나 말이라 본ᄒᆞᆫ즉 업스니 엇더하ᄒᆞ뇨"로 되어 있다.

○ 如之何, 恠而問之之辭.

'즉무유(則無有 : 없다고 나무랬다)'라는 이 구절을 보면, '어떻게 해야 하겠는가?' 라는 물음이 이상해서 묻는 말이다.

○ 有釋無訓.

경문의 풀이는 있으나 훈고는 없다.

[19-12-2]

子夏聞之曰 : "噫, 言游過矣. 君子之道, 孰先傳焉, 孰後倦焉. 譬諸草木, 區以別矣, 君子之道, 焉可誣也. 有始有卒者, 其惟聖人乎."

자하가 듣고서 말하였다. "아! 언유(言游)의 말이 지나치다. 군자의 도에 어느 것을 먼저라 하여 전수하며, 어느 것을 뒤라 하여 게을리 하겠는가? 초목에 비유하면 나누어서 구별되는 것과 같으니, 군자의 도가 어찌 이처럼 속이겠는가? 처음과 끝을 구비한 것은 성인뿐이다."

朱註

別, 彼列反. 焉, 於虔反. 倦, 如誨人不倦之倦. 區, 猶類也.

'구이별의(區以別矣)'에서 '별(別)'은 '피(彼)'와 '열(列)'의 반절(反切)이다. '언가무야(焉可誣也)'에서 '언(焉)'은 '어(於)'와 '건(虔)'의 반절(反切)이다. '게을리 한다[倦]'는 '사람을 가르치는 데 게을리 하지 않는다[誨人不倦]'라고 할 때의 '게을리 한다[倦]'는 말과 같다. '나누어서[區]'는 '종류대로 한다[類]'는 말과 같다.

詳說

○ 見「述而」.

'회인불권(誨人不倦 : 사람을 가르치는 데 게을리 하지 않는다)'이라는 구절은 『논어(論語)』「술이(述而)」에 보인다.[127]

---

127) 『논어(論語)』「술이(述而)」에 보인다 : 『논어(論語)』「술이(述而)」에서 "공자가 말하였다. "묵묵히 기억하고 배우고 싫어하지 않으며, 사람 가르치기를 게을리하지 않는 것, 어느 것이 나에

○ 訓畢.

훈고가 끝났다.

朱註

言君子之道, 非以其末爲先而傳之, 非以其本爲後而倦教. 但學者所至, 自有淺深, 如草木之有大小, 其類固有別矣.

군자의 도는 지엽적인 사안을 먼저라 하여 전하는 것도 아니며, 근본적인 일을 뒤라 하여 가르치기를 게을리 하는 것도 아니다. 다만 배우는 사람의 경지에는 본래 얕고 깊음이 있으니, 초목의 큼과 작음이 있어 그 종류가 진실로 구별되는 것과 같다.

詳說

○ 傳, 如傳不習乎之傳.

'선이전지(先而傳之 : 먼저라 하여 전하는 것도 아니며)'에서 '전한다[傳]'는 '전수받은 일을 익히지 않았는가?'[128]라고 할 때의 '전수받다[傳]'는 말과 같다.

○ 此主教者而言, 先後猶言急緩.

'비이기본위후이권교(非以其本爲後而倦教 : 근본적인 일을 뒤라 하여 가르치기를 게을리 하는 것도 아니다)'라는 구절을 보면, 여기에서는 가르치는 것을 위주로 말하였다. 먼저라 하고 뒤라 하는 것은 급하게 하거나 천천히 하는 일이라 말하는 것과 같다.

○ 『大全』曰 : "此二句補足上下文意."[129]

'학자소지, 자유천심(學者所至, 自有淺深 : 배우는 자의 경지에는 본래 얕고 깊음이 있으니)'에 대해, 『논어집주대전(論語集註大全)』에서 말하였다. "이 두 구절에서는 위 아래 문맥의 의미를 보충하여 넉넉하게 하였다.

○ 朱子曰 : "自有先後之序."

게 있는가?(子曰 : '默而識之, 學而不厭, 誨人不倦, 何有於我哉.')"라고 하였다.

128) 전수받은 것을 익히지 않았는가 : 『논어(論語)』「학이(學而)」에서 "증자가 말하였다. '나는 날마다 세 가지로 내 자신을 반성한다. 남을 위하여 일을 도모함에 정성을 다하지 않았는지! 친구와 사귐에 미덥지 못했는지! 전수받은 것을 익히지 않았는지!'(曾子曰 : '吾日三省吾身, 爲人謀而不忠乎, 與朋友交而不信乎, 傳不習乎.')"라고 하였다.

129) 호광 편(胡廣 編), 『논어집주대전(論語集註大全)』「자장(子張)」.

‘학자소지, 자유천심(學者所至, 自有淺深 : 배우는 자의 경지에는 본래 얕고 깊음이 있으니)’에 대해, 주자(朱子 : 朱熹)가 말하였다. “본래 먼저 할 것과 뒤에 할 것의 순서가 있다.”[130)]

○ 添此三字.

‘초목지유대소(草木之有大小 : 초목의 큼과 작음이 있어)’에서 ‘큼과 작음이 있다.[有大小]’라는 말을 더하였다.

朱註

若不量其淺深, 不問其生熟, 而槩以高且遠者, 強而語之, 則是誣之而已. 君子之道, 豈可如此.

그 얕음과 깊음을 헤아리지 않고 그 익지 않음과 익음을 따지지 않고, 한결같이 높고 원대한 일을 가지고 억지로 말해 준다면, 이는 속이는 것일 뿐이다. 군자의 도가 어찌 이와 같겠는가?

詳說

○ 淺者生, 深者熟.

‘약불량기천심, 불문기생숙(若不量其淺深, 不問其生熟 : 그 얕음과 깊음을 헤아리지

130) 『주자어류(朱子語類)』 권49, 「논어31(論語三十一)」, 51조목에는 다음과 같이 설명하고 있다. “의강이 문목을 바치며 말하기를 ‘자유는 근본이 있다는 것을 알았지만 말단을 버리고자 한 것입니다. 자하는 본말을 가지고 선후의 차례가 있다고 여겼습니다. 정자는 본말을 합하여 하나로 여겨서 말한 것입니다. 선생의 학설을 자세하게 음미하면 ‘쇄소응대(洒掃應對)’가 진실로 ‘정의입신(精義入神)’의 일인 것입니다. 다만 ‘쇄소응대’에서 공부할 줄만 알고 ‘정의입신’의 일을 깊이 연구하지 않으면 관통할 수 없고 혼란한데 이르게 될 것입니다. 오직 하학(下學)이 이미 이르고 상달(上達)이 더욱 그것을 살피면 본말이 투철하게 되어 잃어버리는 것이 없게 될 것입니다.’라고 하였다.’ 주희가 말하였다. ‘이는 ‘쇄소응대’ 또한 도리라는 것을 말한 것인데, 만약 ‘정의입신’하고자 하면 반드시 여기서부터 이해해야 한다. 그대의 말처럼 한다면 ‘쇄소응대’를 모두 이해하고서 반드시 ‘정의입신’을 이해하는 것인데 이렇게 할 수는 없다. 정자가 말한 것이 또한 자하의 학설이다.’(義剛呈問目云 : ‘子游知有本, 而欲棄其末. 子夏則以本末有先後之序. 程子則合本末以爲一而言之. 詳味先生之說, 則所謂‘洒掃應對’, 固便是‘精義入神’事. 只知於‘洒掃應對’上做工夫, 而不復深究‘精義入神’底事, 則亦不能通貫而至於渾融也. 惟是下學之旣至, 而上達益加審焉, 則本末透徹而無遺矣.’ 曰 : ‘這是說洒掃應對, 也是這道理 ; 若要精義入神, 須是從這裏理會將去. 如公說, 則似理會了‘洒掃應對’了, 又須是去理會‘精義入神’, 却不得. 程子說又便是子夏之說.’)”

않고 그 익지 않음과 익음을 따지지 않고)'에서, 얕음은 익지 않음이고, 깊음은 익음이다.

○ 上聲.

'강이어지(強而語之)'에서 '강(强 : 억지로)'자는 상성이다.

○ 去聲.

'강이어지(強而語之)'에서 '어(語 : 말해 주다)'자는 거성이다.

○『大全』曰 : "此二句, 又補足上下文意."131)

'개이고차원자, 강이어지(槩以高且遠者, 強而語之 : 한결같이 높고 원대한 것을 가지고 억지로 말해 준다면)'에 대해,『논어집주대전(論語集註大全)』에서 말하였다. "이 두 구절은 위 아래 문맥의 의미를 보충하여 넉넉하게 하였다."

○ 指誣.

'기가여차(豈可如此 : 어찌 이와 같겠는가?)'는 속이는 것을 가리켰다.

朱註

若夫始終本末, 一以貫之, 則惟聖人爲然, 豈可責之門人小子乎.

시작과 끝, 근본과 말엽이 하나로 꿰뚫었다는 것은 성인만이 그럴 수 있으니, 어찌 제자들에게 바랄 수 있겠는가?

詳說

○ 音扶.

'약부(若夫)'에서 '부(夫 : 발어사)'자의 음은 '부(扶 : 돕다)'이다.

○ 四字, 見「里仁」及「衛靈公」.

'일이관지(一以貫之 : 하나로 꿰뚫었다)' 네 글자는『논어(論語)』「이인(里仁)」과「위령공(衛靈公)」에 보인다.132)

131) 호광 편(胡廣 編),『논어집주대전(論語集註大全)』「자장(子張)」.

132) '일이관지(一以貫之 : 하나로 꿰뚫었다)' 네 글자는『논어(論語)』「이인(里仁)」과「위령공(衛靈公)」에 보인다 :『논어(論語)』「이인(里仁)」에서 "공자가 말하였다. '삼(參)아! 나의 도는 하나로 꿰뚫었다.' 증자가 대답하였다. '예.'(子曰 : '參乎. 吾道一以貫之.' 曾子曰 : '唯.')"라고 하였고,「위령공(衛靈公)」에서 "공자가 말하였다. '사(賜)야! 너는 내가 많이 배우고 그것을 기억하는 사람이라고 여기느냐?' 대답하였다. '그렇습니다. 아닙니까?' 말하였다. '아니다. 나는 하나로 꿰뚫은 것이다.'(子曰 : '賜也. 女以予爲多學而識之者與.' 對曰 : '然. 非與.' 曰 : '非也. 予

○ 朱子曰 : "不是說聖人教人事, 乃是聖人分上事."133)

'유성인위연(惟聖人爲然 : 성인만이 그럴 수 있으니)'에 대해, 주자(朱子 : 朱熹)가 말하였다. "성인이 사람의 일을 가르치는 데 대해 말한 것이 아니라 바로 성인의 일이다."134)

○ 釋畢.

경문의 풀이가 끝났다.

○ 此下, 補本文未足之意.

이 아래에서는 경문에서 충분하지 못한 의미를 보충하였다.

○ 朱子曰 : "今動不動, 便先說本末精粗, 無二致, 此說大誤."135)

주자(朱子 : 朱熹)가 말하였다. "이제 움직임과 움직이지 않음에는 근본과 말엽, 정밀함과 거침에 두 가지로 이룸이 없다고 먼저 설명하는 것, 이런 설명은 아주 잘못되었다."

朱註

> 程子曰 : "君子教人有序, 先傳以小者近者而後, 教以大者遠者, 非先傳以近小而後, 不教以遠大也."
>
> 정자가 말하였다. "군자가 사람을 가르침에 순서가 있으니, 먼저 작은 것과 비근한 것을 전한 뒤에 큰 일과 원대한 일을 가르치고, 먼저 작은 것과 비근한 것을 전한 뒤에 큰 일과 원대한 일을 가르치지 않는 것은 아니다."

一以貫之.')"라고 하였다.

133) 호광 편(胡廣 編), 『논어집주대전(論語集註大全)』「자장(子張)」. 『주자어류(朱子語類)』 권49, 「논어31(論語三十一)」, 40조목.

134) 성인이 사람의 일을 가르치는 데 대해 말한 것이 아니라 바로 성인의 일이다 : 『논어집주대전』「자장(子張)」과 『주자어류(朱子語類)』 권49, 「논어31(論語三十一)」, 40조목에는 "물었다. '시작이 있고 끝이 있습니까?' 대답하였다. '이는 성인이 사람의 일을 가르치는 데 대해 말한 것이 아니라 바로 성인의 일입니다. 성인의 도만이 머리가 꼬리이고 하학이 상달이니, 처음부터 끝까지가 아니라 바로 아래와 합하면 처음과 끝까지 모두 갖춥니다. 가르치고 배우는 사람이라면 반드시 그 순서를 따라야 합니다.'(問 : '有始有卒.' 曰 : '此不是說聖人教人事, 乃是聖人分上事. 惟聖人道頭便知尾, 下學便上達, 不是自始做到終, 乃是合下便始終皆備. 若教學者, 則須循其序也.')"라고 되어 있다.

135) 호광 편(胡廣 編), 『논어집주대전(論語集註大全)』「자장(子張)」에 "…… 今動不動, 便先說箇本末精粗, 無二致, 此說大誤."라고 실려 있다.

詳說

○ 伯子.

'정자왈(程子曰)'에서 '정자(程子)'는 형 정호(程顥)이다.

○ 雲峯胡氏曰:"此一條說教人有序, 是發子夏之意, 後四條說理無二致, 是矯子游之偏. 所以破抑末也本之則無七字."136)

운봉 호씨(雲峯胡氏:胡炳文)가 말하였다. "이 한 조목에서 사람을 가르침에 순서가 있다고 한 말은 자하의 뜻을 드러내었고, 뒤의 네 조목에서 이치에는 두 가지로 도달함이 없다고 한 말은 자유의 치우침을 바로잡았기 때문에 '지엽적인 사안이고 근본적인 일이 없으니, 어떻게 해야 하겠는가?'라는 말을 깨뜨린 것이다."137)

朱註

又曰:"灑掃應對便是形而上者, 理無大小故也.

정자가 또 말하였다. "청소하고 응대하는 것은 곧 형이상학적인 일이니, 이치에 큼과 작음이 없기 때문이다.

詳說

○ 伯子.

'우왈(又曰)'의 주체는 형 정호(程顥)이다.

○ 『易』「繫辭」曰:"形而上者謂之道, 形而下者謂之器."

『주역(周易)』「계사전」에서 말하였다. "형이상학적인 것을 도(道)라 하고 형이하학적인 것을 기(器)라고 한다."138)

---

136) 호광 편(胡廣 編), 『논어집주대전(論語集註大全)』「자장(子張)」에 호병문(胡炳文)의 말로 두 군데로 나누어져 실려 있다.

137) 이 한 조목에서 사람을 가르침에 순서가 있다고 한 것은 …… 말을 깨뜨린 것이다:『논어집주대전』「자장(子張)」에는 "이 한 조목에서 사람을 가르침에 순서가 있다고 한 말은 자하의 뜻을 드러내었고, 뒤의 2조목에서 5조목까지는 두 가지로 도달함이 없다고 한 말은 자유의 치우침을 바로잡은 것이다.(此第一條說教人有序, 是發子夏之意, 後第二至第五條說理無二致, 是矯子游之偏也.)"라고 하였고, 또 "정자의 이 네 조목은 모두 '지엽적인 사안이고 근본적인 일이 없으니, 어떻게 해야 하겠는가?'라는 말을 깨뜨리기 위한 것이다.(程子此四條, 皆所以破子游抑末也本之則無七字.)"라고 되어 있다.

138) 형이상학적인 것을 도(道)라 하고 형이하학적인 것을 기(器)라고 한다:『주역(周易)』「계사전상(繫辭傳上)」에서 "그러므로 형이상학적인 것을 도(道)라 하고, 형이하학적인 것을 기(器)라

○ 尤菴曰："退溪云：'形인上, 形인下', 於下則順, 而於上, 則不可. 文元先生則云：'形으로上, 形인下', 上下二釋未安. 道器形分三段曰：'形으로上 形으로下', 然後有下落."[139]

우암(尤菴 : 宋時烈)이 말하였다. "퇴계(退溪 : 李滉)가 '형(形)인 상(上)과 형(形)인 하(下)'라고 하였는데, 하(下)에서라면 따르겠지만 상(上)에서라면 불가하다. 문원(文元 : 金長生) 선생이 '형(形)으로 상(上)이고 형인 하(下)'라고 하였는데, 상(上)과 하(下)를 두 가지로 풀이하는 것은 편안하지 않다. 도(道)와 기(器)와 형(形)은 세 단계로 나눠지니, '형(形)으로 상(上), 형(形)으로 하(下)'라고 한 뒤에야 맞아떨어진다."[140]

고 한다. 화(化)하여 재제(裁制)하는 것을 변(變)이라 하고, 미루어 행하는 것을 통(通)이라 하며, 들어서 천하의 백성들에게 베푸는 것을 사업(事業)이라고 한다.(是故形而上者謂之道, 形而下者謂之器. 化而裁之謂之變, 推而行之謂之通, 擧而錯之天下之民謂之事業.)"라고 하였다.

139) 송시열(宋時烈), 『송자대전(宋子大全)』 권133, 「퇴계사서질의의의일(退溪四書質疑疑義一) 정사(丁巳)」.

140) 퇴계(退溪 : 李滉)가 '형(形)인 상(上)과 형(形)인 하(下)'라고 하였는데 …… 한 뒤에야 맞아떨어진다 : 『송자대전(宋子大全)』 권133, 「퇴계사서질의의의일(退溪四書質疑疑義一) 정사(丁巳)」에는 다음과 같이 되어 있다. "형이상과 형이하에 대한 퇴계의 이 주석은 발명(發明)한 바가 많지만 점차로 의혹이 더해 간다. 이것을 일찍이 문원공(文元公)에게 질문했더니, '형으로 그 이상[形而上]과 형인 이하[形而下]'라고 해석하였다. 대체로 퇴계의 해석에서는 그 절반만을 취한 것이다. 내가 생각하기에는 형이상과 형이하는 같은 형식의 문장인데 해석이 같지 않으니, 이것이 첫 번째 의심스러운 점이다. 형이상의 경우에는 이 이치가 형기(形氣)에 섞이지 않는 까닭에 위[上]라고 하였으니 이는 매우 분명한데, 형이하의 경우에는 형(形)이 바로 기(器)이고 기가 바로 형이므로 둘로 나눌 수가 없었기 때문에 부득이 형과 기를 하나로 해서 '형(形)인'으로 해석을 하였다. 그런데 문순공(文純公 문순은 이황(李滉)의 시호)의 뜻은, 형이하의 경우 이미 '형(形)인'으로 했으니 형이상의 경우만 유독 다르게 할 수 없다고 여겨서 함께 '형(形)인'으로 해석한 것이다. 그러니 문원공이 상하를 다르게 한 것은 진실로 온당하지 못하거니와 문순공이 양쪽을 다 '인'으로 해석한 것도, 형이하의 경우는 순하지만 형이상의 경우는 합당하지 않다. 이것이 두 번째 의심스러운 점이다. 망녕된 나의 생각으로는, 주자(朱子 : 朱熹)가 '기(氣)로써 형(形)을 이루면 리(理)가 또한 거기에 품부된다.'라고 하였으니, 여기에서 말한 형이 바로 '형이상·형이하'의 형이고 여기에서 말한 리(理)는 바로 형이상의 도(道)이며 여기에서 말한 기(氣)는 바로 형이하의 기(器)라고 생각된다. 어째서 기(氣)가 바로 기(器)라고 하는가 하면, 기(氣)는 바로 이 도를 간직하는 물건이기 때문에 기(器)라고 한 것이다. 따라서 반드시 이 도(道)·기(器)·형(形)을 세 단으로 나누어, '형으로 상', '형으로 하'라고 해야만 도리가 딱 들어맞게 되는 것이다.(形而上下之說, 此註發明雖多, 轉生疑惑. 嘗質於文元先生, 則釋云：'形으로上, 形인 下', 蓋於此註, 取其半矣. 竊謂形而上下, 是一樣文字, 而釋之不同, 此可疑一也. 於形而上則以爲此理不雜乎形氣故謂之上, 此則甚分明, 而至於形而下則形卽器也, 器卽形

○ 按인有之字義, 으로有以字義, 皆於而字義, 微不同. 且形卽器也, 以形器分爲二段, 恐未知如何. 雖然見行諺解, 亦然, 當從其多者讀之. 竊謂形而上者, 言自形而上者, 謂其不可見也 形而下者, 言爲形而下者, 謂其可見也. 理氣不離不雜, 就形中其可見者氣也, 其不可見者理也. 沙溪之意, 蓋如是耳.

생각해 보건대, '인'에는 '~의[之]'라는 글자의 의미가 있고, '으로'에는 '~으로써[以]'라는 글자의 의미가 있는데, 모두 이(而)라는 글자의 의미와는 미묘하게 같지 않다. 또 형(形)은 기(器)이니, 형과 기의 나눔을 두 단계로 여기는 것은 어떤지 모르겠다. 그럴지라도 현행 『언해(諺解)』를 봐도 그렇게 되어 있으니, 다수를 따라 읽어야 한다. 곰곰이 생각해 보면, 형이상학적인 차원은 형체 이상인 것을 말하니, 볼 수 없는 것을 말하고, 형이하학적인 측면은 형체 이하인 것을 말하니, 볼 수 있는 것을 말한다. 리(理)와 기(氣)는 떨어져 있지도 않고 섞여 있지도 않으니, 형태 가운데 볼 수 있는 것은 기(氣)이고 볼 수 없는 것은 리(理)이다. 사계(沙溪 : 金長生)의 의도는 이와 같을 뿐이다.

○ 朱子曰 : "便是云者, 亦曰不離乎是爾, 非卽以爲形而上者也."[141]

주자(朱子 : 朱熹)가 말하였다. "'곧 형이상학적인 일이다.'라고 하였으니, 또한 여기에서 떨어져 있지 않는 것을 말한다고 하여 곧 형이상학적인 차원이 되는 것은 아니다."[142]

也, 不可分貳, 故不得已而說作一物, 而釋云形인. 文純之意則以爲於形而下旣曰形인 則不可於形而上獨異, 故並釋形인. 文元之上下異釋者固未安, 而文純之並作인者, 於下則順, 而於上則不可, 此可疑二也. 妄意以爲朱子曰氣以成形而理亦賦焉, 此所謂形者, 卽形而上下之形也. 此所謂理者, 卽所謂形而上之道也, 此所謂氣者, 卽形而下之器也. 何以謂氣爲器, 氣是該貯此道之物, 故謂之器也. 必以此道也器也形也分作三段, 而釋曰形인上, 形으로下, 然後成道理有下落也."

141) 호광 편(胡廣 編), 『논어집주대전(論語集註大全)』「자장(子張)」.

142) '곧 형이상학적인 일이다.'라고 하였으니 …… 형이상학적인 차원이 되는 것은 아니다 : 『논어집주대전』「자장(子張)」에는 "물 뿌리고 청소하며 응대하기 때문에 형이하학적인 일을 익히고, 신묘한 경지에 들어가기 때문에 형이상학적인 이치를 탐구하는 것이다. 이는 그 일의 크고 작음이 진실로 같지 않은 것이다. 그런데 이치로 말한다면, 대소의 차이가 있지 않아 있지 않은 곳이 없다. 정자가 말한 의미는 이와 같다. 다만 물 뿌리고 청소하며 응대하는 하나의 실마리를 들어 의리를 정밀하게 깨달아 신묘한 경지까지 들어간다고 언급하지 않았으나 모두 이치에는 큼과 작음이 없는 것으로 맺었다. 오직 이치에는 큼과 작음이 없기 때문에 군자의 배움은 그 순서를 따라 큰 것과 가까운 것을 극진하게 하지 않을 수 없고, 그런 다음에 큰 일과 원대한 일에까지 나아갈 수 있다. 그러므로 그 요점은 오직 '홀로 있음에 삼가는 것이다.' 라고 하였으니, 이는 작은 것을 소홀히 해서는 안 됨을 심하게 말하였고, '곧 형이상학적인 일이다.'라고 하였으니, 또한 여기에서 떨어져 있지 않는 사안을 말한 것으로 곧 형이상학적인

○ 朱子曰："理無乎不在."143)

차원이 되는 것은 아니다.(洒掃應對, 所以習夫形而下之事也, 精義入神, 所以究夫形而上之理也. 此其事之大小, 固不同矣. 然以理言, 則未嘗有大小之間, 而無不在也. 程子之言意, 蓋如此. 但方擧洒掃應對之一端, 未及乎精義入神之云者, 而通以理無大小結之. 惟理無大小, 故君子之學, 不可不由其序以盡乎小者近者, 而後可以進夫大者遠者耳. 故曰其要只在謹獨, 此甚言小者之不可忽也, 其曰便是云者, 亦曰不離乎是爾, 非卽以此爲形而上者也.)"라고 되어 있다. 『주자어류(朱子語類)』 권49, 「논어31(論語三十一)」, 44조목에는 다음과 같이 설명하고 있다. "아부가 물었다. 이천이 '쇄소응대는 곧 형이상의 일이니 이치에 대소가 없기 때문이다. 그러므로 군자는 단지 홀로 있을 때를 삼가야 한다.'라고 했으며, '성인의 도는 다시 정밀하거나 거친 것이 없으니, 물 뿌리고 청소하며 응대하는 일부터 의리를 정밀하게 깨달아 입신의 경지에 들어가는 것이 관통해 있다. 비록 '쇄소응대'할지라도 단지 소이연(所以然)이 어떠한지 살펴봐야 한다.'라고 하였습니다.' 주희가 말하였다. '내가 지난번에 깊이 생각해봤지만 이 단락을 이해할 수 없었다. 이천의 문인들과 생각이 전혀 달랐다. 그가 한 것이 감히 옳지 않은 것이 아니라 그의 해설을 보면 해석이 왔다 갔다 하고 자하의 학설과 상반되어 항상 의심스럽게 생각하였다. 자하는 근본과 말단이 있다고 말했는데 어찌하여 여러 학자들은 모두 말단이 곧 근본이라고 하는가? 훗날 동안에 있을 때 외읍에 나가 공무를 보는데 길 위에서 생각하다 바야흐로 생각이 투철해졌다. 당시에 같은 관직에 있던 어떤 사람과 말했는데 그 사람 또한 이것을 생각하며 자못 의문으로 여긴 곳이 같았다. 오늘날 이천의 여러 학설을 살펴보면 또한 잘못되었다. 이른바 '쇄소응대'와 '정의입신'은 단지 하나의 이치로 관통되어 있다. 비록 '쇄소응대'는 단지 소이연이 어떠한지를 봐야하는 것이다. 여기서 '쇄소응대'와 '정의입신'은 같은 도리이다. '쇄소응대'에 반드시 소이연이 있다면 '정의입신'에도 또한 반드시 소이연이 있다. 그가 '단지 하나의 이치로 관통되어 있다.'고 말한 것은 두 가지의 이치가 같다고 말한 것이지 '쇄소응대'가 곧 '정의입신'이라고 말한 것은 아니다. 진실로 '정의입신'이 형이상의 이치라면, '쇄소응대' 또한 형이상의 이치이다. 아부가 물었다. '시종과 본말이 일관되는 것으로 말하면 오직 성인만이 그렇게 할 수 있다.'라고 했으니 이 해석이 분명함을 얻은 것입니다. 성인은 어떠한 것을 일삼는 것입니까?' 주희가 말하였다. '마치 '아래에서 배워 위로 통달한다.'라고 말한 것처럼 하학에 처했을 때 곧 위로 천리에 통하는 것과 같다.(亞夫問：'伊川云：''洒掃應對', 便是形而上者, 理無大小故也. 故君子只在愼獨.' 又曰：'聖人之道, 更無精粗. 從'洒掃應對'與'精義入神', 貫通只一理. 雖'洒掃應對', 只看所以然如何.' 曰：'某向來費無限思量, 理會此段不得. 如伊川門人, 都說差了. 且是不敢把他底做不是, 只管就他底解說；解來解去, 只見與子夏之說相反, 常以爲疑. 子夏正說有本有末, 如何諸公都說成末卽是本? 後在同安, 出往外邑定驗公事, 路上只管思量, 方思量得透. 當時說與同官某人, 某人亦正思量此話起, 頗同所疑. 今看伊川許多說話時, 復又說錯了. 所謂'洒掃應對'與'精義入神', 貫通只一理. 雖'洒掃應對', 只看所以然如何'. 此言'洒掃應對''精義入神'是一樣道理. '洒掃應對'必有所以然, '精義入神'亦必有所以然. 其曰'通貫只一理', 言二者之理只一般, 非謂'洒掃應對'便是'精義入神'. 固是'精義入神'有形而上之理, 卽'洒掃應對'亦有形而上之理.' 亞夫問：『集注』云：'始終本末, 一以貫之, 惟聖人爲然.' 此解得已分明. 但聖人事是甚麽樣子?' 曰：如云'下學而上達', 當其下學時, 便上達天理, 是也.')"

'리무대소고야(理無大小故也 : 이치에 큼과 작음이 없기 때문이다)'에 대해, 주자(朱子 : 朱熹)가 말하였다. "이치는 있지 않은 곳이 없다."[144]

○ 勉齋黃氏曰 : "非以灑掃應對爲小, 形而上者爲大也. 蓋不但至大之事, 方有形而上之理, 雖至小之事, 亦有之, 故曰理無大小."[145]

면재 황씨가 말하였다. "물 뿌리고 청소하며 응대하는 것을 작은 사안으로 여기고 형이상학적인 것을 큰 일로 여긴 것이 아니다. 아주 큰일에 형이상학적인 이치가 있을 뿐만 아니라, 아주 작은 일일지라도 그것이 있기 때문에 '이치에 큼과 작음이 없다.'라고 하였다."[146]

朱註

> **故君子只在謹獨."**
>
> 그러므로 군자의 도는 오직 홀로 있음에 삼가는 것이다."

詳說

○ 朱子曰 : "不能謹獨, 只管理會大處, 小小底事照管不到, 理便不周匝."[147]

---

143) 호광 편(胡廣 編), 『논어집주대전(論語集註大全)』「자장(子張)」.

144) 이치는 있지 않은 곳이 없다 : 『논어집주대전』「자장(子張)」에는 "이치는 큼과 작음이 없어 있지 않은 곳이 없다. 이 때문에 사람들을 가르칠 경우에 그 순서를 따라 전하는 것이 있지 않아서는 안 된다. 자유가 이치에는 큼과 작음이 없다는 것을 몰랐으니, 물 뿌리고 응대하는 것을 말엽이어서 근본이 없는 사안으로 여겼고, 사람들을 가르침에 순서가 있음을 몰랐기 때문에 제자들에게 곧바로 의리를 정교하게 깨달아 신묘한 경지에 들어가는 것을 가르쳤다.(理無大小, 而無不在. 是以教人者, 不可以不由其序而有所遺. 子游不知理之無大小, 則以洒掃應對爲末而無本, 不知教人之有序. 故於門人小子, 而欲直教之精義入神之事."라고 되어 있다.

145) 호광 편(胡廣 編), 『논어집주대전(論語集註大全)』「자장(子張)」.

146) 물 뿌리고 청소하며 응대하는 것을 …… 그것이 있기 때문에 '이치에 큼과 작음이 없다.'라고 하였다 : 『논어집주대전』「자장(子張)」에는 "형이상학적인 것은 사물의 겉을 초월하는 차원을 말하니, 오로지 사물의 이치를 가리켜 말한 것이다. 물 뿌리고 청소하며 응대하는 것은 일이 아주 거친 것일지라도 그렇게 해야 하는 까닭은 지극히 정교한 이치이고, '이치에 큼과 작음이 없다'고 하는 것은 물 뿌리고 청소하며 응대하는 것을 작은 사안으로 여기고 형이상학적인 것을 큰 일로 여긴 것이 아니다. 아주 큰 일에 형이상학적인 이치가 있을 뿐만 아니라, 아주 작은 일일지라도 그것이 있기 때문에 '이치에 큼과 작음이 없다.'라고 하였다.(形而上, 謂超乎事物之表, 專指事物之理言也. 洒掃應對, 事雖至粗, 其所以然者, 便是至精之理, 其曰理無大小者, 非以洒掃應對爲小, 形而上者爲大也. 蓋不但至大之事, 方有形而上之理, 雖至小之事, 亦有之, 故曰理無大小也.)"라고 되어 있다.

주자(朱子 : 朱熹)가 말하였다. "홀로 있음에 삼가지 않으면 단지 큰 일을 이해할 뿐 작은 사안을 살펴봄에는 이를 수 없어 이치가 곧 넓게 되지 못한다."148)

○ **新安陳氏曰 : "此說謹獨, 與『大學』·『中庸』之謹獨小異. 只是謹小事, 無人所不知, 己所獨知之意."149)**

신안 진씨(新安陳氏 : 陳櫟)가 말하였다. "여기에서 말한 홀로 있음에 삼가는 것은 『대학(大學)』과 『중용(中庸)』에서 홀로 있음에 삼가는 것과는 다소 다르다. 단지 작은 일에 삼가는 것에는 남들이 알지 못하고 자신만 안다는 의미가 없다."150)

○ **前篇川上大賓二註, 謹獨則與『庸』『學』同.**

앞의 편에서 '시냇가'151)와 '큰 손님'152)이라는 두 곳 주석에서 홀로 있음에 삼가

---

147) 호광 편(胡廣 編), 『논어집주대전(論語集註大全)』「자장(子張)」.

148) 홀로 있음에 삼가지 않으면 …… 이치가 곧 넓게 되지 못한다 : 『논어집주대전』「자장(子張)」에는 "홀로 있음에 삼가지 않으면 단지 큰 일을 이해할 뿐 작은 사안을 살펴봄에는 이를 수 없다. 이치에 크고 작음이 없다는 것은 큰 일과 작은 사안이 모두 이치라는 뜻이다. 작은 것에 도달하지 못하면 이치는 곧 넓게 되지 못한다.(不能謹獨, 只管理會大處, 小小底事便照管不到, 理無大小, 小處大處都是理. 小處不到, 理便不周匝.)"라고 되어 있다.

149) 호광 편(胡廣 編), 『논어집주대전(論語集註大全)』「자장(子張)」.

150) 여기에서 말한 홀로 있음에 삼가는 것은 …… 남들이 알지 못하고 자신만 안다는 의미가 없다 : 『논어집주대전』「자장(子張)」에는 "정자가 여기에서 말한 홀로 있음에 삼가는 것은 『대학(大學)』과 『중용(中庸)』에서 홀로 있음에 삼가는 것과는 다소 다르다. 이는 단지 작은 일에 삼가는 것으로 남들은 모르고 자신만 안다는 의미가 없다. 요씨가 홀로 있음에 삼가 그 뜻을 정성스럽게 한다고 한 것은 정자가 여기에서 말한 뜻과 서로 방해되지 않지만 그것으로 정자의 말을 풀이할 사안은 아니다.(程子此處說謹獨, 與大學中庸之謹獨小異. 此只是謹小事, 無人所不知, 己所獨知之意. 饒氏所云謹獨以誠其意, 與程子此語不相妨, 非以解程語也.)"라고 되어 있다.

151) 시냇가 : 『논어(論語)』「자한(子罕)」에 "공자가 시냇가에서 말하였다. '가는 것이 이와 같이 밤낮이 없구나.'(子在川上曰 : '逝者如斯夫, 不舍晝夜.')"라고 하였는데, 그 『집주(集註)』의 주석에는 "정자가 말하였다. '이는 도체(道體)이다. 하늘의 운행은 쉼이 없어 해가 지면 달이 뜨고 추위가 가면 더위가 오며, 물은 흘러 끊임이 없고 물건은 생겨나 다하지 않으니, 모두 도와 일체가 되어 밤낮으로 운행하여 일찍이 그침이 없는 것이다. 때문에 군자는 이것을 본받아서 스스로 힘쓰고 쉬지 않으니, 그 지극한 경지에 이르면 순수함이 또한 그침이 없다.' 또 말씀하였다. '한(漢)나라 이후로 유학자들은 모두 이 뜻을 알지 못하였다. 여기에서 성인의 마음이 순수하고 또한 그침이 없음을 볼 수 있으니, 순수하고 또한 그침이 없는 것은 바로 하늘의 덕이다. 하늘의 덕이 있어야 왕도(王道)를 말할 수 있는데, 그 요점은 홀로 있음에 삼가는 일일 뿐이다.'(程子曰 : '此道體也. 天運而不已, 日往則月來, 寒往則暑來, 水流而不息, 物生而不窮, 皆與道爲體, 運乎晝夜, 未嘗已也. 是以君子法之, 自强不息, 及其至也, 純亦不已焉.' 又曰 : '自漢以來, 儒者皆不識此義. 此見聖人之心, 純亦不已也, 純亦不已, 乃天德也. 有天德, 便可語王道,

는 일은 『중용(中庸)』·『대학(大學)』과 같다.

朱註

又曰 : "聖人之道, 更無精粗, 從灑掃應對, 與精義入神, 貫通只一理. 雖灑掃應對, 只看所以然如何."

정자가 또 말하였다. "성인의 도는 다시 정밀함과 거침이 없으니, 물 뿌리고 청소하며 응대하는 사안으로부터 의리를 정밀하게 깨달아 신묘한 경지에 들어가는 일까지 꿰뚫어 통하면 다만 한 가지 이치일 뿐이다. 물 뿌리고 청소하며 응대하는 일일지라도 다만 그렇게 되는 까닭이 어떠한가를 찾아보아야 한다."

詳說

○ 叔子.

'우왈(又曰)'의 주체는 동생 정이(程頤)이다.

○ 猶言初也.

其要只在謹獨.')라고 되어 있다.

152) 큰 손님 : 『논어(論語)』「안연(顔淵)」에서 "중궁(仲弓)이 인(仁)에 대해 묻자, 공자가 대답하였다. '문을 나갔을 때는 큰 손님을 뵙는 듯이 하고, 백성에게 일을 시킬 때는 큰 제사를 받들 듯이 하며, 자신이 하고자 하지 않는 것을 남에게 베풀지 말아야 한다. 이렇게 하면 나라에서도 원망함이 없으며, 집안에서도 원망함이 없을 것이다.' 중궁이 말하였다. '제가 비록 불민하지만 이 말씀을 따르겠습니다.'(仲弓問仁. 子曰 : '出門如見大賓, 使民如承大祭, 己所不欲勿施於人. 在邦無怨, 在家無怨.' 仲弓曰 : '雍雖不敏, 請事斯語矣.')"라고 하였다. 『논어집주(論語集註)』의 주석에는 "정자가 말하였다. '공자가 인(仁)에 대해 다만 문을 나갔을 때는 큰 손님을 뵙는 듯이 하고, 백성을 부릴 때는 큰제사를 받들 듯이 하라고 말하였습니다. 그 기상을 보면 마음이 넓고 몸이 확 펴져서 동용(動容)하고 주선(周旋)함이 예(禮)에 맞아야 합니다. 오직 홀로 있음에 삼가는 일이 바로 이를 지켜 내는 법입니다.' 어떤 이가 물었다. '문을 나가고 백성을 부릴 때는 이와 같이 해야 괜찮지만 문을 나가지 않고 백성을 부리지 않을 때는 어떻게 해야 합니까?' 정자가 대답하였다. '이는 엄연(儼然)히 생각하는 것과 같이 해야 할 때인 것입니다. 심중(心中)에 가지고 있은 뒤에야 외모에 나타나는 것이니, 문을 나가고 백성을 부릴 때 그 공경(恭敬)함이 이와 같음을 본다면, 이보다 앞선 때 경(敬)함을 알 수 있습니다. 문을 나가고 백성을 부리는 일을 말미암은 뒤에 이 경(敬)이 있는 것은 아닙니다.'(程子曰 : '孔子言仁, 只說出門如見大賓, 使民如承大祭. 看其氣象, 便須心廣體胖, 動容周旋中禮. 唯謹獨, 便是守之之法.' 或問 : '出門使民之時, 如此可也, 未出門使民之時, 如之何.' 曰 : '此儼若思時也. 有諸中而後見於外, 觀其出門使民之時, 其敬如此, 則前乎此者敬, 可知矣. 非因出門使民, 然後有此敬也.')"라고 되어 있다.

'갱무정조(更無精粗)'에서 '갱(更)'은 처음[初]이라는 말과 같다.

○ 猶至也.

'여정의입신(與精義人神)'에서 여(與)'자는 '까지[至]'라는 말과 같다.

○ 四字出『易』「繫辭」.

'정의인신(精義人神 : 신묘한 경지에 들어간다)' 네 글자는 『주역(周易)』「계사전」이 출처이다.153)

○ 朱子曰 : "是『大學』事."154)

'종쇄소응대, 여정의인신(從灑掃應對, 與精義人神 : 물 뿌리고 청소하며 응대하는 사안으로부터 의리를 정밀하게 깨달아 신묘한 경지에 들어가는 일까지)'에 대해, 주자(朱子 : 朱熹)가 말하였다. "『대학(大學)』의 일이다."155)

○ 朱子曰 : "灑掃應對, 精義入神, 事有小大, 而理無精粗."156)

'관통지일리(貫通只一理 : 꿰뚫어 통하면 다만 한 가지 이치일 뿐이다)'에 대해, 주자(朱子 : 朱熹)가 말하였다. "물 뿌리고 청소하며 응대하는 사안과 의리를 정밀하게 깨달아 신묘한 경지에 들어가는 차원은 일에 작음과 큼이 있는 것이지만 의리에는 정밀함과 거침이 없다."157)

---

153) '신묘한 경지에 들어간다'는 말은 『주역(周易)』「계사전」이 출처이다 : 『주역(周易)』「계사전하(繫辭傳下)」에서 "자벌레가 몸을 굽힘은 펴기 위한 것이고, 용과 뱀이 칩거함은 몸을 보존하기 위한 것이며, 의리를 정밀하게 깨달아 신묘한 경지에 들어가는 일은 씀을 지극히 하기 위한 것이고, 씀을 이롭게 하여 몸을 편안히 함은 덕을 높이기 위한 것이다.(尺蠖之屈, 以求信也, 龍蛇之蟄, 以存身也, 精義入神, 以致用也, 利用安身, 以崇德也.)"라고 하였다.

154) 『주자어류(朱子語類)』 권49, 「논어31(論語三十一)」, 48조목.

155) 『대학(大學)』의 일이다 : 『주자어류(朱子語類)』 권49, 「논어31(論語三十一)」, 48조목에는 "사현도는 도리어 마음을 잡아야 한다고 말하였다. 이는 본래 이치의 대소가 다르다고 말한 것이니, 마음을 가지고 말한 뜻이 아니다. '물 뿌리고 청소하며 응대하는 사안'은 이러한 이치이고, '의리를 정밀하게 깨달아 신묘한 경지에 들어가는 일'도 또한 이러한 이치다. '물 뿌리고 청소하며 응대하는 사안'은 『소학』에서 일이고, '의리를 정밀하게 깨달아 신묘한 경지에 들어가는 일'은 『대학(大學)』에서 일이다. 의리를 정밀하게 연구하여 입신의 경지에 들어가는 차원이 바로 『대학(大學)』에 힘을 써서 극치에 이르는 것이다. 만약 자하의 문인이 마땅히 '물 뿌리고 청소하며 응대하는 일'에 그칠 뿐이라면 그 이상은 또한 겨를이 없을 것이다.(謝顯道却說要着心. 此自是說理之大小不同, 未可以心言也. 洒掃應對是此理, 而其精義入神亦是此理. 洒掃應對是『小學』事, 精義入神是『大學』事. 精究其義以入神, 正『大學』用功以至于極致處也. 若子夏之門人, 止當爲洒掃應對而已, 以上又未暇也.)라고 되어 있다.

156) 호광 편(胡廣 編), 『논어집주대전(論語集註大全)』「자장(子張)」.

157) 물 뿌리고 청소하며 응대하는 사안과 …… 의리에는 정밀함과 거침이 없다 : 『논어집주대전』

○ 又曰 : "灑掃應對, 有所以然, 精義入神, 亦有所以然, 其曰貫通只一理, 二者之理只一般."158)

주자(朱子 : 朱熹)가 또 말하였다. "물 뿌리고 청소하며 응대하는 사안에 그렇게 되는 까닭이 있고, 의리를 정밀하게 깨달아 신묘한 경지에 들어가는 차원에도 그렇게 되는 까닭이 있어 '꿰뚫어 통하면 한 가지 이치일 뿐이다.'라고 했으니, 두 이치는 한 가지일 뿐이다."159)

○ 以其皆有理, 故謂之一理, 亦猶人物皆有性, 故謂之一原之性也.

그것들에 모두 이치가 있기 때문에 '한 가지 이치'라고 했으니, 또한 사람과 사물에는 모두 본성이 있기 때문에 한 근원의 본성이라고 한다는 말과 같다.

○ 灑掃有灑掃之理, 應對有應對之理, 而其爲所以然者, 則同於精義入神之理, 亦猶人有人之性, 牛有牛之性, 而其爲所以然者, 則同於萬物之理.

물 뿌리고 청소하는 일에는 물 뿌리고 청소하는 이치가 있고, 응대하는 일에는 응대하는 이치가 있어 그것에서 그렇게 하는 까닭은 의리를 정밀하게 깨달아 신묘한 경지에 들어가는 이치와 동일하니, 또한 사람에게는 사람의 본성이 있고 소에게는 소의 본성이 있어 그것에서 그렇게 되는 까닭은 만물의 이치와 동일하다.

「자장(子張)」에는 "물 뿌리고 청소하며 응대하는 사안과 의리를 정밀하게 깨달아 신묘한 경지에 들어가는 차원은 일에 작음과 큼이 있지만 의리에는 정밀함과 거침이 없다. 일에 큼과 작음이 있기 때문에 그 가르침에 등급이 있어 뛰어넘지 않고, 이치에 정밀함과 거침이 없기 때문에 오직 그것이 있는 곳은 모두 그 궁극을 쓰지 않을 수 없다.(洒掃應對, 精義入神, 事有大小, 而理無精粗. 事有大小, 故其敎有等而不躐, 理無精粗, 故惟其所在, 而皆不可不用其極也.)"라고 되어 있다.

158) 호광 편(胡廣 編), 『논어집주대전(論語集註大全)』「자장(子張)」.

159) 물 뿌리고 청소하며 응대하는 사안에 …… 두 이치는 한 가지일 뿐이다 : 『논어집주대전』「자장(子張)」에는 "여기에서는 '물 뿌리고 청소하며 응대하는 사안과 의리를 정밀하게 깨달아 신묘한 경지에 들어가는 차원'이 한 가지 이치라고 말하였다. '물 뿌리고 청소하며 응대하는 사안'에는 반드시 그렇게 되는 까닭이 있고, '의리를 정밀하게 깨달아 신묘한 경지에 들어가는 차원'에도 반드시 그렇게 되는 까닭이 있어 '꿰뚫어 통하면 한 가지 이치일 뿐이다.'라고 했으니, 두 이치는 한 가지일 뿐이라는 말이다. '물 뿌리고 청소하며 응대하는 사안'이 바로 '의리를 정밀하게 깨달아 신묘한 경지에 들어가는 차원'이라고 말한 것이 아니라면, 진실로 '의리를 정밀하게 깨달아 신묘한 경지에 들어가는 차원'에 형이상학적인 이치가 있고, '물 뿌리고 청소하며 응대하는 사안'에도 형이상학적인 이치가 있다는 말이다.(此言洒掃應對與精義入神, 是一樣道理. 洒掃應對, 必有所以然, 精義入神, 亦有所以然, 其曰貫通只一理, 言二者之理只一般. 非謂洒掃應對, 便是精義入神, 固是精義入神, 有形而上之理, 而洒掃應對, 亦有形而上之理.)"라고 되어 있다.

朱註

又曰 : "凡物有本末, 不可分本末爲兩段事. 灑掃應對, 是其然, 必有所以然."
정자가 또 말씀하였다. "모든 사물에는 근본과 말엽이 있으나 근본과 말엽을 나누어 두 가지 일로 여겨서는 안 된다. 물 뿌리고 청소하며 응대하는 일이 바로 그러한 것으로 반드시 그렇게 해야 하는 까닭이 있다."

詳說

○ **叔子.**

'우왈(又曰)'의 주체는 동생 정이(程頤)이다.

○ **朱子曰 : "其然之事."**[160]

'물유본말(物有本末 : 모든 사물에는 근본과 말엽이 있으나)'에 대해, 주자(朱子 : 朱熹)가 말하였다. "그것이 그렇게 되는 일이다."[161]

○ **非以理爲本也.**

'물유본말(物有本末 : 모든 사물에는 근본과 말엽이 있으나)'은 이치를 근본으로 한다는 뜻이 아니다.

○ **此間有然字意.**

'물유본말(物有本末 : 모든 사물에는 근본과 말엽이 있으나)'과 이어지는 구절로 볼 때, 이 사이에는 '그러나[然]'라는 글자의 의미가 있다.

○ **朱子曰 : "以其所以然之理也."**[162]

'불가분본말위양단사(不可分本末爲兩段事 : 근본과 말엽을 나누어 두 가지 일로 여겨서는 안 된다)'에 대해, 주자(朱子 : 朱熹)가 말하였다. "그것이 그렇게 되는 까닭의 이치이다."[163]

---

160) 호광 편(胡廣 編), 『논어집주대전(論語集註大全)』「자장(子張)」.

161) 그것이 그렇게 되는 일이다 : 『논어집주대전』「자장(子張)」에서 "마음을 다스리고 자신을 닦는 것은 근본이고, 물 뿌리고 청소하는 것은 말엽으로 모두 그것이 그렇게 되는 일이고, 그렇게 되는 까닭은 이치이다. 이치에는 정밀함과 거침, 근본과 말엽이 없으니, 모두 하나로 꿰뚫리기 때문이다.(治心修身是本, 洒掃應對是末, 皆其然之事, 至於所以然, 則理也. 理無精粗本末, 皆是一貫.)"라고 하였고, "'근본과 말엽이 있다.'라는 것은 그렇게 되는 일이고, '근본과 말엽을 나누어 두 가지 일로 여겨서는 안 된다.'라는 것은 그것이 그렇게 되는 까닭의 이치이다.(有本末者, 其然之事也. 不可分者以其所以然之理也.)"라고도 하였다.

162) 호광 편(胡廣 編), 『논어집주대전(論語集註大全)』「자장(子張)」.

163) 그것이 그렇게 되는 까닭의 이치이다 : 『논어집주대전』「자장(子張)」에는 "'근본과 말엽이 있

○ 非惟正心誠意精義入神有理, 灑掃應對亦有理.

'불가분본말위양단사(不可分本末爲兩段事 : 근본과 말엽을 나누어 두 가지 일로 여겨서는 안 된다)'라는 구절로 볼 때, 마음을 바르게 하고 뜻을 정성스럽게 하며, 의리를 정밀하게 깨달아 신묘한 경지에 들어가는 차원에 이치가 있을 뿐만 아니라 물 뿌리고 청소하며 응대하는 사안에도 이치가 있다.

○ 勉齋黃氏曰 : "然猶如此也."164)

면재 황씨가 말하였다. "'시기연(是其然)'에서 '연(然 : 그런 것)'은 이와 같다고 하는 말과 같다."165)

○ 朱子曰 : "灑掃應對是事, 所以灑掃應對是理."166)

'필유소이연(必有所以然 : 반드시 그렇게 해야 하는 까닭이 있다)'에 대해, 주자(朱子 : 朱熹)가 말하였다. "물 뿌리고 청소하며 응대하는 것은 일이고, 그렇게 하는 까닭은 이치이다."167)

朱註

> 又曰 : "自灑掃應對上, 便可到聖人事."

다.'라는 것은 그렇게 되는 일이고, '근본과 말엽을 나누어 두 가지 일로 여겨서는 안 된다.'라는 것은 그것이 그렇게 되는 까닭의 이치이다.(有本末者, 其然之事也. 不可分者以其所以然之理也.)"라고 되어 있다.

164) 호광 편(胡廣 編), 『논어집주대전(論語集註大全)』「자장(子張)」.

165) '연(然 : 그런 것)'은 이와 같다고 하는 말과 같다 : 『논어집주대전』「자장(子張)」에는 "'그런 것'이라는 말은 이와 같다고 말하는 것과 같다. 물 뿌리고 청소하며 응대하는 사안을 조목조목 표현한 것이 이와 같은 까닭이라는 뜻은 이런 이치가 있은 다음에 조목조목 표현하여 드러낸 것이 이와 같다는 말이다.(然猶云如此也. 其如此者, 洒掃應對之節文, 所以如此者, 謂有此理而後其節文之著見者如此也.)"라고 되어 있다.

166) 호광 편(胡廣 編), 『논어집주대전(論語集註大全)』「자장(子張)」.

167) 물 뿌리고 청소하며 응대하는 것은 일이고, 그렇게 하는 까닭은 이치이다 : 『논어집주대전』「자장(子張)」에는 "물 뿌리고 청소하며 응대하는 것은 일이고, 그렇게 하는 까닭은 이치이니, 일이 곧 이치이고 이치가 곧 일이다. 도가 모든 일에 흩어져 있는 것은 일에서 조금이라도 잘못되면 이치상에서 흠이 있는 것이 아니기 때문에 군자는 곧장 방기하지 않고 홀로 있음에 삼갈 뿐이다. 다만 일이 없을 때 어떻게 해야 할지를 모를 뿐이면, 홀로 있음에 삼가는 일이 반드시 움직임과 고요함을 꿰뚫어 공부하는 시작임을 알 수 있다.(洒掃應對是事, 所以洒掃應對是理, 事即理, 理即事. 道散在萬事, 那箇不是若事上有毫髮蹉過, 則理上便有間斷欠缺, 故君子直是不放過只在謹獨. 但不知無事時, 當如何耳, 謹獨須貫動靜做工夫始得.)"라고 되어 있다.

정자가 또 말하였다. "물 뿌리고 청소하며 응대하는 것으로부터 올라가면, 곧 성인의 일에 도달할 수 있다."

詳說

○ 上聲.

'자쇄소응대상(自灑掃應對上)'에서 '상(上 : 올라가다)'자는 상성이다.

○ 叔子.

'우왈(又曰)'의 주체는 동생 정이(程頤)이다.

○ 勉齋黃氏曰 : "程子四段, 首言事有大小, 而理則一, 次言學有精粗, 而道則一, 又次發明上二段之意, 又次言可到聖人事. 其編次之意至精而不苟矣."[168]

면재 황씨가 말하였다. "정자가 언급한 위의 네 단락에서 처음은 일에 큼과 작음이 있으나 이치라면 하나라는 말이고, 다음은 배움에는 정밀함과 거침이 있으나 도라면 하나라는 말이며, 또 다음은 위의 두 단락의 의미를 드러내 밝힌 것이고, 또 다음은 성인이 일에 도달할 수 있다는 말이다. 그 편차의 의도가 지극히 정밀해서 구차하지 않다."[169]

朱註

愚按, 程子第一條, 說此章文意, 最爲詳盡. 其後四條, 皆以明精粗, 本末其分,

내가 살펴보건대, 정자가 말한 첫 번째 조목은 이 장(章)의 글 뜻을 설명한 것이

168) 호광 편(胡廣 編), 『논어집주대전(論語集註大全)』「자장(子張)」.

169) 정자가 언급한 위의 네 단락에서 처음은 …… 편차의 의도가 지극히 정밀해서 구차하지 않다 : 『논어집주대전』「자장(子張)」에는 "인용한 정자의 네 단락에서 처음은 이치에 큼과 작음이 없으니, 그것으로 일에 큼과 작음이 있을지라도 이치는 하나라는 것을 드러내는 말이고, 다음은 도에 정밀함과 거침이 없으니, 그것으로 배움에 정밀함과 거침이 있을지라도 도는 하나라는 것을 드러내는 말이며, 또 다음은 그것이 그런 것에 반드시 그렇게 되는 까닭이 있으니, 앞의 두 단락에서 큼과 작음이 없고 정밀함과 거침이 없게 되는 까닭의 의미를 드러내 밝히는 말이고, 또 다음은 곧 성인의 일에 도달할 수 있으면 또한 그것이 그렇게 된 까닭으로 큼과 작음, 정밀함과 거침이 없는 것이 그렇게 한다는 말이니, 또한 그 편차를 드러낸 의도가 지극히 정밀하여 구차하지 않음을 충분히 알 수 있다.(所引程子四段, 首言理無大小以見事有大小而理則一也, 次言道無精粗以見學有精粗而, 道則一也, 又次言是其然必有所以然, 所以發明上二段所以無大小無精粗之意, 又次言便可到聖人事, 則亦以其所以然而無大小精粗者爲之也, 亦足以見其編次之意至精而不苟矣.)"라고 되어 있다.

가장 자세하게 다하였다. 그 다음 네 번째 조목은 모두 정밀함과 거침을 밝힘으로써 근본과 말엽이 나뉘므로

詳說

○ 句.

'정자가 말한 첫 번째 조목[程子第一條]'에서 구절이 끊어진다.

○ 去聲.

'기분(其分)'에서 '분(分 : 나눔)'자는 거성이다.

朱註

雖殊而理則一, 學者當循序而漸進, 不可厭末而求本. 蓋與第一條之意, 實相表裏. 非謂末卽是本, 但學其末, 而本便在此也.

다를지라도 이치는 하나이니, 배우는 사람들은 이 순서에 따라 점진적으로 나아가야 하고, 말엽을 싫어하고 근본만을 찾아서는 안 된다는 뜻이다. 첫 번째 조목의 내용과 실제로 서로 표리가 된다. 말엽이 곧 근본이어서 다만 그 말엽을 배우면 근본이 곧 여기에 있다고 말한 뜻은 아니다.

詳說

○ 雲峰胡氏曰 : "趙氏除去非謂二字, 却謂學其末, 而本便在此, 誤矣."170)

운봉 호씨(雲峯胡氏 : 胡炳文)가 말하였다. "조씨가 '~라고 말한 것은 아니다.[非謂]'라는 두 글자를 없애 버린 것은 그 말엽을 배우면 근본이 여기에 있다고 말한 뜻이니, 잘못된 것이다."171)

---

170) 호광 편(胡廣 編), 『논어집주대전(論語集註大全)』「자장(子張)」.

171) 조씨가 '~라고 말한 것은 아니다.[非謂]'라는 두 글자를 …… 잘못된 것이다 : 『논어집주대전』「자장(子張)」에는 "배우는 사람들의 병폐는 두 가지가 있다. 말엽은 이해할 필요가 없다고 말하는 것은 단지 근본만 이해하겠다는 뜻으로 이치가 하나임을 모르는 것이다. 말엽이 곧 근본이라고 말하는 것은 단지 그 말엽을 배우면 근본이 여기에 있다는 뜻으로 나누어짐의 다름을 모르는 것이다. 주자는 배우는 사람들이 정자의 의도를 잘못 알까 바로 염려했기 때문에 이런 말을 하였다. 조씨가 '~라고 말한 것은 아니다.[非謂]'라는 두 글자를 없애 버린 것은 그 말엽을 배우면 근본이 곧 여기에 있다고 말하려는 의도이다. 이치가 모든 일에 통해도 일의 가깝고 작은 것을 쓰지 않으면 이치가 갖추어지지 않으니 잘못되었다.(學者之病有二. 謂末不當理會, 只當理會本者, 不知理之一也. 謂末卽是本, 但學其末而本便在此者, 不知分之殊也. 朱子正

○ 朱子曰："不可說這箇是末不足理會, 只理會那本. 又不可說這末更是本, 但學其末則本便在此也."172)

'비위말즉시본, 단학기말, 이본편재차야(非謂末卽是本, 但學其末, 而本便在此也 : 말엽이 곧 근본이어서 다만 그 말엽을 배우면 근본이 곧 여기에 있다고 말한 뜻은 아니다)'에 대해, 주자(朱子 : 朱熹)가 말하였다. "이것은 말단이니 이해할 필요가 없고 단지 근본을 이해해야 한다고 말해서는 안 된다. 또 말단이 곧 근본이니, 단지 말단을 배우면 근본이 곧 여기에 있다고 말해서도 안 된다."173)

○ 尤菴曰："非謂, 當釋於在此. 退溪釋於是本, 似未安. 和叔始以退溪爲然, 後以余論爲是."174)

'비위말즉시본, 단학기말, 이본편재차야(非謂末卽是本, 但學其末, 而本便在此也 : 말엽이 곧 근본이어서 다만 그 말엽을 배우면 근본이 곧 여기에 있다고 말한 뜻은 아니다)'에 대해, 우암(尤菴 : 宋時烈)이 말하였다. "'~라고 말한 것은 아니다[非謂]'라는 말은 여기까지 풀이해야 한다. 퇴계(退溪 : 李滉)가 '곧 근본이어서'에서 해석한 것은 편안하지 않은 것 같다. 화숙(和叔 : 朴世采)175)은 처음에 퇴계(退溪 : 李滉)가 그렇게 여긴 것으로 생각했으나 뒤에는 내가 옳다고 여겼다."176)

慮學者差認程子之意, 故有是說. 趙氏除去非謂二字, 却謂學其末, 而本便在此者. 理貫於萬事, 不以事之近小而理有不該則誤矣.)"라고 되어 있다.

172) 『주자어류(朱子語類)』 권49, 「논어31(論語三十一)」, 45조목.

173) 이것은 말단이니 이해할 필요가 없고 …… 여기에 있다고 말해서도 안 된다 : 『주자어류(朱子語類)』 49권 45조목에는 "반드시 일을 처리하는 데 나가서 도리를 이해해야 한다. 일이 아니라면 어떻게 이치를 알겠는가? '물 뿌리고 청소하며 응대하는 것'은 말단이고, '의리를 정밀하게 깨달아 신묘한 경지에 들어가는 것'은 근본이다. 이는 말단이라고 이해할 필요가 없고 단지 근본을 이해해야 한다고 말해서는 안 되니. 이것을 알 수 없기 때문이다. 또 말단이 곧 근본이니 단지 말단을 배우면 근본이 곧 여기에 있다고 말해서도 안 된다.(須是就事上理會道理. 非事何以識理. 洒掃應對, 末也, 精義入神, 本也. 不可說這個是末, 不足理會, 只理會那本, 這便不得. 又不可說這末便是本. 但學其末, 則本便在此也.)"라고 되어 있다.

174) 송시열(宋時烈), 『송자대전(宋子大全)』 권131, 「간서잡록(看書雜錄)」

175) 박세채(朴世采, 1631~1695) : 본관은 반남(潘南)이며, 자는 화숙(和叔), 호는 현석(玄石)·남계(南溪)이다. 아버지는 홍문관 교리 박의(朴猗)이며, 어머니는 신흠(申欽)의 딸이다. 그의 가계(家系)는 명문세족으로, 증조부 박응복(朴應福)은 대사헌, 할아버지 박동량(朴東亮)은 형조판서를 지냈으며, 『사변록(思辨錄)』을 저술한 박세당(朴世堂)과 박태유(朴泰維)·박태보(朴泰輔) 등은 당내간의 친족이다. 또한 송시열(宋時烈)의 손자 송순석(宋淳錫)은 그의 사위이다. 그는 이러한 가계와 척분에 따라 중요 관직에 나아가 정국운영에 참여하였으며, 정치현실의 부침에 따라 수난을 겪기도 하였다.

○ 觀小註雲峰說, 則可以瞭然矣.

'비위말즉시본, 단학기말, 이본편재차야(非謂末卽是本, 但學其末, 而本便在此也 : 말엽이 곧 근본이어서 다만 그 말엽을 배우면 근본이 곧 여기에 있다고 말한 뜻은 아니다)'에 대해, 『논어집주대전(論語集註大全)』 소주(小註)에 있는 운봉(雲峰)의 설명177)을 보면 명료하다고 할 수 있다.

○ 按程子後四說驟看之, 似與第一條之意相背, 故愚按以下特發明之.

살펴보건대 정자의 뒤쪽 네 번째 조목의 설명은 별안간 보면 첫 번째 조목에서 설명하는 의도와 서로 어긋나는 것 같기 때문에 '내가 살펴보건대' 아래에서 특별히 드러내 밝혔다.

○ 尤菴曰 : "小註饒氏說, 衮作一事此段, 非子游之意. 無以貫通此段, 失子夏之意. 以事爲末此段, 大失程子之意."178)

우암이 말하였다. "소주(小註)에서 요씨(饒氏 : 饒魯)의 설에 대해179) 크게 하나의

176) '~라고 말한 것은 아니다.[非謂]'라는 말은 …… 뒤에는 내가 옳다고 여겼다 : 『송자대전(宋子大全)』 권131, 「간서잡록(看書雜錄)」에 "삼가 생각하건대 '~라고 말한 것은 아니다.[非謂]'라는 말은 여기까지 풀이해야 한다. 퇴계(退溪 : 李滉)가 '곧 근본이어서'에서 해석한 것은 편안하지 않은 것 같다. 따라서 현석(玄石 : 박세채)에게 물어보아 세 차례나 편지를 왕복하고 나서야 최후에 나의 의견이 옳다고 하였다.(竊意非謂當釋於在此也矣. 而退溪釋於是本, 似未安. 故問於玄石, 三次往復, 最後以愚見爲得云矣.)"라고 되어 있다. 이와 관련된 자세한 내용은 『송자대전(宋子大全)』 권134 「논어말즉시본(論語末卽是本)」에도 보인다.

177) 운봉(雲峰)의 설명 : 『논어집주대전』「자장(子張)」에 "배우는 자들의 병폐는 두 가지가 있다. 말엽은 이해할 필요가 없다고 말하는 것은 단지 근본만 이해하겠다는 뜻으로 이치가 하나임을 모르는 것이다. 말엽이 곧 근본이라고 말하는 것은 단지 그 말엽을 배우면 근본이 여기에 있다는 뜻으로 나누어짐의 다름을 모르는 것이다. 주자는 배우는 사람들이 정자의 의도를 잘못 알까 바로 염려했기 때문에 이런 말을 하였다. 조씨가 '~라고 말한 것은 아니다.[非謂]'라는 두 글자를 없애 버린 것은 그 말엽을 배우면 근본이 곧 여기에 있다고 말하는 것이다. 이치가 모든 일에 통해도 일의 가깝고 작은 것을 쓰지 않으면 이치가 갖추어지지 않으니 잘못되었다.(學者之病有二. 謂末不當理會, 只當理會本者, 不知理之一也. 謂末卽是本, 但學其末而本便在此者, 不知分之殊也. 朱子正慮學者差認程子之意, 故有是說. 趙氏除去非謂二字, 却謂學其末, 而本便在此者. 理貫於萬事, 不以事之近小而理有不該則誤矣.)"라는 말이 있다.

178) 『송자대전(宋子大全)』 권134, 「논어자장편자하문인소자장요씨설변(論語子張篇子夏門人小子章饒氏說辨)」.

179) 소주(小註)에서 요씨(饒氏 : 饒魯)의 설에 대해 : 『논어집주대전』「자장(子張)」에는 다음과 같이 말하였다. "자유는 마음을 바르게 하고 뜻을 성실하게 하는 것을 근본으로 여겼고, 물 뿌리고 청소하며 응대하는 것을 말엽으로 여겼다. 자하는 제자들에게 우선 물 뿌리고 청소하며 응대

일로 만든 이 단락은 자유의 뜻이 아니다. '꿰뚫어 통할 수 없다'는 이 단락은 자하의 뜻을 잃었다. '일을 말엽으로 한다'는 이 단락은 크게 정자의 뜻을 잃었다."180)

○ 又曰 : "程朱以誠意正心爲本, 而退溪以理爲本. 其失肇自饒氏惜哉. 『集註』之意, 以爲本末雖殊, 理則一. 理雖一而本末旣殊, 則豈可以末爲本, 而但學其末, 曰本便在此也. 朱子爲同安簿宿寺中, 思量此章, 衾薄不能寢, 聞子規聲甚苦, 後聞子規聲, 便記得當時."181)

우암이 또 말하였다. "정자와 주자는 뜻을 정성스럽게 하고 마음을 바르게 하는 것을 근본으로 여겼는데, 퇴계는 이치를 근본으로 여겼다. 그 잘못이 요씨에게서

하는 것을 가르쳐야 되고, 대학에 들어가면 뜻을 정성스럽게 하고 마음을 바르게 하는 것을 가르쳐야 한다고 여겼다. 두 설을 살펴보면, 자유에게서는 사람들을 근본부터 하게 하면 말엽이 저절로 절도에 맞게 되니, 가르침에 순서가 없어 소학과 대학을 두루뭉술하게 하나의 일로 여기는 게 되는데, 이는 잘못이다. 자하의 말은 본래 성인의 가르침에 합하는데, 다만 일만 말하고 이치를 언급하지 않았으니, 소학과 대학이 둘로 나눠져 지극하게 통할 방법이 없다. 정자가 이치를 근본으로 일을 말엽으로 여긴 것은 일에 작음과 큼, 정밀함과 거침이 있으나 이치에 작음과 큼, 정밀함과 거침이 없으니, 제자들이 이치를 궁구하고 홀로 있음에 삼갈 수 없어도, 또 물 뿌리고 청소하며 응대하는 것으로 그 마음을 유지하면, 배우는 것이 지극히 거칠고 지극히 작은 일일지라도 지극히 정밀하고 지극히 큰 이치가 그것에 있다는 말이다. 점점 나이 들면서 지식이 깨여 다시 가르침에, 이치를 궁구하여 그 앎을 지극하게 하고 홀로 있음에 삼가 그 뜻을 성실하게 하니, 전에 익힌 물 뿌리고 청소하며 응대하는 것이 바로 의리를 정밀하게 깨달아 신묘한 경지였고, 지금의 의리를 정밀하게 깨달아 신묘한 경지가 실로 물 뿌리고 청소하며 응대하는 것에서 벗어난 일이 아니었다. 정자와 주자(朱子 : 朱熹)가 말한 뜻은 근본과 말엽이 같지 않다는 것으로 주자는 대학의 마음을 바르게 하고 뜻을 성실하게 하는 일을 근본으로 여겼 고, 정자는 이치가 그렇게 되는 까닭을 근본으로 여긴 것이다. 주자는 자유의 뜻을 가지고 미루어간 것이다.(子游以正心誠意爲本, 洒掃應對爲末. 子夏謂小子且當教以洒掃應對, 及入大學却教以誠意正心. 就二說觀之, 子游欲人於根本上做來, 則末底自然中節, 施教無序, 把大小學滚作一事非也. 子夏之説, 自合聖人之教, 但只言事而不及理, 則小學大學分爲兩截, 而無以貫通之至. 程子方以理爲本事爲末, 謂事有小大精粗, 而理無小大精粗, 小子未能窮理謹獨, 且把洒掃應對以維持其心, 雖學至粗至小之事, 而至精至大之理寓焉. 年寖長識既開却教之, 窮理以致其知, 謹獨以誠其意, 前日之習洒掃應對者, 即爲精義入神之地, 今日之精義入神, 實不離乎洒掃應對之中也. 程朱所論本末不同, 朱子以大學之正心誠意爲本, 程子以理之所以然爲本, 朱子是以子游之意而推之.)"

180) 소주(小註)에서 요씨(饒氏 : 饒魯)의 설에 대해 …… 이 단락은 크게 정자의 뜻을 잃었다 : 『송자대전(宋子大全)』 권134, 「논어자장편자하문인소자장요씨설변(論語子張篇子夏門人小子章饒氏說辨)」에 "按此段所謂大小學袞作一事者, 恐非子游之意也. …… 按此段所論, 恐失子夏之意也. …… 按此段大失程子之意也."라고 되어 있다.

181) 송시열(宋時烈), 『송자대전(宋子大全)』 권134, 「논어말즉시본설(論語末卽是本說)」.

시작되었으니, 안타깝다. 『논어집주(論語集註)』의 뜻은 근본과 말엽이 다를지라도 이치는 하나로 여기는 것이다. 이치가 하나일지라도 근본과 말엽이 이미 다르니, 어찌 말엽을 근본으로 여기고는 그 말엽만 배워놓고 근본이 곧 여기에 있다고 할 수 있겠는가? 주자(朱子 : 朱熹)가 동안부숙사(同安簿宿寺)에서 이 장에 대해 깊이 생각할 때 이불이 얇아 잠이 오지 않는데, 두견새 울음소리까지 들려 매우 고통스러웠기에 뒤에 그 울음소리만 들어도 바로 당시가 생각났다는 것이다."[182)]

---

182) 정자와 주자는 뜻을 정성스럽게 하고 …… 바로 당시가 생각났다는 것이다 : 『송자대전(宋子大全)』 권134, 「논어말즉시본설(論語末卽是本說)」에는 다음과 같이 되어 있다. "그 후에 주 선생이 밤에 앉았다가 두견새의 소리를 듣고 말하기를 '전에 내가 동안 주부(同安主簿)가 되어 절에서 자면서 자하문인소자장(子夏門人小子章)을 생각하는데, 그때 두견새 소리가 매우 애절하였다. 이제 또 두견새 소리를 들으니 곧 그 당시가 기억난다.'라고 하였으니, 선생의 그 당시에 생각하던 것이 어떠하였는가를 알 수 있다. 이제 나와 화숙이 그와 같이 이해할 수 있는 것은 그것이 누구의 공인가. 왕중엄(王仲淹)이 일찍이 '공자에게서 망극한 은혜를 받았다.'라고 하였는데, 나도 주 선생에게 또한 그렇게 말하겠다. 삼가 살펴보건대, 자하(子夏)가 이미 '배우는 것이 본말이 있다.'라고 하였는데, 정자는 '크고 작은 것과 정밀하고 거친 것이 없다.'라고 하였으니 이는 본말이 없다는 뜻이다. 자하는 '있다'고 하였는데, 정자는 '없다'고 하였으므로 그것이 바로 선생이 맨 처음에 매우 의심한 것이다. 그러나 정자의 본의(本意)는, 일[事]에는 크고 작고 정밀하고 거친 것이 있으나, 리(理)에는 크고 작고 정밀하고 거친 구별이 없다고 한 것이다. 선생이 뒤에서야 그런 것을 깨달았으니, 그것이 곧 동안현(同安縣) 노상(路上)에서 깨달은 것이다. 이제 이 『논어집주(論語集註)』의 뜻으로 말하면, 정자의 뜻은 '본말은 비록 다르나 이치는 하나이다.'라는 데 불과하니, 이치는 비록 하나이지만 본말이 이미 다르고 보면 어찌 말단을 근본으로 삼아 다만 그 말단을 배우면서 '근본이 곧 여기에 있다.'라고 할 수 있겠는가라는 점이다. 그러고 보면 정자의 말이 비단 자하의 말과 다르지 않을 뿐만 아니라, 그것이 자하의 뜻을 깊이 밝힌 것이다. 또 살펴보건대, 퇴계의 잘못은 다만 천리(天理)를 근본으로 삼고 쇄소응대를 말단으로 삼은 데 있는 것이다. 자하, 정자, 주자의 뜻은 성의정심을 근본으로 삼고 쇄소응대를 말단으로 삼되 그 소이연(所以然)의 이치는 저것과 이것의 구별이 없다고 여긴 점이다. 퇴계의 잘못은 쌍봉 요씨에게서 비롯되었으니 애석한 일이다.(其後先生夜坐, 聞子規聲曰 : '舊爲同安簿宿寺中, 思量子夏門人小子章, 是時聞子規聲甚切. 今聞子規, 便記得當時', 可見先生當日意想矣. 今吾與和叔能如是理會者, 是誰之功哉. 王仲淹嘗曰 : '通於夫子受罔極之恩.' 余於先生亦云爾. 謹按子夏旣以爲學有本末, 而程子以爲無大小無精粗, 則是無本末之意也。子夏以爲有, 而程子以爲無, 此先生之初所甚疑者也. 乃若程子本意則以爲事有大小精粗, 而理無大小精粗之間也. 先生後乃覺其如此, 此同安路上之所得也. 今此『集註』之意以爲程子之意不過曰本末雖殊而理則一, 理雖一而本末旣殊, 則豈可以末爲本, 而但學其末曰本便在此也云爾. 然則程子之言, 非惟不與子夏不同, 乃所以深明子夏之意也. 又按退溪之失, 只在於以本爲天理, 以末爲灑掃應對也. 乃若子夏, 程朱之意, 則以本爲誠意正心, 以末爲灑掃應對, 而所以然之理則無間於彼此也. 退溪之失, 肇自饒雙峯, 惜哉.)"

[19-13-1]

子夏曰 : "仕而優則學, 學而優則仕."
자하가 말하였다. "벼슬하면서 여가가 있으면 학문을 하고, 학문을 하면서 여가가 있으면 벼슬을 한다."

詳說

○ **朱子曰 : "兩句次序顚倒."**[183)]

주자(朱子 : 朱熹)가 말하였다. "두 구절은 순서가 바뀌었다."[184)]

○ **慶源輔氏曰 : "上句爲己仕者言, 下句爲未仕者言."**[185)]

경원 보씨(慶源輔氏 : 輔廣)가 말하였다. "앞의 구절은 이미 벼슬하는 사람들을 위해 말한 것이고, 뒤의 구절은 아직 벼슬하지 않는 사람들을 위해 말한 것이다."[186)]

---

183) 호광 편(胡廣 編), 『논어집주대전(論語集註大全)』「자장(子張)」.

184) 두 구절은 순서가 바뀌었다 : 『논어집주대전』「자장(子張)」에는 다음과 같이 되어 있다. "물었다. '벼슬하면서 여가가 있는데 학문을 하지 않으면 덕을 진보시킬 방법이 없고, 학문을 하면서 여가가 있는데 벼슬하지 않으면 사물과 함께 할 방법이 없습니다. 벼슬하면서 여가가 있는데 학문을 하지 않는 것은 진실로 왈가왈부할 것도 없고, 학문을 하면서 여가가 있는데 벼슬하지 않는 것도 성인이 도에 알맞게 하는 것이 아닙니다. 그러므로 두 가지는 모두 잘못된 것입니다. 벼슬하면서 여가가 있는데 학문을 하지 않는 것은 이를테면 원백어(原伯魯)가 배움을 좋아하지 않은 것이 여기에 해당합니다. 학문을 하면서 여가가 있는데 벼슬하지 않는 것은 이를테면 대바구니를 맨 장인이 여기에 해당합니다. 자하의 말은 시기에 맞추어서 한 말로 반복해서 서로 의탁할지라도 각기 가리키는 뜻이 있는 것 같습니다. 어떤 이는 벼슬하면서 여가가 있으면 또 학문을 하고, 학문을 하면서 여가가 있으면 또 벼슬을 한다고 여깁니다. 이와 같이 한다면 그 순서는 '학문을 하면서 여가가 있으면 벼슬을 하고, 벼슬하면서 여가가 있으면 학문을 한다.'라고 해야 합니다. 이제 그것을 거꾸로 했다면 서로 의탁하는 말이 아님을 알겠습니다.' 주자(朱子 : 朱熹)가 말하였다. '전에는 또한 두 구절의 순서가 거꾸로 되었다고 의심했으나, 이제는 '각기 가리키는 것이 있다.'라고 하는 것이 아주 아름답습니다.'(問 : '仕優而不學, 則無以進德, 學優而不仕, 則無以及物. 仕優而不學, 固無足議者, 學優而不仕, 亦非聖人之中道也. 故二者皆非也. 仕優不學, 如原伯魯之不說學, 是也. 學優不仕, 如荷蓧丈人之流, 是也. 子夏之言, 似爲時而發其言, 雖反覆相因, 而各有所指. 或以爲仕而有餘, 則又學, 學而有餘, 則又仕. 如此, 則其序當云, '學而優則仕, 仕而優則學'. 今反之, 則知非相因之辭也.' 朱子曰 : '舊亦嘗疑兩句次序顚倒, 今云'各有所指'甚佳.')"

185) 호광 편(胡廣 編), 『논어집주대전(論語集註大全)』「자장(子張)」.

186) 앞의 구절은 이미 벼슬하는 사람들을 …… 아직 벼슬하지 않는 사람들을 위해 말한 것이다

○ 新安陳氏曰："下句人所易知, 上句人所易忽, 故先言所忽."187)

신안 진씨(新安陳氏：陳櫟)가 말하였다. "뒤의 구절은 사람들이 알기 쉽고, 앞의 구절은 사람들이 소홀히 하기 쉽기 때문에 소홀히 하기 쉬운 사안을 먼저 말하였다."188)

朱註

優, 有餘力也.

'여가가 있다[優]'는 말은 여력이 있다는 뜻이다.189)

：『논어집주대전』「자장(子張)」에는 "벼슬을 하면서 여가가 있으면 학문을 하는 것은 이미 벼슬하는 사람들을 위해 말한 것으로, 벼슬함에 여가가 있으면 학문을 하지 않으면 안 된다는 말이다. 학문을 하지 않으면 새로운 것을 아는 유익함이 없어 벼슬을 도와줄 수 없다. 학문을 하면서 여가가 있으면 벼슬한다는 것은 아직 벼슬하지 않는 사람들을 위해 말한 것으로 학문함에 여가가 있으면 벼슬하지 않으면 안 된다는 말이다. 벼슬하지 않으면 도를 행하는 공이 없어 그 학문을 증험할 수 없다. 이는 끝과 시작의 일이다.(仕而優則學, 爲已仕者言也, 謂仕有餘力, 則不可以不學. 不學則無知新之益, 以資其仕. 學而優則仕, 爲未仕者言也, 謂學有餘力, 則不可以不仕. 不仕則無行道之功, 以驗其學. 是終始事.)"라고 되어 있다.

187) 호광 편(胡廣 編), 『논어집주대전(論語集註大全)』「자장(子張)」.

188) 뒤의 구절은 사람들이 알기 쉽고 …… 소홀히 하기 쉽기 때문에 소홀히 하기 쉬운 사안을 먼저 말하였다：『논어집주대전』「자장(子張)」에는 다음과 같이 설명하였다. "학문을 하면서 그 이치를 밝히는 것은 본체이고, 벼슬을 하면서 그 일을 행하는 것은 효용이다. 본체는 효용의 근본이고 효용은 본체의 증험이다. 벼슬함에 여력이 있는데 학문을 하지 않는 것은 자신을 뽐내고 남들을 좀먹는 일로 본체가 없이 효용이 있는 것이다. 학문을 함에 여력이 있는데 벼슬하지 않은 것은 자신을 아끼고 세상을 잊은 일로 효용 없이 본체가 있는 것이다. 자하는 당시에 대부분 벼슬하면서 학문을 하지 않는 자들을 보았으니, '공자가 지금 정치에 종사하는 자들을 한 말 두 되 정도 들어갈 정도의 좁은 소견을 가진 자들로 여긴다.'라고 한 것을 보면 상상할 수 있다. 그러므로 먼저 벼슬하면서 여가가 있어 학문을 한다는 말로 세상 사람들을 경계시켰다. 이미 벼슬하는 자들도 오히려 학문을 하지 않아서는 안 되니, 아직 벼슬하지 않는 사람들은 반드시 학문을 하면서 여가가 있은 다음에 비로소 벼슬해야 함을 알 수 있다. 뒤의 구절은 사람들이 알기 쉽고, 앞의 구절은 사람들이 소홀히 하기 쉽기 때문에 소홀히 하기 쉬운 사안을 먼저 말하였다.(學以明其理者, 體也, 仕以行其事者, 用也. 體者, 用之本, 用者, 體之驗. 仕有餘力而不學, 則將徇己蠹人, 是有無體之用. 學有餘力而不仕, 則將愛身忘世, 是有無用之體矣. 子夏爲見當世多有仕而不學者, 觀孔子以今之從政者爲斗筲之徒, 則可想見. 故首以仕優而學警世人. 夫已仕者, 尚不可以不學, 則未仕者, 必學優而後, 始可以仕, 蓋可知矣. 下句人所易知, 上句人所易忽, 故以人所易忽者, 先言之.)"

189) 『주자어류(朱子語類)』 권49, 「논어31(論語三十一)」, 56조목에는 "'넉넉하다[(優]'는 말은 마땅

詳說

○ 見首篇.

머리 편[『논어(論語)』「학이(學而)」]에 보인다.[190)]

○ 訓.

훈고이다.

朱註

仕與學理同, 而事異, 故當其事者, 必先有以盡其事, 而後可及其餘.

벼슬과 학문은 이치는 같으나 일이 다르기 때문에 그 일을 맡은 사람은 반드시 먼저 그 일을 다 한 다음 그 나머지 것에 미칠 수 있어야 한다.

詳說

○ 胡氏曰: "皆所當然也."[191)]

'사여학리동(仕與學理同 : 벼슬과 학문은 이치는 같으나)'에 대해, 호씨가 말하였다. "모두 그렇게 해야 하는 것들이다."[192)]

○ 胡氏曰: "仕有餘力, 益及於學, 學有餘力, 始及於仕."[193)]

히 '겨를[暇]'의 의미로 써야 한다.'('優', 當作'暇'字解.')"라고 하였다.

190) 머리 편에 보인다 : 『논어(論語)』「학이(學而)」에서 "공자가 말하였다. '제자가 들어가서는 효도하고 나와서는 공손하며, 행실을 삼가고 말을 성실하게 하며, 널리 사람들을 사랑하면서도 인(仁)한 이를 친히 해야 한다. 이것을 행하고 여력이 있으면 글을 배워야 한다.'(子曰 : '弟子入則孝, 出則弟, 謹而信, 汎愛衆, 而親仁. 行有餘力, 則以學文.')"라고 하였다.

191) 호광 편(胡廣 編), 『논어집주대전(論語集註大全)』「자장(子張)」.

192) 모두 그렇게 해야 하는 것들이다 : 『논어집주대전』「자장(子張)」에는 "벼슬하는 일과 학문하는 일은 이치가 같은 것으로 모두 그렇게 해야 하는 것들이다. 일이 다른 것은 자신을 다스리고 남을 다스리는 차이이다. 학문은 벼슬하는 근본이고 벼슬은 학문을 드러내는 효용으로 단지 자신을 다스리고 남을 다스리는 차이만 있을 뿐이다. 이치로 말하면 학문이 그 근본이다. 일로 말하면 그 일에 해당하는 것은 중심으로 하는 사안에 따라 느슨하고 급하게 하는데, 반드시 먼저 주로 하는 일에 마음을 다하고, 여가가 있으면 그 나머지에 미친다. 그 사이에서 가볍고 무거움이 있는 것은 아니다.(仕與學, 理同者, 皆所當然也. 事異者, 有治己治人之別也. 學以爲仕之本, 仕以見學之用, 特治己治人之異耳. 以理言, 則學其本也. 以事言, 則當其事者, 隨所主而爲之緩急, 必先盡心於所主之事, 有暇日, 則及其餘. 非有所輕重於其間也.)"라고 되어 있다.

193) 호광 편(胡廣 編), 『논어집주대전(論語集註大全)』「자장(子張)」.

호씨(胡氏)가 말하였다. "벼슬에 여력이 있으면 더욱 학문을 하고, 학문에 여력이 있으면 비로소 벼슬을 한다."[194]

◯ **潛室陳氏曰 : "主學而言, 則仕爲餘用, 主仕而言, 則學爲餘用."**[195]

잠실 진씨(潛室陳氏 : 陳埴)가 말하였다. "학문을 중심으로 말하면 벼슬이 나머지 효용이고, 벼슬을 중심으로 말하면 학문이 나머지 효용이다."[196]

朱註

然仕而學, 則所以資其仕者, 益深, 學而仕, 則所以驗其學者, 益廣.

그러나 벼슬하면서 학문하면, 벼슬하는 데 이용됨이 더욱 깊어지고, 학문을 하고서 벼슬하면 그 배운 것을 증험함이 더욱 넓어진다.

詳說

◯ **助也.**

'자기사자(資其仕者)'에서 '자(資 : 도와주다)'자는 도움이 된다는 말이다.

◯ **以論釋之.**

경문의 의미 설명으로 풀이하였다.

◯ **朱子曰 : "此語, 蓋爲仕而不學者設."**[197]

---

194) 벼슬에 여력이 있으면 더욱 학문을 하고, 학문에 여력이 있으면 비로소 벼슬한다 : 『논어집주대전』 「자장(子張)」에는 호씨(胡氏)가 아니라 신안 진씨(新安陳氏)로 되어 있다. "신안 진씨(新安陳氏 : 陳櫟)가 말하였다. '벼슬하는 사람은 먼저 벼슬하는 일에 진력하고, 여력이 있으면 더욱 학문을 한다. 학문을 하는 사람은 학문하는 일에 진력하고, 여력이 있으면 비로소 벼슬을 한다.'(新安陳氏曰 : '仕者, 先盡仕之事, 有餘力, 則益及於學. 學者, 先盡學之事, 有餘力, 則始及於仕.')"

195) 호광 편(胡廣 編), 『논어집주대전(論語集註大全)』「자장(子張)」.

196) 학문을 중심으로 말하면 …… 학문이 나머지 효용이다 : 『논어집주대전』「자장(子張)」에는 "학문은 이 도리를 익히는 일이고, 벼슬은 이 도리를 실행하는 일이다. 학문에 여력이 있으면 벼슬해야 하고, 벼슬에 여력이 있으면 또 학문을 익혀야 한다. 학문을 위주로 말하면 벼슬이 나머지 효용이고, 벼슬을 위주로 말하면 학문에 나머지 공이 있으니, 서로 드러내 밝혀주는 것들이다.(學是講此道理, 仕是行此道理. 學有餘暇, 則可入仕, 仕有餘暇, 又當講學. 主學而言, 則仕爲餘用, 主仕而言, 則學有餘功, 互相發也.)"라고 되어 있다.

197) 蓋爲仕而不學者設 : 『주자어류(朱子語類)』 권49, 「논어31(論語三十一)」, 56조목. "問 : '仕而優則學.' 曰 : '某嘗見一親戚說得好, 謂子夏此語, 蓋爲仕而不問學者設爾.'(물었다. '벼슬하면서 여가가 있으면 학문을 한다.'는 것은 무슨 뜻입니까?' 주희가 말하였다. '내가 일찍이 한 친척의 말을 보았는데 좋았다. 그가 이르기를 자하의 이 말은 벼슬을 하면서 학문을 하지 않는 사람

주자(朱子 : 朱熹)가 말하였다. "이 말은 벼슬하면서 학문하지 않는 사람들 때문에 한 것이다."

○ **雲峰胡氏曰 : "聖賢之言, 有因上句而生下句者, 如夫子本言晉文譎而不正, 因而曰齊桓正而不譎. 若獨言下句, 則齊桓豈正而不譎者哉. 此亦因當時有仕優不學者, 故以下句意足之. 獨言下句, 則學之優, 固有可仕不可仕矣."**[198]

운봉 호씨(雲峯胡氏 : 胡炳文)가 말하였다. "성현의 말에는 진실로 앞의 구절에 따라 뒤의 구절을 말하는 경우가 있으니, 이를테면 공자가 '진 문공은 속이고 바르지 않다.'라고 말한 것을 근본으로 하고 그것에 따라 '제 환공은 바르고 속이지 않았다.'라고 한 것이다.[199] 단지 뒤의 구절만 말했다면, 제 환공이 어찌 바르고 속이지 않은 것이겠는가? 이 구절도 또한 당시에 벼슬하면서 여가가 있는데도 학문을 하지 않는 자들이 있었기 때문에 뒤의 구절에서 뜻으로 넉넉하게 했던 것이다. 단지 뒤의 구절만 말했다면 학문을 하고서 여가가 있으면 진실로 벼슬을 해도 되고 하지 않아도 되는 것이다."[200]

을 위해 한 말일 뿐이라고 하였다.')"

198) 호광 편(胡廣 編), 『논어집주대전(論語集註大全)』「자장(子張)」.

199) 공자는 '진 문공이 속이고 바르지 않다.'라고 …… '제 환공은 바르고 속이지 않았다.'라고 한 것이다 : 『논어(論語)』「헌문(憲問)」에서 "공자가 말하였다. '진 문공(晉文公)은 속이고 바르지 않으며, 제 환공(齊桓公)은 바르고 속이지 않았다.'(子曰 : '晉文公, 譎而不正, 齊桓公, 正而不譎.')"라고 하였다.

200) 성현의 말에는 진실로 앞의 구절에 따라 …… 하지 않아도 되는 것이다 : 『논어집주대전』「자장(子張)」에는 "성현의 말에는 진실로 본래 앞의 구절에 따라 뒤의 구절을 말하는 경우가 있으니, 이를테면 공자가 '진 문공은 속이고 바르지 않다.'라고 말한 것을 근본으로 하고 그것에 따라 '제 환공은 바르고 속이지 않았다.'라고 한 것이다. 단지 뒤의 구절만 말했다면, 제 환공이 어찌 바르고 속이지 않은 것이겠는가? 이 구절도 또한 당시에 벼슬하면서 여가가 있는데도 학문을 하지 않는 자들이 있었기 때문에 뒤의 구절에서 뜻으로 넉넉하게 했던 것이다. 단지 뒤의 구절만 말했다면 학문을 하고서 여가가 있으면 진실로 벼슬을 해도 되고 하지 않아도 되는 것이다.(聖賢之言, 固自有因上句而生下句者, 如夫子本言晉文公譎而不正, 因而曰齊桓公正而不譎, 若獨言下句, 則齊桓豈正而不譎者哉. 此亦因當時有仕優而不學者, 故以下句意足之. 獨言下句, 則學之優, 固自有可仕不可仕者矣.)"라고 되어 있다.

○ 此章之言, 視子路之處子羔, 則固爲勝, 而以之視漆雕開, 則有遜矣.

이 장의 말은 자로가 자고(子羔)에게 결정한 것[201]에 비교해 보면, 진실로 뛰어나고, 그것을 칠조개(漆雕開)[202]와 비교하면 뒤떨어진다.

---

201) 자로가 자고(子羔)에게 결정한 것 : 『논어(論語)』「선진(先進)」에 "자로가 자고를 비읍(費邑)의 읍재(邑宰)로 임명하자 공자가 말하였다. '남의 아들을 해치는구나!'자로가 말하였다. '백성이 있고 사직(社稷)이 있으니, 어떻게 꼭 글을 읽은 뒤에야 학문을 하는 것이겠습니까?' 공자가 말하였다. '이 때문에 말재주 있는 자를 미워하는 것이다.'(子路使子羔爲費宰, 子曰 : '賊夫人之子.' 子路曰 : '有民人焉, 有社稷焉, 何必讀書, 然後爲學.' 子曰 : '是故惡夫佞者.')"라는 말이 있다.

202) 칠조개(漆雕開) : 『논어(論語)』「공야장(公冶長)」에 "공자가 칠조개에게 벼슬을 하게 권하자, 대답하였다. '저는 벼슬하는 것에 대해 아직 자신할 수 없습니다.' 공자가 기뻐하였다.(子使漆雕開仕, 對曰 : '吾斯之未能信.' 子說.)"라는 말이 있다.

[19-14-1]

子游曰："喪, 致乎哀而止."
자유가 말하였다. "상례에서는 슬픔을 다할 뿐이다."

朱註

致極其哀, 不尙文飾也.
슬픔을 극진히 하고 꾸밈은 숭상하지 않는다.

詳說

○ 南軒張氏曰："自盡之謂."[203]
남헌 장씨가 말하였다. "스스로 극진하게 한다는 말이다."[204]

○ 有釋無訓.
경문의 풀이는 있으나 훈고는 없다.

○ 此下則論也.
이 아래로는 경문의 의미를 설명하였다.

朱註

楊氏曰："喪與其易也, 寧戚, 不若禮不足而哀有餘之意."
양씨(楊氏)가 말하였다. "상례(喪禮)는 장례의 준비물이 다스려지기보다는 차라리 슬퍼해야 하니, '예로 드러내는 것[禮文]'이 부족할지라도 슬픔이 충분한 것만 못하다는 뜻이다."

詳說

○ 去聲.
'기이야(其易也)'에서 '이(易 : 다스려지다)'자는 거성이다.

---

203) 호광 편(胡廣 編), 『논어집주대전(論語集註大全)』「자장(子張)」.

204) 스스로 극진하게 한다는 말이다 : 『논어집주대전』「자장(子張)」에는 "상례에서는 슬픔을 중심으로 하니, 다한다는 것은 스스로 극진하게 한다는 말이다. 그런데 만약 삶과 본성을 해치고 없앤다면, 이는 슬픔이 지나친 것이다.(喪主乎哀, 致者, 自盡之謂. 若毁生滅性, 則是過乎哀者也.)"라고 되어 있다.

○ 見「八佾」.

'영척(寧戚 : 차라리 슬퍼하여야 하니)'은 『논어(論語)』「팔일(八佾)」에 보인다.[205]

○ 出『禮記』「檀弓」.

'불약예부족이애유여(不若禮不足而哀有餘 : 예로 드러내는 것이 부족할지라도 슬픔이 충분한 것만 못하다)'라는 말은 『예기』「단궁」에 나온다.[206]

○ 雙峯饒氏曰 : "怕人事末忘本, 姑爲之抑揚耳."[207]

쌍봉 요씨(雙峰饒氏 : 饒魯)가 말하였다. "사람들이 말엽을 일삼고 근본을 잊을까 걱정되어 잠시 억누르고 치켜 올렸던 것일 뿐이다."[208]

朱註

愚按, 而止二字, 亦微有過於高遠, 而簡略細微之弊, 學者詳之.

내가 살펴보건대, '이지(而止 : ~할 뿐이다)'라는 두 글자는 약간 고상하고 원대한 데 지나쳐서 자세하고 은미한 부분을 소홀히 하는 폐단이 있으니, 배우는 사람들이 상세히 살펴야 한다.

詳說

○ 哀戚難強.

'미유과어고원(微有過於高遠 : 약간 고상하고 원대한 데 지나쳐서)'에서 볼 때, 슬퍼

---

205) 『논어(論語)』「팔일(八佾)」에 보인다 : 『논어(論語)』「팔일(八佾)」에서 "예(禮)는 사치하기보다는 차라리 검소해야 하고, 상(喪)은 다스려지기보다는 차라리 슬퍼해야 한다.(禮, 與其奢也, 寧儉, 喪, 與其易也, 寧戚.)"라고 하였다.

206) 예로 드러내는 것이 부족할지라도 …… 『예기』「단궁」에 나온다 : 『예기』「단궁상(檀弓上)」에 "자로가 말하였다. '나는 선생님께 '상례에 슬픔이 부족한데 예절이 충분하기보다는 예가 부족하더라도 슬픔이 충분한 것만 못하다.……'라고 들었다.'(子路曰 : '吾聞諸夫子, 「喪禮, 與其哀不足而禮有餘也, 不若禮不足而哀有餘也.……」')"라고 하였다.

207) 호광 편(胡廣 編), 『논어집주대전(論語集註大全)』「자장(子張)」.

208) 사람들이 말엽을 일삼고 근본을 잊을까 걱정되어 잠시 억누르고 치켜 올렸던 것일 뿐이다 : 『논어집주대전』「자장(子張)」에는 "자유가 평소 스스로 상례를 살펴보고 연구한 것은 예를 폐하고 오로지 슬픔을 일삼으려는 뜻이 아니다. 사람들이 『예기』에서 살펴보면 그 뜻을 알 수 있겠지만 사람들이 말엽을 일삼고 근본을 잊을까 걱정되어 잠시 억누르고 치켜 올렸던 것일 뿐이다.(子游平日却自考究喪禮, 不是廢禮, 而專事哀戚之. 人考之『禮記』, 可見其意, 怕人事末忘本, 姑爲之抑揚耳.)"라고 되어 있다.

하는 일은 억지로 하기 어렵다.

○ 禮文末節.

'세미하다[細微]'는 말은 예로 드러내는 일에서 말엽적인 것들이다.

○ 因喪而推, 他莫不然.

상으로 말미암아 미루기를 남들은 아무도 그렇게 하지 못하였다.

○ 慶源輔氏曰: "立言之難如此."209)

'학자상지(學者詳之: 배우는 사람들이 상세히 살펴야 한다)'에 대해, 경원 보씨(慶源輔氏: 輔廣)가 말하였다. "말하기 어려운 것이 이와 같다."210)

○ 使無此二字, 致乎有費力, 意不如後章自致之爲自然耳.

'학자상지(學者詳之: 배우는 사람들이 상세히 살펴야 한다)'의 '詳之(상지)'라는 이 두 글자가 없다면, 힘을 낭비하는 데 이르게 되니, 의미가 뒤의 장에서 '스스로 정성을 다 하는 일은 저절로 그런 것일 뿐이다.'211)라고 하는 말만 못하다.

---

209) 호광 편(胡廣 編), 『논어집주대전(論語集註大全)』「자장(子張)」.

210) 말하기 어려운 것이 이와 같다: 『논어집주대전』「자장(子張)」에는 "자유는 예로 드러내는 것을 경시하는 마음이 있었다. 요약하면, 상에서는 진실로 슬픔을 귀하게 여기지만 예로 드러내는 것도 폐해서는 안 되기 때문에 '감정대로 곧바로 가면 오랑캐의 도이다.'라고 하는 것이다. 말하기 어려운 것이 이와 같다.(子游, 有簡忽禮文之意. 要之喪固貴於哀, 而禮之節文, 亦不可廢, 故曰直情而徑行, 戎狄之道也, 立言之難蓋如此.)"라고 되어 있다.

211) 정성을 다하는 일은 저절로 그런 것일 뿐이다: 『논어(論語)』「자장(子張)」에서 "증자가 말하였다. '나는 선생님께 들었으니, '사람이 스스로 정성을 극진히 하는 것이 없지만 반드시 부모의 상에서는 정성을 다한다.'라는 것이었다.'(曾子曰: '吾聞諸夫子, 人未有自致者也, 必也親喪乎.')"라고 하였다.

[19-15-1]

子游曰 : "吾友張也, 爲難能也, 然而未仁."
자유가 말하였다. "나의 벗 자장(子張)은 어려운 일을 잘하나, 인(仁)하지는 못하다."

朱註

子張行過高, 而少誠實惻怛之意.
자장은 행동이 지나치게 높지만, 성실하고 간곡한 뜻이 부족하였다.

詳說

○ 去聲.
'행과고(行過高)'에서 '행(行 : 행동)'자는 거성이다.

○ 慶源輔氏曰 : "難能."
경원 보씨(慶源輔氏 : 輔廣)가 말하였다. "어려운 일을 잘 했다는 뜻이다."

○ 難能, 『諺』釋更詳.
'난능(難能 : 어려운 일을 잘했다)'은 『언해』에서 다시 자세히 밝혔다.[212)]

○ 慶源輔氏曰 : "未仁."
'소성실측달지의(少誠實惻怛之意 : 성실하고 간곡한 뜻이 부족하였다)'에 대해, 경원 보씨(慶源輔氏 : 輔廣)가 말하였다. "인(仁)하지 못하다는 것이다."

○ 有釋無訓.
경문의 풀이는 있으나 훈고는 없다.

---

212) 『언해』에서 다시 자세히 밝혔다 : 언해에는 "난히 능홀꺼시나 그러나 신티 몯ᄒᆞ니라."로 되어 있다.

[19-16-1]

曾子曰："堂堂乎，張也，難與並爲仁矣."
증자가 말하였다. "당당하구나, 자장(子張)이여! 함께 인(仁)을 하기는 어렵다."

朱註

堂堂，容貌之盛.
'당당하다[堂堂]'는 것은 용모가 훌륭하다는 말이다.

詳說

○ 所謂辟也.
이른바 본받다는 뜻이다.

○ 訓.
훈고이다.

朱註

言其務外自高，不可輔而爲仁，亦不能有以輔人之仁也.
그 외면만 힘쓰고 스스로 높은 체하여 서로 도와 인(仁)을 할 수 없으며, 또한 다른 사람의 인(仁)을 도와줄 수 없다는 말이다.

詳說

○ 主人而言.
'언기무외자고, 불가보이위인(言其務外自高，不可輔而爲仁 : 그 외면만 힘쓰고 스스로 높은 체하여 서로 도와 인(仁)을 할 수 없으며)'은 다른 사람을 중심으로 해서 말하였다.

○ 主己而言.
'불능유이보인지인야(不能有以輔人之仁也 : 다른 사람의 인(仁)을 도와줄 수 없다는 말이다)'는 자신을 중심으로 해서 말하였다.

○ 幷字義乃備.
'불능유이보인지인야(不能有以輔人之仁也 : 다른 사람의 인(仁)을 도와줄 수 없다는 말이다)'에서 글자의 의미를 아우르니, 이에 완비된다.

○ 釋.

경문의 풀이다.

朱註

范氏曰："子張外有餘, 而內不足. 故門人皆不與其爲仁.

범씨가 말하였다. "자장은 외면은 충분하였으나 내면이 부족하였다. 그러므로 문인들은 모두 그가 인(仁)을 하는 것에 대해 인정하지 않았다.

詳說

○ 許也.

'불여(不與)'에서 '여(與 : 허여하다)'자는 허락한다는 뜻이다.

○ 新安陳氏曰："堂堂以貌言, 難能以才言."[213]

신안 진씨(新安陳氏 : 陳櫟)가 말하였다. "당당하다는 것은 용모로 말하였고, 어려운 일을 잘한다는 것은 재능으로 말하였다."[214]

朱註

子曰：'剛毅木訥近仁.' 寧外不足, 而內有餘, 庶可以爲仁矣."

공자가 '강하고 굳세며 질박하고 어눌한 것이 인(仁)에 가깝다.'라고 하였으니, 차라리 외면이 부족하고 내면이 충분하면 거의 인(仁)을 할 수 있을 것이다."

詳說

○ 見「子路」.

'강의목눌근인(剛毅木訥近仁 : 강하고 굳세며 질박하고 어눌한 것이 인(仁)에 가깝다)'은 『논어(論語)』「자로(子路)」에 보인다.[215]

---

213) 호광 편(胡廣 編), 『논어집주대전(論語集註大全)』「자장(子張)」.

214) 당당하다는 것은 용모로 말하였고, 어려운 일을 잘한다는 것은 재능으로 말하였다 : 『논어집주대전』「자장(子張)」에는 "당당하다는 것은 용모로 말하였고, 어려운 일을 잘한다는 것은 재능으로 말한 것으로 모두 스스로 높이는 의미이다. '함께[並]'라는 말은 '함께[共]'라는 말과 같다.(堂堂以貌言, 難能以才言, 皆自高之意. 並猶共也.)"라고 되어 있다.

215) 『논어(論語)』「자로(子路)」에 보인다 : 『논어(論語)』「자로(子路)」에서 "공자가 말하였다. '강하고 굳세고, 질박하고 어눌한 것이 인(仁)에 가깝다.'(子曰 : '剛毅木訥, 近仁.')"라고 하였다.

[19-17-1]

曾子曰："吾聞諸夫子, '人未有自致者也, 必也親喪乎.'"
증자가 말하였다. "내가 선생님께 들었다. '사람이 스스로 정성을 극진히 하는 것이 없겠지만 반드시 부모의 상임에서야!'"

朱註

致, 盡其極也.
'극진히 한다(致)'는 말은 그 지극함을 다한다는 뜻이다.

詳說

○ 訓.
훈고이다.

朱註

蓋人之眞情, 所不能自已者.
부모의 상례에서는 사람의 진정한 마음으로 볼 때 스스로 그만두지 못하는 것이다.

詳說

○ 釋其意.
마음을 풀이한 것이다.

○ 雙峰饒氏曰："乎字, 有感動人底意思."216)
쌍봉 요씨(雙峰饒氏 : 饒魯)가 말하였다. "경문의 '친상호(親喪乎)'에서 '호(乎 :~임에서야)'라는 글자에는 사람의 마음을 감동시키는 뜻이 있다."217)

---

216) 호광 편(胡廣 編), 『논어집주대전(論語集註大全)』「자장(子張)」.

217) '호(乎 :~임에서야)'라는 글자에는 사람의 마음을 감동시키는 뜻이 있다 : 『논어집주대전』「자장(子張)」에는 "'~임에서야[乎]'라는 말에는 사람의 마음을 감동시키는 뜻이 있다. 부모님을 섬기는 일은 삶과 죽음의 시기보다 큰 것이 없으니, 사람들이 스스로 다해야 하는 일이다. 사람들이 이와 같이 해야 하는데, 여전히 이와 같이 할 수 없다. 이것이 성인이 미묘한 생각을 붙여서 감동시킨 까닭이다. 성인의 미묘한 생각이 있는 것을 알지 못하고, 단지 사람마다 이처럼 다해야 한다고 말한다면, 성인이 이런 말을 한 것은 의미가 없을 것 같다.(乎字有感動人

朱註

尹氏曰："親喪, 固所自盡也, 於此不用其誠, 惡乎用其誠."

윤씨가 말하였다. "부모님의 상례에서는 참으로 스스로 다해야 하는 것이니, 여기에 자신의 정성을 쓰지 않는다면 어디에 그것을 쓰겠는가?"

詳說

○ 出『孟子』「滕文公」.

'친상, 고소자진야(親喪, 固所自盡也 : 부모님의 상례에서는 참으로 스스로 다해야 하는 것이니)'는 『맹자(孟子)』「등문공」에 나온다.[218]

○ 平聲.

'오호(惡乎)'에서 '오(惡 : 어찌)'자는 평성이다.

○ 出『禮記』「檀弓」, 而'誠'皆作'情'.

'어차불용기성, 오호용기성(於此不用其誠, 惡乎用其誠 : 여기에 자신의 정성을 쓰지 않는다면 어디에 그것을 쓰겠는가?)'의 내용은 『예기』「단궁」에 나오는데,[219] '성(誠)'자는 모두 '정(情)'자로 되어 있다.

底意思. 事親莫大於死生之際, 人之所當自盡者也. 人當如此, 而猶有不能如此. 此聖人所以寓微意, 而感動之. 若不看聖人微意所在, 只說箇人人能如此自盡, 則聖人之發此言, 似乎無味.)"라고 되어 있다.

218) 『맹자(孟子)』「등문공」에 나온다 : 『맹자(孟子)』「등문공상(滕文公上)」에서 "연우(然友)가 추(鄒) 땅에 가서 맹자에게 묻자, 맹자가 말하였다. '좋지 않은가! 부모님의 상례에는 진실로 자신이 다해야 하는 것이다. 증자가 '살아서 섬기기를 예로써 하며, 죽어서 장례하기를 예로써 하며, 제사하기를 예로써 하면 효라고 이를 수 있다.'라고 하였다. 제후의 예는 내 아직 배우지 않았다. 그럴지라도 내 일찍이 들었으니, 삼년상에 자소(齊疏)의 상복을 입으며 미음과 죽을 먹음은 천자부터 서인까지 삼대(三代)의 공통이었다.(然友之鄒, 問於孟子, 孟子曰 : '不亦善乎. 親喪固所自盡也, 曾子曰 : '生事之以禮, 死葬之以禮, 祭之以禮, 可謂孝矣.' 諸侯之禮, 吾未之學也. 雖然, 吾嘗聞之矣, 三年之喪, 齊疏之服, 飦粥之食, 自天子達於庶人, 三代共之.)"라고 하였다.

219) 『예기』「단궁」에 나오는데 : 『예기』「단궁」에 "어머니께 나의 정을 다하지 못한다면, 내가 어디에 나의 정을 쓰겠는가?(自吾母而不得吾情, 吾惡乎用吾情.)"라는 말이 있다.

[19-18-1]

曾子曰："吾聞諸夫子, 孟莊子之孝也, 其他可能也, 其不改父之臣與父之政, 是難能也."

증자가 말하였다. "내가 선생님께 들었다. '맹장자의 효는 그 다른 일은 할 수 있으나, 아버지의 신하와 아버지의 정사(政事)를 고치지 않은 일은 하기 어렵다.'"

朱註

孟莊子, 魯大夫, 名速, 其父獻子, 名蔑.

맹장자(孟莊子)는 노나라 대부로 이름은 속(速)이며, 그 아버지는 헌자(獻子)로 이름은 멸(蔑)이다.

詳說

○ 訓畢.

훈고가 끝났다.

朱註

獻子有賢德, 而莊子能用其臣, 守其政, 故其他孝行, 雖有可稱, 而皆不若此事之爲難.

헌자가 훌륭한 덕이 있었는데, 장자가 아버지의 신하를 등용하고 그 정사를 그대로 지켰기 때문에 다른 효행도 칭송할 만한 것이 있으나 모두 이 일처럼 어려운 것만 하지는 않았다.220)

---

220) 『주자어류(朱子語類)』 권49, 「논어31(論語三十一)」, 59조목에는 "'맹장자의 효성은 다른 것도 가능하다.'고 했는데, 다른 것이란 일상적인 일을 말한다. '이것은 능하기 어렵다.'고 했는데, 이것은 미칠 수 없다는 말이다. 맹장자의 아버지 맹헌자는 어진 사람이었는데 그가 오히려 아버지의 사람을 등용하고 아버지의 정사를 지켜서 변하지 않았으니, 공자께서 그것을 칭찬하였다.('孟莊子之孝, 其他可能', 言其他只尋常. '是難能也', 這個則不可及. 蓋莊子父獻子自賢, 渠却能用父之人, 守父之政而不變, 夫子所以稱之.)"라고 하였고, 60조목에서는 "'맹장자의 효성은 당연한 일인데 왜 능하기 어렵다고 했습니까?'라고 묻자, 주희가 말하였다. '사람들이 대부분 할 수 없는 일을 행했기 때문에 하기 어렵다고 한 것이다. 만약 아버지의 사람을 등용하고 정사를 그대로 하는 것이 옳은 것이 아니었다면 또한 고치지 않을 수 없을 것이다.(問 : '孟莊

詳說

○ 去聲.

'효행(孝行)'에서 '행(行 : 행동)'자는 거성이다.

○ 釋畢.

경문의 의미 풀이가 끝났다.

○ 雙峯饒氏曰 : "二事皆曰吾聞諸夫子. 曾子尊其所聞如此, 尹和靖『論語解』, 愚聞之師曰亦如此."

쌍봉 요씨(雙峰饒氏 : 饒魯)가 말하였다. "두 일이 모두 선생님께 들었다고 말한 것이다. 증자는 들은 사안에 대해 높이는 것이 이와 같았다. 윤화정(尹和靖 : 尹焞)[221]의 『논어해(論語解)』에서는 내가 들은 스승께서 말한 것도 또한 이와 같다고 하였다."

○ 雲峰胡氏曰 : "朱子得於延平者亦然."[222]

운봉 호씨(雲峯胡氏 : 胡炳文)가 말하였다. "주자(朱子 : 朱熹)가 연평(延平)에게 얻은 것도 그렇다."[223]

○ 曾子之論大勇亦然.

증자가 큰 용기에 대해 말한 것도 그렇다.[224]

子之孝, 當然事, 何以爲難能?' 曰 : '爲是人多不能, 所以爲難. 然若用人立政未是, 又不可以不改.')"라고 하였다.

221) 윤돈(尹焞, 1071~1142): 북송 시대의 성리학자로 화정 윤씨(和靖尹氏)라고도 하며, 낙양 사람이다. 자는 언명(彦明)이고, 자호는 화정처사(和靖處士)이다. 윤원(尹源)의 손자이다. 정이의 문인으로 종신토록 벼슬하지 않았으나 말년에 숭정전설 겸 시강(崇政殿說兼侍講)을 잠시 역임하였다. 저서로는 『화정집(和靖集)』과 『논어맹자해(論語孟子解)』 등이 있다.

222) 호광 편(胡廣 編), 『논어집주대전(論語集註大全)』「자장(子張)」.

223) 주자(朱子 : 朱熹)가 연평(延平)에게 얻은 것도 그렇다 : 『논어집주대전』「자장(子張)」에는 "두 장에서 모두 선생님께 들었다고 말한 것이다. 요씨는 증자가 들은 사안에 대해 높이는 것이 이와 같다고 생각하였다. 윤화정(尹和靖)이 지은 『논어해(論語解)』에서는 이른바 내가 들은 스승께서 말한 것도 또한 이와 같다고 하였다. 나는 주자(朱子 : 朱熹)가 연평에게 얻은 것도 그렇다고 생각한다.(二章皆曰吾聞諸夫子. 饒氏以爲曾子尊其所聞如此. 尹和靖作『論語解』, 所謂愚聞之師曰亦如此. 愚謂朱子得於延平者亦然.)"라고 되어 있다.

224) 증자가 큰 용기를 말한 것도 그렇다 : 『맹자(孟子)』「공손추상(公孫丑上)」에서 "옛적에 증자(曾子)가 자양(子襄)에게 말하였다. '그대는 용기를 좋아하는가? 내 일찍이 큰 용기에 대해 선생님께 들었으니, 스스로 돌이켜서 정직하지 못하면 비록 갈관박(褐寬博)이라도 내 두려워하지

[19-19-1]

孟氏使陽膚爲士師, 問於曾子. 曾子曰 : "上失其道, 民散久矣. 如得其情, 則哀矜而勿喜."

맹씨가 양부(陽膚)를 사사(士師)로 임명하자, 양부가 증자에게 옥사 처리에 관하여 물었다. 증자가 답하였다. "윗사람이 도리를 잃어 백성들이 이반된 지가 오래되었다. 만일 그 실정을 파악했으면 불쌍히 여기고 기뻐하지 말아야 한다."

詳說

○ 使, 與子路使子羔之使同. 蓋孟氏擧之於朝也.

'임명했다[使]'는 말은 '자로가 자고를 비읍의 읍재로 임명하였다.'[225]라고 할 때의 임명했다는 뜻과 같다. 대개 맹씨가 조정에 등용한 일이다.

○ 膚問也.

양부가 물은 것이다.

朱註

陽膚, 曾子弟子. 民散, 謂情義乖離, 不相維繫.

양부는 증자의 제자이다. '백성들이 이반되었다[民散]'는 것은 정의가 괴리되어 서로 연계되지 못한다는 말이다.

않겠는가? 그러나 스스로 돌이켜서 정직하다면 비록 천만 명이 있더라도 내가 가서 대적할 수 있다.'(昔者, 曾子謂子襄曰 : '子好勇乎. 吾嘗聞大勇於夫子矣, 自反而不縮, 雖褐寬博, 吾不惴焉. 自反而縮, 雖千萬人, 吾往矣.')"라고 하였다.

225) 자로가 자고를 비읍의 읍재로 임명하였다 : 『논어(論語)』「선진(先進)」에서 "자로가 자고(子羔)를 비읍(費邑)의 읍재(邑宰)로 임명하자 공자가 말하였다. '남의 아들을 해치는구나!'자로가 말하였다. '백성이 있고 사직(社稷)이 있으니, 어떻게 꼭 글을 읽은 뒤에야 학문을 하는 것이겠습니까?' 공자가 말하였다. '이 때문에 말재주 있는 자를 미워하는 것이다.'(子路使子羔爲費宰, 子曰 : '賊夫人之子.' 子路曰 : '有民人焉, 有社稷焉, 何必讀書, 然後爲學.' 子曰 : '是故惡夫佞者.')"라고 하였다.

詳說

◯ 訓畢.

훈고가 끝났다.

朱註

謝氏曰 : "民之散也, 以使之無道, 教之無素. 故其犯法也, 非迫於不得已, 則陷於不知也. 故得其情, 則哀矜而勿喜."

사씨가 말하였다. "백성들이 흩어짐은 부리기를 무도하게 하고 가르치기를 본래부터 하지 않았기 때문이다. 그러므로 그들이 법을 어긴 것은 부득이함에 핍박당해서가 아니면 무지(無知)에 빠졌기 때문이다. 그러므로 그 실정을 파악하면 불쌍히 여기고 기뻐하지 말아야 하는 것이다."

詳說

◯ 上失其道.

'민지산야, 이사지무도, 교지무소(民之散也, 以使之無道, 教之無素 : 백성들이 흩어짐은 부리기를 무도하게 하고 가르치기를 본래부터 하지 않았기 때문이다)'는 위에서 그 도를 잃은 것이다.

◯ 慶源輔氏曰 : "使無道故也."[226)]

'고기범법야, 비박어부득이(故其犯法也, 非迫於不得已 : 그러므로 그들이 법을 어긴 것은 부득이함에 핍박당해서가 아니면)'에 대해, 경원 보씨(慶源輔氏 : 輔廣)가 말하였다. "부리기를 무도하게 했기 때문이다."[227)]

◯ 慶源輔氏曰 : "教無素故也."[228)]

'함어부지야(陷於不知也 : 무지(無知)에 빠졌기 때문이다)'에 대해, 경원 보씨(慶源輔氏 : 輔廣)가 말하였다. "가르치기를 본래부터 하지 않았기 때문이다."[229)]

---

226) 호광 편(胡廣 編), 『논어집주대전(論語集註大全)』「자장(子張)」.

227) 부리기를 무도하게 했기 때문이다 : 『논어집주대전』「자장(子張)」에는 "백성들의 범죄에는 두 가지가 있다. 부득이 함에 핍박당한 것은 부리기를 무도하게 했기 때문이다.(民之犯罪有二. 迫於不得已, 則使之無其道故也.)"라고 되어 있다.

228) 호광 편(胡廣 編), 『논어집주대전(論語集註大全)』「자장(子張)」.

229) 가르치기를 본래부터 하지 않았기 때문이다 : 『논어집주대전』「자장(子張)」에는 "부득이함에 핍박당한 것은 부리기를 무도하게 했기 때문이다. 자신도 모르는 일에 빠진 것은 가르치기를

○ 釋畢.

경문의 풀이가 끝났다.

○ 勉齋黃氏曰 : "仁人之言如此."[230]

면재 황씨(勉齋黃氏 : 黃幹)가 말하였다. "어진 사람의 말은 이와 같다."[231]

본래부터 하지 않았기 때문이다. 후세에 옥사를 처리하는 관리는 언제나 그 실정을 얻지 못하는 사안에 대해 근심해서 그 실정을 얻으면 기뻐했으니, 어찌 불쌍히 여기고 기뻐하지 말아야 한다는 의미를 알았겠는가? 또 사람들은 기뻐하면 뜻이 태만해지고, 태만해지면 마음이 방만하게 되며, 방만해지면 불쌍하게 여기는 마음이 싹트지 않는다. 옥사를 처리하고 송사를 판단할 때 반드시 잘못하는 가운데 잘못하고도 스스로 알지 못하게 되는 경우가 있으니, 오직 백성들의 실정이 그런 까닭을 되돌려 생각할 수 있으면, 불쌍한 마음은 생겨나고 기뻐하는 마음은 사라진다. 증자의 말을 자세히 음미하면 이처럼 지극한 마음으로 슬퍼해서 몸소 동정하기를 두루 다 하였다 아! 어질구나.(迫於不得已, 則使之無其道故也. 陷於不自知, 則敎之無其素故也. 後世治獄之官, 每患不得其情, 苟得其情則喜矣, 豈知哀矜而勿喜之味哉. 且人喜則意逸, 逸則心放, 放則哀矜之意不萌. 其於斷獄剖訟之際, 必至於過中失入有不自知者, 唯能反思夫民情之所以然, 則哀矜之意生, 而喜心忘矣. 詳味曾子之言, 至誠惻怛而體恤周盡如此. 嗚呼仁哉.)"라고 되어 있다.

230) 호광 편(胡廣 編), 『논어집주대전(論語集註大全)』「자장(子張)」.

231) 어진 사람의 말은 이와 같다 : 『논어집주대전』「자장(子張)」에는 "실정을 얻어 기뻐하면 너무 각박한 마음이 간혹 법 밖에서 일어나게 되고, 실정을 얻어 불쌍하게 여기면 차마 못하는 마음이 항상 법 가운데서 행해지니, 어진 사람의 마음은 이와 같다.(得情而喜, 則太刻之意, 或溢於法之外, 得情而矜, 則不忍之意, 常行於法之中, 仁人之言蓋如此.)"라고 되어 있다.

[19-20-1]

子貢曰："紂之不善, 不如是之甚也, 是以君子, 惡居下流. 天下之惡, 皆歸焉."

자공이 말하였다. "주왕의 불선이 이처럼 심하지는 않았으니, 이 때문에 군자는 하류에 있기를 싫어한다. 천하의 악행이 모두 모여들기 때문이다."

朱註

惡居之惡, 去聲. 下流, 地形卑下之處, 衆流之所歸.

'오거(惡居)'에서 '오(惡 : 싫어하다)'자는 거성이다. 하류[아래로 흐르다]는 지형이 낮은 곳으로 모든 물이 모여드는 곳이다.

詳說

○ 訓.

훈고이다.

○ 下流, 以喩惡人.

하류는 악인을 비유한 것이다.

朱註

喩人身有汙賤之實, 亦惡名之所聚也.

사람의 몸에 더럽고 천박한 실제 행실이 있으면 또한 악명이 모여드는 것과 같음을 비유하였다.

詳說

○ 釋畢.

경문의 풀이가 끝났다.

○ 此下則論也.

이 아래는 경문의 의미를 설명하였다.

朱註

子貢言此, 欲人常自警省, 不可一置其身於不善之地, 非謂紂本無罪, 而虛被惡名也.

자공이 이를 말한 것은 사람들이 항상 스스로 경계하고 살펴한번이라도 그 몸을 불선한 곳에 두지 않게 하려고 한 것이지, 주왕이 본래 죄가 없는데 공연히 악명을 입었다고 말한 것은 아니다.

詳說

○ 悉幷反

'자경성(自警省)'에서 '성(省 : 살핌)'은 '실(悉)'과 '병(幷)'의 반절(反切)이다.

○ 借紂事以戒學者.

'불가일치기신어불선지지(不可一置其身於不善之地 : 한번이라도 그 몸을 불선한 곳에 두지 않게 하려고 한 것이지)'는 주왕의 일을 빌려 배우는 사람들을 경계시켰다.

○ 雙峰饒氏曰 : "非爲紂分疏, 其意在下兩句."[232)]

'비위주본무죄, 이허피악명야(非謂紂本無罪, 而虛被惡名也 : 주왕이 본래 죄가 없는데 공연히 악명을 입었다고 말한 것은 아니다)에 대해, 쌍봉 요씨(雙峰饒氏 : 饒魯)가 말하였다. "주왕을 위해 변명하려는 것이 아니니, 그 의미는 아래의 두 구절에 있다."

○ 以紂謂惡不甚者, 此正子貢能言處. 然此章不以借意看, 則有害於義.

주왕을 가지고 악행이 심하지 않았다고 말하니, 이는 바로 자공이 말을 잘할 수 있다는 뜻이다. 그런데 이 장은 빌려온 의미로 보지 않는다면 의미에 말이 있다.

○ '下流', 此章之題目.

'하류(下流 : 아래로 흐르다)'가 이 장의 제목이다.

---

232) 호광 편(胡廣 編), 『논어집주대전(論語集註大全)』「자장(子張)」에는 "子貢非爲紂分疏, 其意在下兩句."라고 실려 있다.

[19-21-1]

子貢曰 : "君子之過也, 如日月之食焉, 過也, 人皆見之, 更也, 人皆仰之."
자공이 말하였다. "군자의 잘못은 일식 · 월식과 같아 잘못이 있으면 사람들이 모두 볼 수가 있고, 잘못을 고쳤을 때는 사람들이 우러러본다."

朱註

更, 平聲.
'갱야(更也)'에서 '갱(更 : 고치다)'자는 평성이다.

詳說

○ 焉, 一作也.
'여일월지식언(如日月之食焉)'에서 '언(焉)'자는 어떤 판본에는 '야(也)'자로 되어 있다.

○ 『集註』無文.
『논어집주(論語集註)』에는 글[주석]이 없다.

○ 勉齋黃氏曰 : "過也無掩覆, 更也無瑕疵."[233]
면재 황씨가 말하였다. "잘못한 일에서는 가리어 숨겨지는 것이 없고, 고친 일에서는 잘못되는 사안이 없다."[234]

---

233) 호광 편(胡廣 編), 『논어집주대전(論語集註大全)』「자장(子張)」.

234) 잘못한 일에서는 가리어 숨겨지는 것이 없고, 고친 일에서는 잘못되는 사안이 없다 : 『논어집주대전』「자장(子張)」에는 "잘못한 일에서는 명백해서 가릴 수 없기 때문에 사람들이 보고, 고친 일에서는 확실하게 깨달아서 잘못되는 사안이 없기 때문에 사람들이 모두 우러러보는 것이다.(過也, 明白而無掩覆, 故人皆見, 更也, 瑩徹而無瑕疵, 故人皆仰.)"라고 되어 있다.

[19-22-1]

衛公孫朝問於子貢曰 : "仲尼焉學?"
위(衛)나라 공손조(公孫朝)가 자공에게 물었다. "중니는 무엇을 배웠는가?"

朱註

朝音潮. 焉於虔反. 公孫朝, 衛大夫.
'공손조(公孫朝)'에서 '조(朝)'자의 음은 '조(潮 : 조수)'이다. '언학(焉學)'에서 '언(焉)'은 '어(於)'와 '건(虔)'의 반절(反切)이다. 공손조는 위나라 대부이다.

詳說

○ 有訓無釋.
훈고는 있으나 경문의 풀이는 없다.

○ 新安陳氏曰 : "焉學, 何所從學."
신안 진씨(新安陳氏 : 陳櫟)가 말하였다. "'무엇을 배웠는가?[焉學]'라는 말은 '어디에서 배웠는가?'라는 뜻이다.

[19-22-2]

子貢曰 : "文武之道未墜於地, 在人. 賢者識其大者, 不賢者識其小者, 莫不有文武之道焉, 夫子焉不學, 而亦何常師之有."
자공이 말하였다. "문왕(文王) · 무왕(武王)의 도가 아직 땅에 떨어지지 않아 사람들에게 남아 있다. 그리하여 현명한 사람은 그 큰 것을 기억하고, 현명하지 않은 사람은 작은 것을 기억하고 있어서 문왕 · 무왕의 도를 갖고 있지 않음이 없으니, 선생님께서 어찌 배우지 않으시며 또 어찌 일정한 스승이 계시겠는가?"

朱註

識音志. 下焉字, 於虔反. 文武之道, 謂文王武王之謨訓功烈, 與凡周之禮樂文章, 皆是也. 在人, 言人有能記之者. 識, 記也.

‘지기대자(識其大者)’와 ‘지기소자(識其小者)’에서 ‘지(識 : 기억하다)’자의 음은 ‘지(志 : 뜻)’이다. ‘부자언불학(夫子焉不學)’에서 ‘언(焉)’은 ‘어(於)’와 ‘건(虔)’의 반절(反切)이다. 문무(文武)의 도(道)는 문왕(文王) · 무왕(武王)의 훈계와 공렬(功烈), 그리고 모든 주(周)나라의 예악(禮樂)과 문장(文章)이 모두 그것이다. 사람에게 남아 있다는 것은[235] 사람들이 이것을 기억하는 자가 있음을 말한다. 지(識)는 기억함이다.

詳說

○ 朱子曰 : “人, 指老聃 · 萇弘 · 郯子 · 師襄之儔, 太廟之祝史, 亦其一師.”[236]

주자(朱子 : 朱熹)가 말하였다. “사람들은 노담 · 장홍 · 담자 · 자사의 무리를 가리키니, 태묘의 축사로 또한 하나의 관리[師]들이다.”[237]

○ 訓間釋.

훈고 사이에 경문을 풀이하였다.

○ 雙峯饒氏曰 : “堯舜遠文武近, 就其近者而言也. 不賢者, 指衆人, 不是不好底人.”[238]

---

235) 사람에게 남아 있다는 것은 : 『주자어류(朱子語類)』 권49, 「논어31(論語三十一)」, 62조목에서는 “‘어떤 이가 ‘문왕과 무왕의 도가 아직 땅에 떨어지지 않았다.’는 것은 아직 땅을 쓸지 않은 것입니까?’라고 물었다. 주희가 말하였다. ‘아직 땅에 떨어지지 않아 땅을 쓸지 않은 것인데, 땅을 쓸었다면 남은 것이 없을 것이다. 이는 아직 땅에 떨어지지 않고 사람에게 있는 것과 같음을 말한다. 또 현명한 사람은 그 도의 큰 것을 기억하고 현명하지 않은 사람은 그 도의 작은 것을 기억하여 모두 문왕과 무왕의 도리가 있었으니, 공자께서 모두 스승으로 삼은 것이다.’(或問 : ‘文武之道未墜於地’, 是掃地否?’ 曰 : ‘未墜地, 非掃地, 掃地則無餘矣. 此只是說未墜落於地, 而猶在人. 且賢者則能記其道之大者, 不賢者則能記其道之小者, 皆有文武之道, 夫子皆師之也.’)”라고 하였다.

236) 호광 편(胡廣 編), 『논어집주대전(論語集註大全)』「자장(子張)」.

237) 사람들은 노담 · 장홍 · 담자 · 자사의 무리를 가리키니, 태묘의 축사로 또한 하나의 관리[師]들이다 : 『논어집주대전』「자장(子張)」에는 “‘사람들에게 남아 있다.’라고 할 때의 사람들은 노담 · 장홍 · 담자 · 자사의 무리를 가리킬 뿐이다. 태묘에 들어가 일의 하나하나를 물은 것과 같은 것은 태묘의 축사로 또한 하나의 관리[師]들이다.(在人之人, 正指老聃萇弘郯子師襄之儔耳. 若入太廟而每事問焉, 則廟之祝史, 亦其一師也.)”라고 되어 있다.

238) 호광 편(胡廣 編), 『논어집주대전(論語集註大全)』「자장(子張)」에 주자(朱子 : 朱熹)가 요로(饒

쌍봉 요씨(雙峰饒氏 : 饒魯)가 말하였다. "요 임금과 순 임금은 멀리 있고, 문왕과 무왕은 가까이 있으니, 가까이 있는 사례를 가지고 말한 것이다. '현명하지 않은 사람'은 일반 사람들을 가리키니, 좋지 않은 사람들이 아니다."[239]

魯)의 말을 인용한 것으로 실려 있다.

239) 요 임금과 순 임금은 멀리 있고 …… 좋지 않은 사람들이 아니다 : 『논어집주대전』「자장(子張)」에는 "물었다. '중니는 요 임금과 순 임금에 대해 조종으로 삼아 전술하고, 문왕과 무왕을 법으로 했습니다. 그런데 무엇 때문에 자공은 요 임금과 순 임금의 도를 말하지 않고 단지 문왕과 무왕의 도를 말했습니까?' 쌍봉 요씨(雙峰饒氏 : 饒魯)가 말하였다. '요 임금과 순 임금은 멀리 있고, 문왕과 무왕은 가까이 있으니, 장공이 가까이 있는 사례를 가지고 말한 것입니까? 요약하자면, 도는 문왕과 무왕이 얻어서 편 것이 아니니, 문왕과 무왕의 도가 요 임금과 바로 순 임금의 도이고, 요 임금과 순 임금의 도가 바로 문왕과 무왕의 도입니다. '현명하지 않은 사람'은 일반 사람들을 가리키니, 좋지 않은 사람들이 아니다.(問 : '仲尼祖述堯舜, 憲章文武. 如何子貢不說堯舜之道, 只說文武之道.' 雙峯饒氏曰 : '堯舜遠文武近, 子貢是就其近者而言. 要之, 道非文武之所得專, 文武之道, 即堯舜之道, 堯舜之道, 即文武之道.')"라고 하였고, 또 "'현명하지 않은 사람'은 일반 사람들을 가리킬 뿐이니, 좋지 않은 사람들이 아니다.(不賢者, 只指衆人而言, 不是不好底人.)"라고 되어 있다.

[19-23-1]

叔孫武叔, 語大夫於朝曰 : "子貢賢於仲尼."
숙손무숙(叔孫武叔)이 조정에서 대부들에게 말하였다. "자공이 중니보다 낫다."

朱註

語, 去聲, 朝, 音潮. 武叔, 魯大夫, 名州仇.
'어대부어조(語大夫於朝)'에서 '어(語 : 말하다)'자는 거성이고, '조(朝)'자의 음은 '조(潮 : 조수)'이다. 무숙은 노(魯)나라 대부로 이름은 주구(州仇)이다.

詳說

○ 有訓無釋.
훈고는 있으나 경문의 풀이는 없다.

○ 語於諸大夫.
여러 대부에게 말한 것이다.

○ 朱子曰 : "子貢想是明辨果斷, 通曉事務, 歆動得人, 孔子自謂達不如賜."[240)]
주자(朱子 : 朱熹)가 말하였다. "자공이 아마도 분명하게 판단하고 과단성이 있으며 사무를 훤하게 통달하고 마음으로 움직여 사람들을 얻었으니, 공자가 스스로 '통달하는 부분에서는 자공만 못하다.'라고 말한 것이다."[241)]

○ 華陽范氏曰 : "賢人易見, 聖人難知, 故西河之民, 疑子夏於夫子."[242)]
화양 범씨(華陽范氏)가 말하였다. "현인은 알기 쉽고 성인은 알기 어렵기 때문에

---

240) 호광 편(胡廣 編), 『논어집주대전(論語集註大全)』「자장(子張)」. 『주자어류(朱子語類)』 권49, 「논어31(論語三十一)」, 64조목.

241) 자공이 아마도 분명하게 판단하고 …… '통달하는 부분에서는 자공만 못하다.'라고 말한 것이다 : 『논어집주대전』「자장(子張)」과 『주자어류(朱子語類)』 권49, 「논어31(論語三十一)」, 64조목에는 "자공이 중니보다 낫다는 것은 성인은 진실로 본래 알기 어렵다는 말이다. 이를테면 자공이 당시에 분명하게 판단하고 과단성이 있으며 사무를 훤하게 통달하고 마음으로 움직여 사람들을 얻었으니, 공자가 스스로 '통달하는 부분에서는 자공만 못하다.'라고 말한 것이다.(子貢賢於仲尼, 聖人固自難知. 如子貢在當時, 想是大段明辨果斷通曉, 事務歆動得人, 孔子自謂達不如賜.)"라고 되어 있다.

242) 주희, 『논어정의(論語精義)』「자장(子張)」.

서하의 백성들은 공자보다 자하를 생각하였다."[243]

○ 新安陳氏曰 : "武叔非特不知孔子, 亦不知子貢也."[244]

신안 진씨(新安陳氏 : 陳櫟)가 말하였다. "무숙은 공자를 몰랐을 뿐만 아니라 자공도 몰랐던 것이다."[245]

○ 以下章觀之, 武叔此言, 蓋亦所以侮夫子, 而切子貢也. 非子貢之能言, 不能自解於此矣.

아래 장에서 보면, 무숙의 이 말은 또한 공자를 모멸해서 자공을 누르기 위한 것이다. 자공이 말을 잘할 수 없었다면 이 상황을 잘 풀어나가지 못했을 것이다.

[19-23-2]

子服景伯, 以告子貢. 子貢曰 : "譬之宮牆, 賜之牆也, 及肩, 窺見室家之好,

자복경백(子服景伯)이 이 말을 자공에게 일러주자, 자공이 다음과 같이 말하였다. "대궐의 담장에 비유하면 나[賜]의 담장은 어깨에 미치니, 집안의 좋은 것들을 들여다 볼 수 있지만,

---

243) 현인은 알기 쉽고 성인은 알기 어렵기 때문에 …… 공자보다 자하를 생각하였다 : 『논어정의』「자장(子張)」에는 "현인은 땅이니, 가까이 있어 알기 쉽고, 성인은 하늘이니, 멀리 있어 알기 어렵기 때문에 서하의 백성들은 공자보다 자하를 생각하였다. 숙손무숙이 '자공이 중니보다 낫다.'라고 했지만 성인이 어찌 알기 어렵다고 스스로 세상에 표면으로 드러내겠는가? 오직 성인 문하에서 배운 다음에 그 높고 깊음을 알 수 있으니, 자공이 대궐의 담장에 비유한 까닭이다.(賢人地也, 近而易見, 聖人天也, 遠而難知, 故西河之民, 疑子夏於夫子. 叔孫武叔, 謂子貢賢於仲尼也, 然聖人豈以難知而自表見於世哉. 惟學於聖門, 然後知其高深, 子貢所以譬之宮墻也.)"라고 되어 있다.

244) 호광 편(胡廣 編), 『논어집주대전(論語集註大全)』「자장(子張)」.

245) 무숙은 공자를 몰랐을 뿐만 아니라 자공도 몰랐던 것이다 : 『논어집주대전』「자장(子張)」에는 "현인의 도는 평범해서 알기 쉽고, 성인의 도는 높고 깊어 알기 어렵다. 이것이 자공이 담장과 집으로 비유를 한 의도이다. 요약하자면, 현인을 보면 성인을 안다는 것으로 숙손이 자공이 자공인 까닭을 과연 알았다면, 또한 공자가 공자인 까닭을 반드시 대략이라도 알았을 것이니, 어찌 이런 말을 했겠는가? 무숙은 공자를 몰랐을 뿐만 아니라 자공도 몰랐던 것이다.(賢人之道, 卑淺易見, 聖人之道, 高深難知. 此子貢以牆室取譬之意也. 要之, 觀乎賢人, 則見聖人, 使叔孫果知子貢之所以爲子貢, 則亦必畧知孔子之所以爲孔子, 豈至爲此言哉. 叔孫非特不知孔子, 亦不知子貢也.)"라고 되어 있다.

詳說

○ 以德譬牆. 以下節觀之, 宮蓋指公宮.

덕으로 담장을 비유하였다. 아래의 구절에서 보면, 대궐은 대개 임금의 궁전을 가리킨다.

朱註

牆卑室淺.

담장이 낮고 집이 얕다.

詳說

○ 有釋無訓.

경문의 풀이는 있으나 훈고는 없다.

○ 朱子曰 : "古人宮外只是牆, 無今廊屋."246)

주자(朱子 : 朱熹)가 말하였다. "옛 사람들에게 집 바깥은 담장일 뿐이니, 지금의 행랑채는 없다."

[19-23-3]

夫子之牆, 數仞, 不得其門而入, 不見宗廟之美百官之富.

선생님의 담장은 몇 길[仞]이 되니, 그 문을 찾아 들어 가지 못하면 종묘(宗廟)의 아름다움과 백관(百官)의 많음을 볼 수가 없다.

朱註

七尺曰仞.

일곱 자를 한 길[仞]이라 한다.

246) 호광 편(胡廣 編), 『논어집주대전(論語集註大全)』「자장(子張)」.

詳說

○ 訓.

훈고이다.

朱註

不人其門, 則不見其中之所有, 言牆高而宮廣也.

그 문으로 들어가지 않으면 그 가운데 있는 것을 볼 수 없으니, 담장이 높고 궁궐이 넓음을 말한 것이다.

詳說

○ 釋.

경문의 풀이다.

[19-23-4]

得其門者, 或寡矣. 夫子之云, 不亦宜乎."

그 문을 얻는 자가 언제나 드무니, 선생님의 말씀이 또한 당연하지 않겠는가!"

詳說

○ 或字, 爲武叔回護之辭.

'혹(或 : 언제나)'이라는 글자는 무숙을 위해 변호한 말이다.

朱註

此夫子, 指武叔.

여기에서 선생님[夫子]은 무숙을 가리킨다.

詳說

○ 有訓無釋.

훈고는 있으나 경문의 풀이는 없다.

○ 朱子曰："顏子得入, 故能仰鑽, 曾子得入, 故能言忠恕, 子貢得入, 故能言性與天道."[247]

주자(朱子 : 朱熹)가 말하였다. "안자는 들어갈 수 있었기 때문에 우러러보고 뚫을 수 있었고,[248] 증자는 들어갈 수 있었기 때문에 충과 서를 말할 수 있었으며,[249] 자공이 들어갈 수 있었기 때문에 성과 천도를 말할 수 있었다.[250]"[251]

---

247) 호광 편(胡廣 編), 『논어집주대전(論語集註大全)』「자장(子張)」. 『주자어류(朱子語類)』 권49, 「논어31(論語三十一)」, 65조목.

248) 우러러보고 뚫을 수 있었고 : 『논어(論語)』「자한(子罕)」에서 "안연이 크게 탄식하며 말하였다. '선생님의 도는 우러러볼수록 더욱 높고, 뚫을수록 더욱 견고하며, 바라봄에 앞에 있더니, 홀연히 뒤에 있도다. 선생님께서 차근차근히 사람을 잘 이끄시어 문(文)으로써 나의 지식을 넓혀주시고 예(禮)로써 나의 행동을 요약하게 해주셨다. 공부를 그만두고자 해도 그만둘 수 없어 이미 나의 재주를 다하니, 내 앞에 우뚝 서있는 듯하여 그를 따르고자 하나 어디로부터 시작해야 할지 모르겠다.'"(顏淵喟然歎曰 : '仰之彌高, 鑽之彌堅, 瞻之在前, 忽焉在後. 夫子循循然善誘人, 博我以文, 約我以禮, 欲罷不能, 旣竭吾才, 如有所立卓爾, 雖欲從之, 末由也已.')"라고 하였다.

249) 충과 서를 말할 수 있었으며 : 『논어(論語)』「이인(里仁)」에서 "공자가 말하였다. '삼(參)아! 나의 도는 한 가지로 꿰뚫고 있다.' 증자가 답하였다. '예.' 공자가 나가자, 문인들이 물었다. '무슨 말입니까?' 증자가 대답하였다. '선생님의 도는 충(忠)과 서(恕)일 뿐입니다.'(子曰 : '參乎. 吾道, 一以貫之.' 曾子曰 : '唯.' 子出, 門人問曰 : '何謂也.' 曾子曰 : '夫子之道, 忠恕而已矣.')"라고 하였다.

250) 성과 천도를 말할 수 있었다 : 『논어(論語)』「공야장(公冶長)」에서 "자공이 말하였다. '선생님의 덕이 드러난 것[文章]은 들을 수 있으나, 선생님께서 성과 천도에 대해 말하는 것은 들을 수 없다.'(子貢曰 : '夫子之文章, 可得而聞也, 夫子之言性與天道, 不可得而聞也.')"라고 하였다.

251) 안자는 들어갈 수 있었기 때문에 …… 성과 천도를 말할 수 있었다 : 『논어집주대전』「자장(子張)」과 『주자어류(朱子語類)』 권49, 「논어31(論語三十一)」, 65조목에는 다음과 같이 되어 있다. "어떤 이가 물었다. '선생님의 담장은 몇 길이 되니, 그 문을 찾아 들어가지 못하고, 선생님의 도는 고원하기 때문에 그 문을 찾아 들어가지 못합니다.' 주자(朱子 : 朱熹)가 대답하였다. '그렇지 않습니다. 안자는 들어갈 수 있었기 때문에 우러러볼수록 더욱 높았고, 뚫을수록 더욱 견고하였으며, 앞에 있는 데로 가면 뒤에 있고 우뚝하게 서 있는 듯하였습니다. 증자는 들어갈 수 있었기 때문에 선생님의 도는 충과 서라고 말할 수 있었습니다. 자공은 들어갈 수 있었기 때문에 성과 천도에 대해 들을 수 없다고 말할 수 있었습니다. 다른 사람들은 스스로 들어갈 수 없었던 것은 고원했기 때문이 아닙니다. 70명의 제자 가운데 몇 사람이 들어갈 수 있었던 것은 비유하자면 두 사람에게 설명했는데 한 사람은 이해하고 다른 한 사람은 이해할 수 없는 것과 같으니, 이해한 사람은 들어갈 수 있고, 이해하지 못한 사람은 들어갈 수 없는 것입니다. 또 공자가 사람들에게 가르치는 것과 안자에게 가르치는 것이 어떻게 다르겠습니까? 안자는 저절로 들어갈 수 있고, 여러 사람들이 저절로 들어갈 수 없는 것은 다소 분명합

○ 景伯嘗告公伯寮之愬於夫子，今又告武叔之言於子貢，雖不列於七十子，其亦足備聖門禦侮之一矣.

경백이 전에 공백료의 참소를 공자에게 아뢰었는데,252) 지금 또 무숙의 말을 자공에게 알렸으니, 70제자의 반열에는 들어가지 못했을지라도 그 또한 성인 문하에서 멸시를 막는 한 가지를 충분히 갖추었다.

니다.(或問 : '夫子之牆數仞，不得其門而入，夫子之道高遠，故不得其門而入也.' 朱子曰 : '不然. 顔子得入，故能仰之彌高，鑽之彌堅，至於在前在後，如有所立卓爾. 曾子得入，故能言夫子之道忠恕. 子貢得入，故能言性與天道不可得聞，文章可得而聞. 他人自不能入耳，非高遠也. 七十子之徒，幾人入得，譬如與兩人說話，一人理會得，一人理會不得，會得者便是入得，會不得者，便是入不得. 且孔子之教衆人與教顔子，何異. 顔子自入得，衆人自入不得，多少分明.')"

252) 경백이 전에 공백료의 참소를 공자에게 아뢰었는데 : 『논어(論語)』「헌문(憲問)」에는 "공백료(公伯寮)가 자로(子路)를 계손(季孫)에게 참소하니, 자복경백(子服景伯)이 공자께 아뢰었다. '부자(夫子)께서 진실로 공백료의 말에 마음을 의혹하고 계시니, 내 힘이 그래도 공백료의 시신을 거리에 널어놓을 수 있습니다.' 공자가 말하였다. '도가 행해지는 것도 명이고, 도가 폐해지는 것도 명이니, 공백료가 명을 어떻게 할 수 있겠는가?'(公伯寮愬子路於季孫，子服景伯，以告曰 : '夫子固有惑志於公伯寮，吾力猶能肆諸市朝.' 子曰 : '道之將行也與，命也，道之將廢也與，命也，公伯寮其如命何.')"라고 하였다.

[19-24-1]

叔孫武叔, 毁仲尼. 子貢曰 : "無以爲也. 仲尼, 不可毁也. 他人之賢者, 丘陵也, 猶可踰也, 仲尼, 日月也, 無得而踰焉. 人雖欲自絶, 其何傷於日月乎! 多見其不知量也."

숙손무숙(叔孫武叔)이 중니를 헐뜯었다, 자공이 말하였다. "그러지 말라, 중니는 훼방할 수 없다. 다른 현명한 사람은 구릉과 같아 넘을 수 있지만, 중니는 해와 달과 같아 넘을 수 없다. 사람들이 비록 스스로 관계를 끊고자 하여도 어찌 해와 달에 해를 끼치겠는가! 다만 자기의 한계를 알지 못함을 보일 뿐이다."

朱註

量, 去聲. 無以爲, 猶言無用爲此. 土高曰丘, 大阜曰陵. 日月, 喩其至高. 自絶, 謂以毁謗自絶於孔子.

'부지량야(不知量也)'에서 '양(量 : 한계)'자는 거성이다. '그러지 말라[無以爲]'라는 말은 이러한 짓을 하지 말라는 뜻과 같다. 땅이 높은 것을 구(丘)라고 하고, 큰 언덕을 능(陵)이라 한다. 해와 달은 지극히 높은 것을 비유한다. '스스로 관계를 끊고자 하는 것[自絶]'은 훼방하여 스스로 공자와 관계를 끊음을 말한다.

詳說

○ 指毁.

'무이위, 유언무용위차(無以爲, 猶言無用爲此 : '그러지 말라[無以爲]'라는 말은 이러한 짓을 하지 말라는 뜻과 같다)'는 헐뜯은 일을 가리킨다.

○ 南軒張氏曰 : "人之議日月者, 徒爲自絶於日月而已."[253]

'자절, 위이훼방자절어공자(自絶, 謂以毁謗自絶於孔子 : 스스로 관계를 끊고자 하는 것[自絶]'은 훼방하여 스스로 공자와 관계를 끊음을 말한다)'에 대해, 남헌 장씨(南軒張氏 : 張栻)가 말하였다. "사람들이 해와 달을 비방할 경우에 단지 스스로 해와 달과의 관계를 끊는 것일 뿐이다."[254]

---

253) 호광 편(胡廣 編), 『논어집주대전(論語集註大全)』「자장(子張)」.

254) 사람들이 해와 달을 비방할 경우에 단지 스스로 해와 달과의 관계를 끊는 것일 뿐이다 : 『논어집주대전』「자장(子張)」에는 "구릉은 넘을 수 있고, 태산을 높을지라도 여전히 넘어갈 수 있는 이치가 있지만, 해와 달이 하늘에 운행되는 것은 누가 넘어갈 수 있겠는가? 사람들이 해와 달

朱註

多與祇同, 適也. 不知量, 謂不自知其分量也.

다(多)자는 지(祇)자와 같으니, '다만'이란 뜻이다. '자기의 한계를 알지 못한다[不知量]'는 것은 자신의 분수를 알지 못한다는 말이다.

詳說

○ 蓋謂其義也, 非幷謂音也.

'다여기동(多與祇同 : 다(多)자는 지(祇)자와 같으니)은 그 뜻을 말한 것이지 음까지 말한 것은 아니다.

○ 猶言適足也.

'적야(適也 : '다만'이란 뜻이다)는 '단지 ~하는 데 충분할 뿐이다.'라고 말하는 것과 같다.

○ 去聲.

'기분량야(其分量也)'에서 '분(分 : 분수)'자는 거성이다.

○ 一無也字.

어떤 판본에는 '기분량야(其分量也)'에서 '야(也)'자가 없다.

○ 新安陳氏曰 : "不自知其庸愚之分量, 宜其不足以知聖人之分量."255)

'부지량, 위부자지기분량야(不知量, 謂不自知其分量也 : '자기의 한계를 알지 못한다[不知量]'는 것은 자신의 분수를 알지 못한다는 말이다)'에 대해, 신안 진씨(新安陳氏 : 陳櫟)가 말하였다. "스스로 어리석은 한계를 모르니, 당연히 성인의 한계를 알기에 부족하다."256)

을 비방할 경우, 애초에 어떻게 해와 달의 밝음을 훼손할 수 있겠는가? 한갓 스스로 해와 달과의 관계를 끊는 것일 뿐이다.(夫邱陵固可踰, 太山雖高然, 猶有可踰之理, 至於日月之行天, 則孰得而踰之哉. 人之議日月者, 初何損於日月之明, 徒爲自絶於日月而已矣.)"라고 되어 있다.

255) 호광 편(胡廣 編), 『논어집주대전(論語集註大全)』「자장(子張)」

256) 스스로 어리석은 한계를 모르니, 당연히 성인의 한계를 알기에 부족하다 : 『논어집주대전』「자장(子張)」에는 "성인에게는 성인의 한계가 있고, 현인에게는 현인의 한계가 있으며, 어리석은 사람에게는 어리석은 사람의 한계가 있다. 주구는 어리석은 한계를 스스로 모르니, 당연히 성인이 한계를 알기에 부족하다. 공자의 도는 해와 달이 하늘에 운행되는 것처럼 만고에 항상 밝으니, 주구가 헐뜯을지라도 어떻게 그 밝음을 훼손하겠는가? 자공이 '어찌 해와 달에 해를 끼치겠는가?'라는 말로 밝혀 비유했으니, 지혜가 성인을 충분히 알았고, 경계가 깊다고 할 수 있다.(聖人有聖人之分量, 賢人有賢人之分量, 愚人有愚人之分量. 州仇不自知其庸愚之分量, 宜

○ 訓釋相間.

훈고와 경문의 풀이가 서로 섞여 있다.

○ 南軒張氏曰 : "宮牆日月可謂善喩."[257]

남헌 장씨(南軒張氏 : 張栻)가 말하였다. "대궐의 담장과 해와 달은 비유를 잘했다고 할 수 있다."[258]

其不足以知聖人之分量也. 孔子之道, 如日月行天, 萬古常明, 雖有州仇之毁, 何損於明. 子貢以何傷日月曉譬之, 可謂智足以知聖人, 而警之深矣.)"라고 되어 있다.

257) 호광 편(胡廣 編), 『논어집주대전(論語集註大全)』「자장(子張)」.

258) 대궐의 담장과 해와 달은 비유를 잘했다고 할 수 있다 : 『논어집주대전』「자장(子張)」에는 "자공이 비유를 잘 하였으니, 이를테면 대궐의 담장과 해와 달의 비유는 절묘하다고 할 수 있다.(子貢善喩, 如宮牆日月之喩者, 可謂切矣.)"라고 되어 있다.

[19-25-1]

陳子禽謂子貢曰 : “子爲恭也, 仲尼豈賢於子乎.”
진자금(陳子禽)이 자공에게 말하였다. “그대가 공손해서 그렇지, 중니가 어찌 그대보다 낫겠는가!”

朱註

爲恭, 謂爲恭敬推遜其師也.
‘공손해서 그렇다[爲恭]’는 말은 공경하여 그 스승에게 겸양함을 뜻한다.

詳說

○ 吐回反
‘경추(敬推)’에서 ‘추(推)’는 ‘토(吐)’와 ‘회(回)’의 반절(反切)이다.

○ 有釋無訓.
경문의 풀이는 있으나 훈고는 없다.

[19-25-2]

子貢曰 : “君子一言以爲知, 一言以爲不知, 言不可不愼也.
자공이 말하였다. “군자는 한마디 말에 지혜롭다 하며 한마디 말에 지혜롭지 못하다 하는 것이니, 말을 조심하지 않을 수 없다.

詳說

○ 知, 去聲.
‘위지(爲知)’와 ‘위부지(爲不知)’에서 ‘지(知 : 지혜롭다)’자는 거성이다.

朱註

責子禽不謹言.
자금(子禽)이 말을 삼가지 않음을 꾸짖은 것이다.

詳說

○ 勉齋黃氏曰："一言善爲知, 一言不善, 爲不知."259)

면재 황씨가 말하였다. "한마디 말이 훌륭하면 지혜로운 것이고, 한마디 말이 훌륭하지 못하면 지혜롭지 않은 것이다."260)

○ 有釋無訓.

경문의 풀이는 있으나 훈고는 없다.

○ 武叔外人, 故遜言以解之, 子禽門人, 故直言以責之.

무숙은 바깥사람이기 때문에 말을 겸손하게 해서 풀어 주었고, 자금은 문인(門人)이기 때문에 직언으로 꾸짖었다.

[19-25-3]

夫子之不可及也, 猶天之不可階而升也.

선생님을 따르지 못함은 마치 하늘을 사다리로 오르지 못하는 것과 같다.

朱註

階, 梯也.

사다리[階]는 층계이다.

詳說

○ 訓.

훈고이다.

259) 호광 편(胡廣 編), 『논어집주대전(論語集註大全)』「자장(子張)」.

260) 한마디 말이 훌륭하면 지혜로운 것이고, 한마디 말이 훌륭하지 못하면 지혜롭지 않은 것이다 : 『논어집주대전』「자장(子張)」에는 "한마디 말이 훌륭하면 지혜로운 것이고, 한마디 말이 훌륭하지 못하면 지혜롭지 않은 것이다. 지혜롭고 지혜롭지 않음이 한마디 말에 달렸으니, 삼가지 않을 수 있겠는가!(一言善爲知, 一言不善爲不知. 知不知, 係於一言, 不可不謹.)"라고 되어 있다.

朱註

大可爲也, 化不可爲也.

위대함은 될 수 있지만 변화함은 할 수가 없다.

詳說

○ 新安陳氏曰 : "猶可躡梯而升."[261]

'대가위야(大可爲也 : 위대함은 될 수 있지만)'에 대해, 신안 진씨(新安陳氏 : 陳櫟)가 말하였다. "사다리를 밟고 올라갈 수 있는 것과 같다."[262]

○ 出『孟子』大而化註張子說.

'화불가위야(化不可爲也 : 변화함은 할 수가 없다)'는 『맹자(孟子)』의 '위대해져서 변화한다'는 구절의 주석에서 장자(張子 : 張載)의 설명이 출처이다.[263]

朱註

故曰 : '不可階而升也.'

그러므로 '사다리로 오를 수 없다.'라고 말한 것이다.

詳說

○ 釋.

---

261) 호광 편(胡廣 編), 『논어집주대전(論語集註大全)』「자장(子張)」.

262) 사다리를 밟고 올라갈 수 있는 것과 같다 : 『논어집주대전』「자장(子張)」에는 "맹자가 말하였다. '위대해져서 변화하는 것을 성스러움이라고 한다.' 선함 · 믿음 · 아름다움으로 말미암아 위대하게 되는 것은 생각과 노력으로 할 수 있는 것이기 때문에 '될 수 있다.'라고 했으니, 사다리를 밟고 올라갈 수 있는 것과 같다. 변화함에 이르는 것은 생각과 노력으로 할 수 있는 것이 아니기 때문에 '할 수가 없다.'라고 하였으니, 사다리를 밟고 올라갈 수 있는 것이 아니다. 공자가 하늘을 사다리로 오르지 못하는 것과 같은 실제를 주자(朱子 : 朱熹)가 드러내 밝힌 다음에 자공이 비유를 한 의미가 환하게 드러났다.(孟子曰 : '大而化之之謂聖.' 由善信美而至於大, 乃思勉之所可及, 故曰'可爲', 猶可躡階梯而升也. 至於化, 則非思勉之所可及, 故曰'不可爲', 非可躡階梯而升矣. 朱子以此發明孔子所以如天之不可階而升之實處, 然後子貢取譬之意, 顯然矣.)"라고 되어 있다.

263) 『맹자(孟子)』의 '위대해져서 변화한다'는 구절의 주석에서 장자(張子 : 張載)의 설명이 출처이다 : 『맹자(孟子)』「진심하(盡心下)」의 "위대해져서 변화함을 성스러움이라고 한다.(大而化之之謂聖)"라는 구절에서 장자는 "위대함은 될 수 있지만 변화함은 할 수 없으니, 익숙하게 됨에 달려 있을 뿐이다.(大可爲也, 化不可爲也, 在熟之而已矣.)"라고 주석하고 있다.

경문의 풀이다.

○ 日月不可踰, 以高而譬, 天不可升, 以化而喩.
해와 달은 넘을 수 없다는 말은 높은 것을 가지고 비유하였고, 하늘은 올라갈 수 없다는 말은 변화함을 가지고 설명하였다.

[19-25-4]

夫子之得邦家者, 所謂立之斯立, 道之斯行, 綏之斯來, 動之斯和, 其生也榮, 其死也哀, 如之何其可及也?"
만일 공자가 나라를 얻는다면 이른바 세우면 이에 서고, 인도하면 이에 행하고, 편안하게 해 주면 이에 따라오고, 움직이게 하면 이에 화합하여, 그가 살아 있으면 영광스럽게 여기고, 돌아가면 슬퍼한다는 것이니, 어떻게 따를 수 있겠는가?"

朱註

道, 去聲.
'도지(道之)'에서 '도(道 : 인도하다)'자는 거성이다.

詳說

○ 以所謂二字觀之, 其下六句, 或是古語歟.
'이른바[所謂]'라는 두 글자로 보면, 그 아래의 여섯 구절은 옛말인 듯하다.

朱註

立之, 謂植其生也. 道引也, 謂教之也. 行, 從也. 綏, 安也, 來, 歸附也. 動, 謂鼓舞之也, 和所謂於變時雍,
'세운다[立之]'는 말은 생활에 근거를 두게 한다는 것이다. '인도한다[道]'는 것은 이끌어 준다는 뜻이니, 교화시킴을 말한다. '행한다[行]'는 것은 따른다는 뜻이다. '편안하게 해 준다[綏]'는 좋아하게 해 준다는 말이고, '따라온다[來]'는 것은 돌아와서 의지한다는 뜻이다. '움직이게 한다[動]'는 것은 백성들을 고무시키는

말이며, '화합한다[和]'는 것은 이른바 '아! 변화해서 이에 화합한다.'라는 뜻이니,

詳說

○ 朱子曰:"五畝之宅, 百畝之田."[264]

'립지, 위식기생야(立之, 謂植其生也:'세운다[立之]'는 말은 생활에 근거를 두게 한다는 것이다)'에 대해, 주자(朱子:朱熹)가 말하였다. "다섯 무의 집과 백 무의 전답이다."[265]

○ 『諺』音誤.

'수, 안야(綏, 安也)'에서 '수(綏)'는 『언해』의 음이 잘못되었다.[266]

○ 之字實.

'고무지(鼓舞之)'에서 '지(之)'자는 내용이 있는 것이다.

○ 朱子曰:"使之歡喜踊躍遷善改過."

'동, 위고무지야(動, 謂鼓舞之也:'움직이게 한다[動]'는 것은 백성들을 고무시키는 말이며)'에 대해, 주자(朱子:朱熹)가 말하였다 "백성들이 기뻐서 춤추면서 선으로 옮겨가고 잘못을 고치게 한다."

○ 音烏.

'오변시옹(於變時雍)'에서 '오(於)'자의 음은 '오(烏:까마귀)'이다.

○ 出『書』「堯典」.

오변시옹(於變時雍:아! 변화해서 이에 화합한다)'은 『서경(書經)』「요전」에 나온다.[267]

---

264) 호광 편(胡廣 編), 『논어집주대전(論語集註大全)』「자장(子張)」. 『주자어류(朱子語類)』 권49, 「논어31(論語三十一)」, 66조목.

265) 다섯 무의 집과 백 무의 전답이다:『논어집주대전』「자장(子張)」과 『주자어류(朱子語類)』 권49, 「논어31(論語三十一)」, 66조목에는 "'「세운다[立之]」는 말은 생활에 근거를 두게 한다는 구절에 대해 묻습니다. 주자(朱子:朱熹)가 답하였다:'다섯 무의 집에 뽕나무를 심고 백 무의 전답에 그 농사지을 시기를 빼앗지 않는 것이 여기에 해당합니다.'(問:'立之謂植其生.' 朱子曰:'五畝之宅, 樹之以桑, 百畝之田, 勿奪其時, 便是.')"라고 되어 있다.

266) '수(綏)'는 『언해』의 음이 잘못되었다:『논어언해』「자장(子張)」에는 '綏'자의 음이 '유'로 되어 있는데, '유'로 읽으면 '드리우다'라는 뜻이 되며 '수'로 읽으면 '편안하다'는 뜻이 된다. 여기서는 '유'가 아니라 '수'로 읽어야 하므로 『언해』의 음이 잘못되었다는 것이다.

267) 『서경(書經)』「요전」에 나온다:『서경(書經)』「요전(堯典)」에 "백성들이 아! 변화해서 이에 화합한다.(黎民於變時雍)"라는 말이 있다.

○ 訓兼釋.

훈고에 경문의 풀이를 겸하였다.

朱註

言其感應, 之妙, 神速如此.

그 감동시켜 호응하는 묘함이 신속하기가 이와 같음을 말한 것이다.

詳說

○ 立道綏動.

'감동시킨다[感]'는 말은 세우고 인도하며 편안하게 해 주고 움직이게 한다는 뜻이다.

○ 勉齋黃氏曰 : "聖人政化之施"268)

면재 황씨가 말하였다. "성인이 정사로 교화하는 일을 시행하는 것이다."269)

○ 立行來和.

'호응한다[應]'는 것은 서고 행하며 따라오고 화합한다는 말이다.

○ 釋兼論.

경문의 풀이에 의미 설명을 겸하였다.

朱註

榮, 謂莫不尊親, 哀則如喪考妣.

'영광스럽게 여긴다[榮]'는 높이고 친애하지 않는 이가 없다는 것을 말하고, '슬퍼한다[哀]'는 부모의 상을 당한 것처럼 한다는 뜻이다.

---

268) 호광 편(胡廣 編), 『논어집주대전(論語集註大全)』「자장(子張)」.

269) 성인이 정사로 교화하는 일을 시행하는 것이다 : 『논어집주대전』「자장(子張)」에는 "세운다는 것은 전답과 마을을 다스린다는 뜻이고, 인도한다는 것은 덕으로 인도한다는 말이다. 편안하게 해 준다는 것은 어루만져 좋아하게 한다는 뜻이니 세우는 것이 견고한 것이고, 움직이게 해 준다는 것은 고무시킨다는 말이니 인도하는 것이 깊다. 세우고 인도하며 편안하게 해 주고 움직이게 하는 것은 모두 성인이 정사로 교화하는 일을 시행하는 것이다. 이에 서고 이에 행하며 이에 따라오고 이에 화합하는 것은 모두 천하를 감동시켜 움직이게 하는 신속함이다.(立之謂制其田里, 道謂道之以德. 綏謂撫安之立之固也, 動謂鼓舞之, 道之深也. 立之道之綏之動之, 皆聖人政化之施. 斯立斯行斯來斯和, 皆天下感動之速.)"라고 되어 있다.

詳說

○ 出『中庸』.

'막불존친(莫不尊親 : 높이고 친애하지 않는 이가 없다)'이라는 구절은 『중용(中庸)』에 나온다.[270]

○ 華陽范氏曰 : "天下歌誦."[271]

화양 범씨(華陽范氏)가 말하였다. "천하가 노래 부르며 외운다."[272]

○ 出『書』「舜典」.

'여상고비(如喪考妣 : 부모의 상을 당한 것처럼 한다)'는 서경』「순전」에 나온다.[273]

○ 釋兼訓.

경문의 풀이에 훈고를 겸하였다.

朱註

程子曰 : "此聖人之神化, 上下與天地同流者也."

정자가 말하였다. "이는 성인의 신묘한 변화가 위 아래로 천지와 하나가 되어 흘러간다는 것이다."

詳說

○ 伯子.

'정자왈(程子曰)'에서 '정자(程子)'는 형 정호(程顥)이다.

---

270) 『중용(中庸)』에 나온다 : 『중용장구(中庸章句)』 제31장에 "모든 혈기 있는 것들이 높이고 친애하지 않는 이가 없다.(凡有血氣者, 莫不尊親.)"라고 하였다.

271) 호광 편(胡廣 編), 『논어집주대전(論語集註大全)』「자장(子張)」에 주자와 문답하는 말에 화양 범씨의 말을 인용하는 것으로 실려 있다.

272) 천하가 노래 부르며 외운다 : 『논어집주대전』「자장(子張)」에는 "살아 계시면 영광스럽게 여기고, 돌아가시면 슬퍼한다는 것은 자공이 공자가 나라를 얻었을 때 그 효과가 이와 같음을 말한 것이다. 범씨가 이른바 살아 있으면 천하가 노래 부르며 외우고, 돌아가면 부모의 상을 당한 것처럼 한다는 것이 여기에 해당한다.(生榮死哀, 子貢言夫子得邦家時, 其效如此. 范氏所謂, 生則天下歌誦, 死則如喪考妣者, 是也歟.)"라고 되어 있다.

273) 『서경(書經)』「순전」에 나온다 : 『서경(書經)』「순전(舜典)」에 "요 임금이 세상을 떠나자 백성들은 마치 부모의 상을 당한 것처럼 삼년복을 입었고 천하에는 음악 소리가 끊겨서 조용하였다.(帝乃殂落, 百姓如喪考妣三載, 四海遏密八音.)"라는 말이 있다.

◯ 此句, 出『孟子』「盡心」.

이 구절은 『맹자(孟子)』「진심」에 나온다.274)

◯ 此則論也.

이는 경문의 의미를 설명하였다.

朱註

謝氏曰 : "觀子貢稱聖人語, 乃知晩年進德蓋極於高遠也.

사씨가 말하였다. "자공이 성인을 칭찬한 말을 보면, 늙어서 만년의 참다운 덕이 마침내 고원(高遠)함에 지극함을 알 수 있다.

詳說

◯ 厚齋馮氏曰 : "聖門諸子, 平日單辭數語, 形容夫子, 平澹涵蓄, 莫窺其際. 唯孟子所引宰我子貢有若之推尊夫子, 與此子貢三章之言, 蓋激於世之不知者, 始極口稱之."275)

후재 풍씨(厚齋馮氏 : 馮椅)가 말하였다. "성인 문하의 제자들이 평소 한마디나 몇 마디 말로 공자를 형용한 것은 평범하고 담담하게 함축되어 그 경계를 엿볼 수 없었다. 오직 맹자가 인용한 재아·자공·유약이 공자를 추존한 것과 자공의 여기 세 장에서 말한 세상에서 알지 못하는 자들을 격동시켰으니, 비로소 입이 마르도록 칭찬한 것이다."276)

---

274) 이 구절은 『맹자(孟子)』「진심」에 나온다 : 『맹자(孟子)』「진심상(盡心上)」에 "군자가 지나가는 곳은 교화가 되며, 마음에 두고 있는 것은 신묘해져서 상하로 천지(天地)와 하나가 되어 흘러가니, 어찌 조금 보탬이 있다고 하겠는가?(夫君子, 所過者化, 所存者神, 上下與天地同流, 豈曰小補之哉.)"라고 하였다.

275) 호광 편(胡廣 編), 『논어집주대전(論語集註大全)』「자장(子張)」.

276) 성인 문하의 제자들이 평소 한마디나 몇 마디 말로 …… 비로소 입이 마르도록 칭찬한 것이다 : 『논어집주대전』「자장(子張)」에는 "성인 문하의 제자들이 평소 한마디나 몇 마디 말로 공자를 형용한 것은 평범하고 담담하게 함축되어 그 경계를 엿볼 수 없었다. 오직 맹자가 인용한 재아·자공·유약이 공자를 추존한 것과 자공의 여기 세 장에서 말은 세상에서 알지 못하는 자들을 격동시켰으니, 비로소 입이 마르도록 칭찬한 것인데, '공자가 나라를 얻는다면'에서 성인의 신묘한 변화의 묘함을 더욱 알 수 있다.(聖門諸子, 平日單辭數語, 形容夫子, 平澹涵蓄, 莫窺其際. 唯孟子所引宰我子貢有若之推尊夫子, 與此子貢三章之言, 蓋激於世之不知者, 乃始極口稱之, 而夫子之得邦家, 尤見其神化之妙也.)"라고 되어 있다.

○ 在子孫, 則『中庸』祖述章, 亦極稱之, 與此子貢之言, 皆置之書之, 近末豈無意哉.
자손에게 있는 것이라면, 『중용(中庸)』조술장(『中庸』祖述章)[277]에서 또한 극도로 칭찬한 것과 여기 자공의 말은 모두 두고 기록했으니, 가까이 있고 끝에 있는 것에서 어찌 의미가 없겠는가?

朱註

夫子之得邦家者, 其鼓舞群動, 捷於桴鼓影響.
공자가 나라를 얻으셨다면 여러 백성들의 움직임을 고무시킴이 북채로 북을 치고, 사람의 그림자와 메아리보다 빠르다.

詳說

○ 群生.
'백성들의 움직임[群動]'은 백성들의 생활이다.

○ 音孚.
'어부고영향(於桴鼓影響)'에서 '부(桴)'자의 음은 '부(孚 : 미쁘다)'이다.

○ 鼓之於桴, 影之於形, 響之於聲, 皆應之速者也.
북채에서 북치는 것, 형체에서 그림자, 소리에서 메아리는 모두 호응하는 것이 빠른 것들이다.

朱註

人雖見其變化, 而莫窺其所以變化也, 蓋不離於聖, 而有不可知者存焉, 聖而進於不可知之之神矣. 此殆難以思勉及也."
사람들이 그 변화를 볼 수 있을지라도 그 변화하는 까닭을 엿볼 수가 없는 것은 성인의 경지에서 벗어나지 않고 측량할 수 없는 사안을 가지고 있는 것이니, 성스러우면서 측량할 수 없는 신묘한 경지에 나아간 것이다. 이런 경지는 거의 생각과 노력으로는 이르기 어렵다."

---

277) 『중용(中庸)』조술장(『中庸』祖述章) : 『중용장구(中庸章句)』 제30장에 "중니는 요 임금과 순 임금을 조종으로 삼아 전술하고, 문왕과 무왕을 법으로 본받으며, 위로는 천시를 따르고, 아래로는 풍토를 따랐다.(仲尼祖述堯舜, 憲章文武, 上律天時, 下襲水土.)"라고 하였다.

詳說

○ 去聲.

'불리어성(不離於聖)'에서 '리(離 : 벗어나다)'자는 거성이다.

○ 出『孟子』「盡心」.

'성이진어불가지지지신의(聖而進於不可知之之神矣 : 성스러우면서 측량할 수 없는 신묘한 경지에 나아간 것이다)'는 『맹자(孟子)』「진심」에 나온다.[278]

○ 二字出『中庸』.

'생각과 노력[思勉]'이라는 두 글자는 『중용(中庸)』에 나온다.[279]

○ 勉齋黃氏曰 : "聖人之德, 不可形容, 即其感人而見其神化之速, 因以反觀其德, 豈不曉然哉."[280]

면재 황씨가 말하였다. "성인의 덕은 형용할 수 없으니, 사람들을 감화시킨 것에 나아가 그들이 신묘하게 변화하는 신속함을 보고 그것에 따라서 그 덕을 되돌려 보면, 어찌 분명하지 않겠는가?"[281]

---

278) 『맹자(孟子)』「진심」에 나온다 : 『맹자(孟子)』「진심 하」에 "성스러워 알 수 없는 것을 신묘한 경지라고 한다.(聖而不可知之之謂神.)"라고 하였다.

279) 생각과 노력[思勉]'이라는 말은 『중용(中庸)』에 나온다 : 『중용장구(中庸章句)』 제20장에 "성인의 덕은 혼연히 천리여서 진실하고 함부로 함이 없어 생각과 노력을 기다리지 않고도 저절로 도에 맞으니, 또한 하늘의 도이다.(聖人之德, 渾然天理, 眞實無妄, 不待思勉而從容中道, 則亦天之道也.)"라고 하였다.

280) 호광 편(胡廣 編), 『논어집주대전(論語集註大全)』「자장(子張)」.

281) 성인의 덕은 형용할 수 없으니 …… 그 덕을 되돌려 보면, 어찌 분명하지 않겠는가 : 『논어집주대전』「자장(子張)」에는 다음과 같이 되어 있다. "세운다는 것은 전답과 마을을 다스린다는 뜻이고, 인도한다는 것은 덕으로 인도한다는 말이다. 편안하게 해 준다는 것은 어루만져 좋아하게 한다는 뜻이니, 세우는 것이 견고한 것이고, 움직이게 해 준다는 것은 고무시킨다는 말이니, 인도하는 것이 깊은 것이다. 세우고 인도하며 편안하게 해 주고 움직이게 하는 것은 모두 성인이 정사로 교화하는 일을 시행하는 것이다. 이에 서고 이에 행하며 이에 따라오고 이에 화합하는 것은 모두 천하를 감동시켜 움직이게 하는 신속함이다. 어떤 이가 물었다. '자공은 지혜가 성인을 알기에 충분한데, 지금 그 덕을 말하지 않고, 나라를 얻은 효험을 말하는 것은 무엇 때문입니까?' 답하였다. '하늘의 덕을 형용할 수 없으니, 사물을 낳는 것을 가지고 조화의 신묘함을 드러냈습니다. 성인의 덕을 형용할 수 없으니, 사람들을 감동시키는 것을 가지고 그 신묘한 조화의 신속함을 드러냈습니다. 천하의 이치는 내용이 크면 소리가 크고, 근본이 깊으면 말엽이 무성하니, 감동의 얕고 깊음과 더디고 신속함으로 그 덕의 지극함을 나타내지 않은 적이 없습니다. 성인은 도가 온전하고 덕이 완비되어 높고 밝으며 넓고 두터우며, 사

○ 華陽范氏曰 : "三章自小至大, 自淺至深, 故記者次之如此."282)

화양 범씨(華陽范氏)가 말하였다. "세 장은 작은 것에서 큰 것으로 얕은 것에서 깊은 것으로 이르렀기 때문에 기록한 사람이 이와 같이 순서로 하였다."283)

○ 雲峰胡氏曰 : "首篇子禽『註』, 謂'過化存神之妙, 未易窺測,' 此引程子曰'聖人神化與天地同流.' 前引謝氏曰, '善觀聖人, 善言德行,' 今引謝氏曰, 稱聖人語極高, 前後相應處, 便可見晩年眞知聖人矣. 且子禽之問凡三, 所見每降益下, 此篇子貢稱夫子三章, 其見每進益高. 若皆孔子弟子所見, 何霄壤之如是哉. 其死也哀, 子貢哀慕之心, 倍於父母, 至廬墓凡六年, 晩年所得於夫子者, 蓋益深矣."284)

운봉 호씨(雲峯胡氏 : 胡炳文)가 말하였다. "첫 편 자금에 대한 『집주(集註)』에서는 '지나가면 교화되고 마음에 보존함이 신묘해지는 묘함은 관측하기 쉽지 않다'285)

물을 감동시키는 것이 이와 같으니, 사물을 감동시키는 것으로 말미암아 되돌려 성인의 덕을 보면, 어찌 분명해서 쉽게 드러나지 않겠습니까?'(立之謂制其田里, 道謂道之以德, 綏謂撫安之, 立之固也, 動謂鼓舞之, 道之深也. 立之道之綏之動之, 皆聖人政化之施. 斯立斯行斯來斯和, 皆天下感動之速. 或曰 : '子貢知足以知聖人, 今乃不言其德, 而稱其得邦家之效何也.' 曰 : '天之德不可形容, 卽其生物而見其造化之妙. 聖人之德, 不可形容, 卽其感人而見其神化之速. 天下之理, 實大則聲宏, 本深則末茂, 感動之淺深遲速, 未有不視其德之所至者, 聖人道全德備, 高明博厚, 則其感於物者, 如此, 因其感於物, 以反觀聖人之德, 豈不曉然而易見哉.')"

282) 주자 찬, 『논어정의(論語精義)』「자장(子張)」.

283) 세 장은 작은 것에서 큰 것으로 얕은 것에서 …… 기록한 사람이 이와 같이 순서로 하였다 : 『논어정의』「자장(子張)」에는 "자공은 지혜가 성인을 충분히 알 수 있어, 그 말에서 처음에는 궁궐의 담장으로 비유했고, 또 해와 달에 비유했으며, 또 '마치 하늘을 사다리로 오르지 못하는 것과 같다.'라고 하였으니, 더 할 것이 없다. 세 장은 작은 것에서 큰 것으로 얕은 것에서 깊은 것으로 이르렀기 때문에 기록한 사람이 이렇게 순서로 하였다.(子貢知足以知聖人, 其言初譬之宮牆, 又譬之日月, 又曰 : '猶天之不可階而升也', 則亦無以加矣. 三章自小以至大, 自淺以至深, 故記者次之如此.)"라고 되어 있다.

284) 호광 편(胡廣 編), 『논어집주대전(論語集註大全)』「자장(子張)」.

285) 지나가면 교화되고 마음에 보존함이 신묘해지는 묘함은 관측하기 쉽지 않다 : 『논어집주(論語集註)』「학이(學而)」에 "공자는 일찍이 구하지 않았으나 다만 그 덕스러운 모양이 이와 같았다. 그러므로 당시 임금이 공경하고 믿어서 스스로 그 정사를 가지고 찾아와 물었을 뿐이고, 타인이 반드시 구한 뒤에 얻는 것과는 같지 않다. 성인이 지나가면 교화되고 마음에 보존함이 신묘해지는 묘함을 엿보아 측량하기가 쉽지 않으나, 이것을 가지고 관찰한다면 그 덕(德)이 성대하고 예가 공손해서 바깥 사물을 원하지 않음을 또한 볼 수 있으니, 배우는 사람들이 마음을 푹 적셔서 힘써 배워야 할 것이다.(夫子未嘗求之, 但其德容如是, 故時君敬信, 自以其政就而問之耳, 非若他人必求之而後得也. 聖人過化存神之妙, 未易窺測, 然卽此而觀, 則其德盛禮恭而不願乎外, 亦可見矣, 學者所當潛心而勉學也.)"라고 되어 있다.

라는 것을 말하였고, 여기에서는 정자가 '성인의 신묘한 변화가 위 아래로 천지와 하나가 되어 흘러간다는 것이다.'라고 한 것을 인용하였으며, 앞의 주석에서는 사씨가 '성인을 잘 관찰하고 덕행을 잘 말하였다.'[286]라고 한 것을 인용하였고, 여기에서는 사씨가 '성인을 칭찬한 말이 고원함에 지극하다.'라고 한 것을 인용하였으니, 앞뒤로 서로 호응하는 것들로 곧 늙어 만년에 진실로 성인에 대해 이해했음을 알 수 있다. 또 자금이 물은 것이 모두 세 번으로 보는 것이 매번 내려가 더욱 수준이 떨어지고, 이 편에서 자공이 공자를 말한 것이 세 장으로 매번 나아가 더욱 수준이 올라갔다. 모두 공자 제자들의 소견으로 어떻게 하늘과 땅처럼 이렇게 차이가 나는가? 돌아가면 슬퍼하는 것은 자공이 슬퍼하며 그리워하는 마음이 부모보다 갑절로 한 것으로 여막에서 모두 6년 동안 지냈던 것이니, 늙어 만년에 공자에게 터득한 사안이 더욱 깊었던 것이다."[287]

---

286) 성인을 잘 관찰하고 덕행을 잘 말했다 : 『논어집주(論語集註)』「학이(學而)」에 "사씨(謝氏)가 말하였다. '배우는 사람들이 성인의 위의(威儀)에서 관찰하면 또한 덕에 나아갈 수 있을 것이다. 자공과 같다면 또한 성인을 잘 관찰했다고 말할 수 있고, 또한 덕행을 잘 형용하여 말했다고 할 수 있다. 지금 성인과의 거리가 1천 5백 년인데, 이 다섯 가지를 가지고 그 형용을 상상해 보면 아직도 사람에게 흥기하게 하는데, 하물며 직접 수업한 사람에 있어서야 말해 무엇하겠는가!'(謝氏曰 : '學者觀於聖人威儀之間, 亦可以進德矣, 若子貢, 亦可謂善觀聖人矣, 亦可謂善言德行矣. 今去聖人, 千五百年, 以此五者, 想見其形容, 尙能使人興起, 而況於親炙之者乎.')" 라고 되어 있다.

287) 첫 편 자금에 대해 『집주(集註)』에서는 …… 공자에게 터득한 것이 더욱 깊었던 것이다 : 『논어집주대전』「자장(子張)」에는 다음과 같이 되어 있다. "이 장의 『집주(集註)』는 첫 편에서 자금이 자공에게 묻는 것과 함께 봐야 한다. 앞의 『집주(集註)』에서는 '성인이 지나가면 교화되고 마음에 보존함이 신묘해지는 묘함은 관측하기 쉽지 않다.'라는 것을 말하였고, 여기에서는 정자가 '성인의 신묘한 변화가 위 아래로 천지와 하나가 되어 흘러간다는 것이다.'라고 한 것을 인용하였다. 그렇다면 성인이 지나가면 교화되고 마음에 보존함이 신묘해지는 묘함은 자공이 여기에서 알았던 것이다. 앞의 주석에서는 사씨가 '또한 성인을 잘 관찰했다고 할 수 있고 덕행을 잘 말했다고 할 수 있다.'라고 한 것을 인용하였고, 지금의 『집주(集註)』에서는 사씨가 '자공이 성인을 칭찬한 말을 보면, 늙어 만년의 참다운 덕이 고원함에 지극함을 알 수 있다.' 라고 한 것을 인용하였다. 그렇다면 앞에서는 자공이 또한 성인을 잘 관찰한 것을 말한 것에 지나지 않고, 지금에서는 성인을 진실로 알았음을 말할 수 있다는 것이다. 『집주(集註)』를 읽은 자들은 앞뒤로 서로 호응하는 것들을 보면 늙어 만년에 덕을 진보시킨 것을 알 수 있다. 또 자금이 물은 것이 모두 세 번으로 처음에는 공자가 정사에 대해 듣기를 구하는 것을 의심하였고, 두 번째는 공자가 자식을 사사롭게 할까 의심하였으며, 이제는 자공이 공자보다 낫다고 의심하였으니, 보는 것이 매번 내려가 더욱 수준이 떨어진다. 이 편에서 자공이 공자를 말한 것이 세 장으로 처음에는 몇 길의 담장으로 비유하였고, 두 번째는 해와 달로 비유하였으

며, 지금에는 하늘을 사다리로 오르지 못하는 것으로 비유하였으니, 그 소견이 매번 나아가 더욱 수준이 올라갔다. 모두 공자의 제자들로 여긴다면, 그 소견이 또한 어떻게 하늘과 땅처럼 이렇게 차이가 나는가? 돌아가면 슬퍼하는 것은 자공이 슬퍼하며 그리워하는 마음이 부모보다 갑절로 한 것으로 여막에서 모두 6년 동안 지냈던 것이니, 늘그막에 공자에게 터득한 사안이 더욱 깊었던 것이다.(此章集註, 當與首篇子禽問於子貢通看. 前謂聖人過化存神之妙, 未易窺測, 此則引程子曰聖人神化上下與天地同流. 然則聖人過化存神之妙, 子貢於是始知之矣. 前引謝氏曰, 子貢亦可謂善觀聖人矣, 亦可謂善言德行矣. 今引謝氏曰, 觀子貢稱聖人語, 乃知晚年進德, 蓋極於高遠也. 然則前不過謂子貢亦善觀聖人, 今則可謂真知聖人矣. 讀集註者, 當看其前後相應處, 便可見晚年進德處. 且子禽之問凡三, 始則疑夫子求聞政, 次疑夫子之私其子, 今則疑子貢賢於夫子, 所見者每降益下. 此篇子貢之稱夫子亦三. 始則喻之以數仞之牆, 次則喻之以日月, 今則喻之以天之不可階而升, 其所見每進而益高. 若以爲皆孔子弟子也, 其所見, 抑何霄壤之邈如是哉. 其死也哀, 而子貢哀慕之心, 倍於父母. 至廬墓者, 凡六年之久, 則其晚年所得於夫子者, 蓋益深矣.)"

권20

논어집주상설

論語集註詳說

요왈。堯曰 第二十

제20편

朱註

凡三章.

모두 3장이다.[1]

1) 「요왈(堯曰)」은 『논어』의 마지막 편으로, 다른 편에 비해 그 체제가 독특하다. 공자(孔子)의 언행(言行)이나 제자들과의 문답(問答), 또는 제자의 말을 기록하기보다는 격언과 같은 핵심 구절을 간추려서 정돈하고 있다. 제1장에서는 요·순(堯·舜) 임금, 은나라를 창건한 탕왕(湯王)과 주나라를 세운 무왕(武王)의 행적을 간략하면서도 힘차게 요약하였고, 제2장은 자장(子張)과 공자(孔子)가 '오미(五美)·사악(四惡)'에 대해 자세하게 문답하며 규명하는 장면이다. 그리고 맨 마지막의 제3장은 '명(命)·예(禮)·언(言)'에 관한 공자의 말로 마무리 된다.

[20-1-1]

堯曰："咨爾舜, 天之曆數在爾躬, 允執其中, 四海困窮, 天祿永終."
요 임금이 말하였다. "아! 너 순아, 하늘의 역수가 너의 몸에 있으니, 진실로 그 알맞음을 잡도록 하라. 사해가 곤궁하면 하늘의 봉록이 영원히 끊어질 것이다."

朱註

此堯命舜, 而禪以帝位之辭.
이는 요 임금이 순 임금에게 명하여 제위를 선양하면서 한 말이다.

詳說

○ **時戰反.**
'선(禪 : 선양함)'은 '시(時)'과 '전(戰)'의 반절(反切)이다.

○ **先總提其事.**
먼저 전체적으로 그 일을 제시하였다.

○ **此辭與『孟子』堯命契之辭, 皆不見於『書』, 蓋闕文也. 若曰二辭, 皆詩體, 故不見於『書』, 則賡歌, 又何以見於『書』耶. 且天之一句, 允執一句, 四海二句, 雖散見於「大禹謨」, 乃舜命禹之辭, 非堯命舜之辭也.**
여기의 말과 『맹자(孟子)』에서 요 임금이 설(契)에게 명한 말은 모두 『상서(尚書)』에는 없으니 궐문이다. 약왈(若曰)[2]이라는 두 말은 모두 시의 문체이기 때문에 『상서(尚書)』에는 없으니, 계승하는 노래가 또 어찌 『상서(尚書)』에 있겠는가? 또 '하늘의[天之]'라는 한 구절과 '진실로 ~을 잡으라[允執~]'라는 한 구절과 '사해가[四海]'라는 두 구절이 『서경(書經)』「대우모」에 흩어져 있을지라도[3] 바로 순

---

2) 약왈(若曰) : 『서경(書經)』「우서(虞書)」에는 ''왈약계고(曰若稽古)'로 되어 있다.

3) '하늘의[天之]'라는 한 구절과 '진실로 ~을 잡으라[允執~]'라는 한 구절과 '사해가[四海]'라는 두 구절이 『서경(書經)』「대우모」에 흩어져 있을지라도 : 『서경(書經)』「우서(虞書)·대우모(大禹謨)」에 다음과 같이 되어 있다. "帝曰 : '來, 禹! 降水儆予, 成允成功, 惟汝賢. 克勤于邦, 克儉于家, 不自滿假, 惟汝賢. 汝惟不矜, 天下莫與汝爭能. 汝惟不伐, 天下莫與汝爭功. 予懋乃德, 嘉乃丕績, 天之歷數在汝躬, 汝終陟元后. 人心惟危, 道心惟微, 惟精惟一, 允執厥中. 無稽之言勿聽, 弗詢之謀勿庸. 可愛非君? 可畏非民? 眾非元后, 何戴? 后非眾, 罔與守邦? 欽哉! 愼乃有位, 敬修其可願, 四海困窮, 天祿永終. 惟口出好興戎, 朕言不再.'"

임금이 우에게 명한 말이지 요 임금이 순 임금에게 명한 말이 아니다.

○ 雲峯胡氏曰 : "微弟子記之於此, 則三聖人以一中相授之淵源, 孰從而知之哉."[4)]
운봉 호씨(雲峯胡氏 : 胡炳文)가 말하였다. "제자들이 여기에 기록한 것이 아니라면, 세 성인이 '알맞음[中]'을 하나로 하여 서로 전한 연원을 어디에서 알 수 있었겠는가?"[5)]

朱註

咨, 嗟歎聲. 曆數帝王相繼之次第, 猶歲時節序之先後也.
아[咨]는 감탄하는 소리이다. 역수는 제왕들이 서로 계승하는 차례이니, 세시(歲時)와 절서(節序)의 선후와 같기 때문이다.

詳說

○ 一作節氣, 一作氣節.
'절서(節序)'는 어떤 판본에는 '절기(節氣)'로 되어 있고, 어떤 판본에는 '기절(氣節)'로 되어 있다.

○ 朱子曰 : "其序之屬, 此人亦以其德知之, 非若讖緯之見姓名也."[6)]
주자(朱子 : 朱熹)가 말하였다. "그 순서와 같은 것은 이런 사람들이 또한 그 덕으

---

4) 호광 편(胡廣 編), 『논어집주대전(論語集註大全)』「요왈(堯曰)」에 호병문(胡炳文)이 아니라 진력(陳櫟)의 말로 실려 있다.

5) 제자들이 여기에 기록한 것이 아니라면 …… 연원을 어디에서 알 수 있었겠는가 : 『논어집주대전』「요왈(堯曰)」에는 "신안 진씨(新安陳氏 : 陳櫟)가 말하였다. ''하늘의 봉록이 영원히 끊어질 것이다.'라는 말은 '하늘의 역수가 너의 있다.'라는 말과 서로 호응한다. '그 알맞음을 잡도록 하라.'라는 말은 하늘의 녹봉을 보존하는 근본으로 말한 것이다. '사해가 곤궁하다.'라는 말은 진실로 그 알맞음을 잡을 수 없는 것에 대한 증험으로, 하늘의 녹봉이 영원히 끊어지게 되는 까닭이다. 순 임금이 우에게 전함에 삼가 이 네 구절을 기록하고 한 글자도 바꾸지 않았다. 다만 말에 자세함을 더해 이치가 더욱 밝아졌고 의미가 극진해졌을 뿐이다. 순 임금이 우에게 전함에 『상서(尙書)』에 자세히 기록했으니, 요 임금이 순에게 전한 것이다. 제자들이 여기에 기록한 것이 아니라면, 세 성인이 '알맞음[中]'을 하나로 하여 서로 전수한 연원을 어디에서 알 수 있었겠는가?(新安陳氏曰 : ''天祿永終', 與'天之歷數在爾躬', 相照應. '允執其中', 告以保天祿之本也. '四海困窮', 不能允執其中之驗, 所以致天祿之永終也. 舜之授禹, 謹述此四句, 不易一字. 但辭加詳, 而理益明, 意益盡耳. 舜之授禹, 具載於『書』, 堯之授舜. 微弟子記之於此, 則三聖人, 以一中相授受之淵源, 其孰從而知之哉.')"라고 되어 있다.

6) 호광 편(胡廣 編), 『논어집주대전(論語集註大全)』「요왈」.

로 아는 사안이지 참위(讖緯)에서 성명(姓名)으로 드러낸 것과 같은 뜻이 아니다."[7]

○ **南軒張氏曰 : "以其德當天心也."**[8]

남헌 장씨가 말하였다. "그 덕이 천심에 해당한다."[9]

朱註

允, 信也. 中者, 無過不及之名.

'진실로[允]'라는 말은 진실로[信]라는 뜻이다. 알맞음[中]은 지나치거나 미치지 않음이 없는 명칭이다.

詳說

○ **朱子曰 : "眞箇執得."**[10]

---

7) 그 순서와 같은 것은 …… 성명(姓名)으로 드러낸 것과 같은 것이 아니다 : 『논어집주대전』「요왈(堯曰)」에는 "제왕이 서로 이어받는 순서의 수는 책력[歷]에서 연 · 월 · 일 · 시와 같아 또한 선후의 순서가 있다. 그런데 성인이 그 순서와 같은 것들을 아는 일은 이런 사람들에게서 또한 그 덕을 가지고 아는 것이지, 참위에서 성명을 말해 도록(圖籙)에 나타나서 말한 것과 같은 사안이 아니다. 성현이 알맞음[中]을 말한 것에는 두 가지 의미가 있으니, '큰 근본[大本]'이라고 한 경우, 기쁨 · 노여움 · 슬픔 · 즐거움이 아직 일어나지 않았을 때의 이치는 그 기상이 이와 같다는 뜻이고, '때에 알맞음[時中]'이라고 하는 경우, 이치가 일에서 지나치고 미치지 못함이 없다는 뜻이다. 여기서 '진실로 그 알맞음을 잡도록 하라.'라고 한 것은 일에서 말하였다. 천지의 큰 근본이라면 잡을 수 없는 뜻이다. 또 성인의 도는 때 맞춰 행하고 때 맞춰 멈추니, 어찌 오로지 편안히 움직이지 않는 것을 이것으로 여겨 지키고 있겠는가?(帝王相承其次第之數, 若歷之歲月日時, 亦有先後之序. 然聖人所以知其序之屬, 於此人, 亦以其人之德知之, 非若讖緯之說姓名, 見於圖籙而爲言也. 聖賢言中有二義, 大本云者, 喜怒哀樂未發之時之理, 其氣象如此也, 時中云者, 理之在事而無過不及之地也. 此曰允執其中, 蓋以其在事者而言. 若天下之大本, 則不可得而執矣. 且聖人之道, 時行時止, 夫豈專以塊然不動者爲是而守之哉.)"라고 되어 있다.

8) 호광 편(胡廣 編), 『논어집주대전(論語集註大全)』「요왈(堯曰)」.

9) 그 덕이 천심에 해당한다 : 『논어집주대전』「요왈(堯曰)」에는 "그 덕이 천심에 해당하기 때문에 하늘의 역수가 그 몸에 있는 것을 안다. '그 알맞음을 잡도록 하라.'라는 것은 일마다 사물마다 모두 그 알맞음이 있으니, 하늘의 이치가 보존된 것이기 때문이다. 오직 그 마음에 의지하는 것이 없다면 그 알맞음을 잡을 수 있어 놓치지 않으니, 이른바 때에 알맞음이다. 군자가 편안하고 영화롭게 여기는 것은 백성들 때문이다. 하늘이 보고 듣는 것은 우리 백성들로부터 보고 들으니, 사해가 곤궁하면 하늘의 봉록이 또한 영원히 끊어지는 것이다. 성인들이 서로 전한 것은 모두 하늘과 사람의 경계일 뿐이다.(以其德當天心, 故知天之歷數在其躬. 允執其中, 事事物物皆有中, 天理之所存也. 惟其心無依倚, 則能執其中, 而不失此, 所謂時中也. 君之所爲安榮者, 以民故也. 天之視聽, 自我民視聽, 若四海困窮, 則天祿亦永終矣. 聖人之相授, 凡以天人之際而已.)"라고 되어 있다.

주자(朱子 : 朱熹)가 말하였다. "진실로 잡는 일이다."[11]

○ 訓畢.

훈고가 끝났다.

○ 朱子曰 : "以在事之理言, 若天下之大本, 不可得而執矣."

주자(朱子 : 朱熹)가 말하였다. "일에 있는 이치로 말하면, 천하의 큰 근본과 같아 잡을 수 없다."

○ 新安倪氏曰 : "『中庸』舜用中, 卽由其所執之中也. 執非執一定之理, 蓋於事物上, 酌其中而執之."[12]

신안 예씨가 말하였다. "『중용(中庸)』에서 순 임금이 알맞음을 사용했다는 것[13]은 바로 그가 잡고 있는 알맞음을 따랐다는 뜻이다. '잡았다'는 것은 일정한 이치를 잡았다는 말이 아니라 대개 사물에서 그 알맞음을 참작해서 잡는다는 뜻이다."[14]

朱註

> 四海之人困窮, 則君祿, 亦永絶矣, 戒之也.

---

10) 호광 편(胡廣 編), 『논어집주대전(論語集註大全)』「요왈(堯曰)」.

11) 진실로 잡는 일이다 : 『논어집주대전』「요왈(堯曰)」에는 "'알맞음'은 단지 합당한 도리이다. '진실로'는 진실로 잡는 것이다. 요 임금이 당시 순에게 말할 때는 이 한 구절만 말했을 뿐이다. 후에 순 임금이 우에게 말할 때 또 '사람의 마음은 위태로울 뿐이고 도의 마음은 은미할 뿐이니, 정밀하게 하고 한결같이 하라.'라는 세 구절을 더했으니, 말이 또 자세해졌다.(中只是箇恰好的道理. 允是真箇執得. 堯當時告舜, 只說這一句. 後來舜告禹, 又添得人心惟危道心惟微惟精惟一三句. 說得又較仔細.)"라고 되어 있다.

12) 호광 편(胡廣 編), 『논어집주대전(論語集註大全)』「요왈(堯曰)」.

13) 『중용(中庸)』에서 순 임금이 알맞음을 사용했다는 것 : 『중용장구(中庸章句)』 제6장에는 "공자가 말하였다. "순 임금은 큰 지혜를 가진 분일 것이다. 순 임금은 묻기를 좋아하시고, 천근한 말씀을 살피기 좋아하면서도 악을 숨겨 주고 선을 드날리며, 두 끝을 잡고 그 알맞음을 백성에게 사용했기 때문에 순 임금이 된 것이다.(子曰 : '舜其大知也與. 舜好問而好察邇言, 隱惡而揚善, 執其兩端, 用其中於民, 其斯以爲舜乎.')"라고 하였다.

14) 『중용(中庸)』에서 순 임금이 알맞음을 사용했다는 …… 알맞음을 참작해서 잡는다는 뜻이다 : 『논어집주대전』「요왈(堯曰)」에는 "살펴보건대, '잡는다'고 한 것은 일정한 이치를 잡는 것이 아니라 대개 사물에서 그 알맞음을 참작해서 잡고 쓴다는 말이다. 『중용(中庸)』에서 알맞음을 쓴다는 말은 바로 그가 잡고 있는 알맞음을 사용한다는 뜻이다.(按, 執云者, 非執一定之理, 蓋於事物上, 酌其中而執以用之. 『中庸』謂舜用其中, 卽用其所執之中也.)"라고 되어 있다.

사해의 인민들이 곤궁하면 임금의 녹봉도 영원히 끊어지게 된다는 말이니, 순 임금을 경계한 것이다.

詳說

○ 天所賜之祿.

'군록(君祿 : 임금의 녹봉도)'은 하늘이 준 녹봉이다.

○ 雲峯胡氏曰 : "天祿, 方始而即以永終言之, 爲戒深矣."[15]

운봉 호씨(雲峯胡氏 : 胡炳文)가 말하였다. "하늘의 녹봉에 대해 시작하면서 바로 '영원히 끊어질 것이다.'라고 말했으니, 경계로 삼는 뜻이 깊은 것이다.[16]

○ 釋畢.

경문의 풀이가 끝났다.

[20-1-2]

舜亦以命禹.

순(舜) 임금도 이 말로 우(禹) 임금에게 명하였다.

朱註

舜後遜位於禹, 亦以此辭命之. 今見於「虞書 · 大禹謨」, 比此加詳.

순 임금이 그 후 우 임금에게 제위를 선양할 때도 이 말로 명하였다. 지금 「우서(虞書) · 대우모(大禹謨)」에 보이는데, 여기에 비하면 더욱 자세하다.

---

15) 호광 편(胡廣 編), 『논어집주대전(論語集註大全)』「요왈(堯曰)」.

16) 하늘의 녹봉에 대해 시작하면서 …… 경계로 삼는 뜻이 깊은 것이다 : 『논어집주대전』「요왈(堯曰)」에는 "천하의 큰 운이 마음에 있으니, 이 마음 씀에 조금이라도 지나치고 모자람이 있으면 알맞음이 아니다. 알맞음이 아니면 사해가 곤궁하게 되어 하늘의 봉록이 영원히 끊어지게 된다. 명을 내릴 때 하늘의 봉록이 여기에서 시작하는데 바로 영원히 끊어질 것이다로 말한 것은 경계로 삼는 뜻이 깊기 때문이다.(天下之大運之在心, 此心之用稍有過不及, 即非中矣. 非中, 則四海將至困窮, 而天祿亦永終矣. 授命之際, 天祿方於此乎始也, 而即以永終言之, 爲戒深矣.)"라고 되어 있다.

詳說

○ 音現.

'현어「우서 · 대우모」(見於「虞書 · 大禹謨」)'에서 '현(見)'자는 음이 '현(現)'이다.

○ 朱子曰 : "添'人心惟危, 道心惟微, 惟精惟一'三句, 是執中以前事. 堯只說一句, 舜已曉得. 舜怕禹未曉得, 故恁地說."[17]

주자(朱子 : 朱熹)가 말하였다. "'사람의 마음은 위태로울 뿐이고 도의 마음은 은미할 뿐이니, 정밀하게 하고 한결같이 하라.'라는 세 구절을 더한 것은 알맞음을 잡기 이전의 일이다. 요 임금은 단지 한 구절만 설명했을 뿐이지만 순이 이미 깨달았다. 그런데 순 임금은 우가 깨닫지 못할까 염려했기 때문에 이처럼 설명하였다."[18]

○ 有釋無訓.

경문의 풀이는 있으나 훈고는 없다.

[20-1-3]

曰 : "予小子履, 敢用玄牡, 敢昭告于皇皇后帝. 有罪, 不敢赦, 帝臣不蔽, 簡在帝心, 朕躬有罪, 無以萬方, 萬方有罪, 罪在朕躬."

말하였다. "나 소자 이(履)는 검은 희생을 써서 감히 거룩하신 상제께 아뢰니다. 죄가 있는 사람을 제가 감히 용서하지 못하고, 상제의 신하를 제가 감히 가리지 못하니, 신하를 간택함은 상제의 마음에 달려 있습니다. 내 몸에 죄가

---

17) 호광 편(胡廣 編), 『논어집주대전(論語集註大全)』「요왈(堯曰)」.

18) '사람의 마음은 위태로울 뿐이고 …… 염려했기 때문에 이처럼 설명했다 : 『논어집주대전』「요왈(堯曰)」에는 "'알맞음'은 단지 합당한 도리이다. …… 이 세 구절은 그 알맞음을 잡기 이전의 일로 순 임금이 우에게 공부하게 한 것이다. 사람의 마음은 위태로울 뿐이고 도의 마음은 은미할 뿐이니, 반드시 정밀하게 하고 한결같이 해야 그 알맞음을 잡을 수 있다. 요 임금 당시 순에게 말할 때는 단지 한 구절뿐이었으나, 순이 이미 그것을 깨달았기 때문에 다시 설명하지 않았다. 순 임금이 우에게 말할 때는 우가 깨닫지 못할까 염려했기 때문에 이처럼 설명하였다.(中只是箇恰好的道理. …… 這三句是允執厥中以前事, 是舜教禹做工夫處. 人心惟危道心惟微, 須是惟精惟一, 方能允執厥中. 堯當時告舜, 只說一句, 舜已曉得那箇了, 所以不復更說. 舜告禹時, 便是怕禹尚未曉得, 故恁地說.)"라고 되어 있다.

있음은 세상 때문이 아니고, 세상에 죄가 있음은 그 죄가 내 몸에 있기 때문입니다."

詳說

○ 小子, 自卑之辭. 皇, 大也.

'소자(小子)'는 스스로 낮추는 말이다. '거룩하다[皇]'는 말은 크다는 뜻이다.

朱註

此引『商書』「湯誥」之辭, 蓋湯旣放桀, 而告諸侯也.

이는 『상서(商書)』「탕고(湯誥)」의 말을 인용한 것이니,[19] 탕왕이 걸왕을 추방하고서 제후들에게 말한 내용이다.

詳說

○ 上一半.

'탕기방걸(湯旣放桀 : 탕왕이 걸왕을 추방하고서)'은 앞 부분에 기술된 내용이다.

○ 下一半.

'고제후야(告諸侯也 : 제후들에게 말한 내용이다)'는 뒷 부분에 기술된 내용이다.

○ 先總提其事.

먼저 그 일을 전체적으로 제시하였다.

朱註

與『書』文大同小異, 曰上當有湯字.

19) 『상서(商書)』「탕고(湯誥)」의 말을 인용한 것이니 : 전문은 다음과 같다. "王歸自克夏, 至于亳, 誕告萬方. 王曰 : '嗟! 爾萬方有衆, 明聽予一人誥. 惟皇上帝, 降衷于下民. 若有恆性, 克綏厥猷惟后. 夏王滅德作威, 以敷虐于爾萬方百姓. 爾萬方百姓, 罹其凶害, 弗忍荼毒, 並告無辜于上下神祇. 天道福善禍淫, 降災于夏, 以彰厥罪. 肆台小子, 將天命明威, 不敢赦. 敢用玄牡, 敢昭告于上天神后, 請罪有夏. 聿求元聖, 與之戮力, 以與爾有衆請命. 上天孚佑下民, 罪人黜伏, 天命弗僭, 賁若草木, 兆民允殖. 俾予一人輯寧爾邦家, 茲朕未知獲戾于上下, 慄慄危懼, 若將隕于深淵. 凡我造邦, 無從匪彝, 無即慆淫, 各守爾典, 以承天休. 爾有善, 朕弗敢蔽 ; 罪當朕躬, 弗敢自赦. 惟簡在上帝之心. 其爾萬方有罪, 在予一人 ; 予一人有罪, 無以爾萬方. 嗚呼! 尚克時忱, 乃亦有終.'"

『서경(書經)』의 글과 대동소이한데, '말하였다[曰]'라는 글자 앞에 '탕 임금[湯]' 이라는 글자가 있어야 한다.

詳說

○ 次論『書』『語』同異.

이어서 『서경(書經)』과 『논어(論語)』의 같고 다름을 말하였다.

○ 凡『語』『孟』引『書』, 而有同異者, 皆古文也, 一以『語』『孟』爲正, 可也.

일반적으로 『논어(論語)』와 『맹자(孟子)』에서 『서경(書經)』을 인용하는데, 같고 다름이 있는 것은 모두 옛글이기 때문이니, 한편으로 『논어(論語)』와 『맹자(孟子)』를 바른 것으로 여겨도 괜찮다.

○ 次補湯字.

'왈상당유탕자(曰上當有湯字 : '말하였다[曰]'라는 글자 앞에 '탕 임금[湯]'이라는 말이 있어야 한다)'는 이어서 '탕 임금'이라는 말을 보충하였다.

○ 此本伊川語.

'왈상당유탕자(曰上當有湯字 : '말하였다[曰]'라는 글자 앞에 '탕 임금[湯]'이라는 말이 있어야 한다)'의 경우, 이는 이천(伊川 : 정이(程頤))의 말에 근거하였다.

朱註

履, 蓋湯名. 用玄牡, 夏尚黑, 未變其禮也.

'이(履)'는 탕 임금의 이름이다. 검은 희생을 쓴 것은 하(夏)나라가 흑색을 숭상하였는데, 아직 그 예를 바꾸지 않았기 때문이다.

詳說

○ 世本曰 : "名天乙."[20]

'리, 개탕명(履, 蓋湯名 : '이(履)'는 탕 임금의 이름이다)'에 대해, 소세본(疏世本)이 말하였다. "이름은 천을(天乙)이다."[21]

○ 孔氏曰 : "至爲王, 改履."[22]

---

20) 호광 편(胡廣 編), 『논어집주대전(論語集註大全)』「요왈(堯曰)」 .

21) 이름은 천을(天乙)이다 : 『논어집주대전』「요왈(堯曰)」에는 "탕의 이름은 천을이다.(湯名天乙.)" 라고 되어 있다.

22) 호광 편(胡廣 編), 『논어집주대전(論語集註大全)』「요왈(堯曰)」.

'리, 개탕명(履, 蓋湯名 : '이(履)'는 탕 임금의 이름이다)'에 대해, 공씨[공안국(孔安國)]가 말하였다. "임금이 되자 리(履)로 바꾸었다."[23]

◯ 出『禮記』「檀弓」.

『용현모, 하상흑(用玄牡, 夏尙黑 : 검은 희생을 쓴 것은 하(夏)나라가 흑색을 숭상하였는데)에 관한 내용은 『예기』「단궁」에 나온다.[24]

◯ 如「洪範」猶稱祀.

'미변기례야(未變其禮也 : 아직 그 예를 바꾸지 않았기 때문이다)'는 이를테면 『서경(書經)』「홍범」에서 제사라고 한 것과 같다.

朱註

簡, 閱也.

'간택한다[簡]'는 말은 뽑는다는 뜻이다.

詳說

◯ 朱子曰 : "善與罪, 天皆知之, 如天之點閱數過."[25]

주자(朱子 : 朱熹)가 말하였다. "선함과 죄악은 하늘이 모두 알고 있으니, 하늘이 자주 잘못하는 것을 지명하는 일과 같다."[26]

---

23) 임금이 되자 리(履)로 바꾸었다 : 『논어집주대전』「요왈(堯曰)」에는 "임금이 되자 이름을 리로 바꾸었다.(至爲王, 改名履.)"라고 되어 있다.

24) 『예기』「단궁」에 나온다 : 『예기』「단궁상(檀弓上)」에 "하후씨는 검은색을 숭상하여 상사 때는 어두운 때 염습하고, 융사에는 검은 말을 타며, 희생은 검은 것을 사용하였다.(夏后氏, 尙黑, 大事斂用昏, 戎事乘驪, 牲用玄.)"라는 말이 있다.

25) 호광 편(胡廣 編), 『논어집주대전(論語集註大全)』「요왈(堯曰)」.

26) 선함과 죄악은 하늘이 모두 알고 있으니, 하늘이 자주 잘못하는 것을 지명하는 일과 같다 : 『논어집주대전』「요왈(堯曰)」에는 "'간택한다[簡]'는 말은 뽑는다는 뜻이다. 선함과 죄악은 하늘이 모두 알고 있으니, 하늘이 자주 잘못을 점검함과 같은 일으로 너에게 선함이 있으면 상제의 마음에 있고, 나에게 악함이 있으면 상제의 마음에 있다.(簡, 閱也. 善與罪, 天皆知之, 如天點檢數過, 爾之有善, 也在帝心, 我之有惡, 也在帝心.)"라고 되어 있다. 『주자어류(朱子語類)』 권50, 「논어32(論語三十二)」, 2조목에는 "'신하를 간택하는 일은 상제의 마음에 달렸다.'고 하였는데 간택한다는 것은 무엇을 말하는 것입니까?'라고 묻자, 주희가 말하였다. '하늘이 여러 과실을 한결같이 점검하는 것과 같다. 선과 죄는 하늘이 모두 알고 있다. 너에게 착한 것이 있으면 또한 상제의 마음에도 있다. 나에게 죄가 있으면 상제의 마음에도 또한 있다.'("簡在帝心', 何謂簡?' 曰 : '如天檢點數過一般. 善與罪, 天皆知之. 爾之有善, 也在帝心 ; 我之有罪, 也在帝心.')"라고

○ 猶擇也.

선택한다는 말과 같다.

○ 訓畢.

훈고가 끝났다.

朱註

言桀有罪, 己不敢赦, 而天下賢人, 皆上帝之臣, 己不敢蔽, 簡在帝心, 惟帝所命.
걸왕(桀王)에게 죄가 있으니, 내가 감히 용서해 줄 수 없고, 천하의 현인들은 모두 상제의 신하이니 내가 감히 가릴 수 없으며, 간택하는 것이 상제의 마음에 달려 있으니 오직 상제의 명일 뿐이라는 말이다.

詳說

○ 南軒張氏曰 : "得罪於天."[27]

'걸유죄(桀有罪, : 걸왕(桀王)에게 죄가 있으니)'에 대해, 남헌 장씨가 말하였다. "하늘에 죄를 지은 것이다."[28]

○ 曰帝臣, 則可知其賢.

'천하현인(天下賢人 : 천하의 현인들은)'의 경우, 상제의 신하'라고 했다면 그의 어짊을 알 수 있다.

○ 添此四字以足其意.

'오직 상제의 명일 뿐이다.'라는 말로 그 의미를 넉넉하게 하였다.

하였다.

27) 호광 편(胡廣 編), 『논어집주대전(論語集註大全)』「요왈(堯曰)」.

28) 하늘에 죄를 지은 것이다 : 『논어집주대전』「요왈(堯曰)」에는 "'죄가 있는 사람을 제가 감히 용서하지 못한다.'라는 말은 걸왕이 하늘에 죄를 지었으니, 감히 천명을 돌아보아 토벌하지 않을 수 없음을 말한다. 그런데 모든 천하의 사람은 상제의 신하가 아님이 없고 그 선함과 악함은 가릴 수 없다면, 어찌 감히 마음대로 하겠는가? 상제가 돌아보는 명이 무엇인지 돌아볼 뿐으로 자신에 죄가 있으면 감히 만방에 미칠 수 없고, 만방에 죄가 있으면 자신에게로 돌리니, 이는 스스로 다스려서 하늘이 명한 말을 듣는 것으로 천하에 공평한 마음이 이와 같다. 그렇다면 천하를 가진 것이 또한 어찌 자신에게 허여된 일이겠는가?(有罪不敢赦, 謂桀得罪於天, 不敢稽天命而不討. 然凡天下之人, 莫非帝之臣, 其善惡不可蔽也, 則何敢專. 顧帝所眷命何如耳, 己有罪, 則不敢以及萬方, 萬方有罪, 則歸之於己, 此其自列以聽天命之辭, 公天下之心如此. 然則其有天下也, 亦何與於己哉.)"라고 되어 있다.

朱註

此述其初請命, 而伐桀之辭也.

이는 맨 처음에 상제에게 명을 청하여 걸왕을 정벌할 때의 말을 기술한 것이다.

詳說

○ 一作詞

'벌걸지사(伐桀之辭)'에서 '사(辭 : 말)'자는 어떤 판본에는 '사(詞 : 말씀)'로 되어 있다.

○ 祝辭.

기원할 때의 말이다.

朱註

又言君有罪, 非民所致, 民有罪, 實君所爲, 見其厚於責己, 薄於責人之意.

또 임금이 죄가 있음은 백성들이 저지른 것이 아니고, 백성들이 죄가 있음은 실제로 임금이 한 것이라고 말하였으니, 자신을 나무라는 데 무겁고 남을 나무라는 데 가벼이 하는 뜻을 알 수 있다.

詳說

○ 見「衛靈公」.

『논어(論語)』「위령공(衛靈公)」에 보인다.[29]

朱註

此其告諸侯之辭也.

이는 제후들에게 알린 말이다.

詳說

○ 誥辭.

고하는 말이다.

29) 『논어(論語)』「위령공(衛靈公)」에 보인다 : 『논어(論語)』「위령공(衛靈公)」에서 "공자가 말하였다. '자신에게는 많이 책망하고 남에게는 적게 책망한다면 원망이 멀어질 것이다.'(子曰 : '躬自厚, 而薄責於人, 則遠怨矣.')"라고 하였다.

○ 釋畢.

경문의 풀이가 끝났다.

[20-1-4]

周有大賚, 善人是富.

주나라에서 크게 베풀었으니, 선한 사람들이 부유하게 되었다.

朱註

賚, 來代反. 此以下, 述武王事.

'대뢰(大賚)'에서 '뢰(賚)'는 '래(來)'와 '대(代)'의 반절(反切)이다. 이 아래는 무왕(武王)의 일을 기술한 것이다.

詳說

○ 先總提.

먼저 전체적으로 제시하였다.

朱註

賚, 予也.

'베풀었다[賚]'는 말은 준다는 뜻이다.

詳說

○ 音與, 下同.

'여야(予也)'에서 '여(予)'자는 음이 '여(與)'로, 아래에서도 같다.

○ 訓.

훈고이다.

朱註

武王克商, 大賚于四海, 見「周書 · 武成」篇. 此言其所富者, 皆善人也.

무왕이 상(商)나라를 이기고서 사해에 크게 베푼 것으로 『서경(書經)』「주서(周書)·무성(武成)」에 있다. 이는 그 부유하게 된 사람들이 모두 선한 사람임을 말하였다.

詳說

○ 音現.

'현주서(見周書)'에서 '현(見)'자는 음이 '현(現)'이다.

○ 富之.

'소부자(所富者)'에서 '부(富)'자는 부유하게 된다는 말이다.

○ 南軒張氏曰 : "惟善人之是富."[30]

남헌 장씨가 말하였다. "선한 사람들만 부유하게 되었다."[31]

○ 『諺』釋與此不同.

『언해』의 풀이는 이와 같지 않다.[32]

○ 釋畢.

경문의 풀이가 끝났다.

朱註

「詩序」云 : '賚, 所以錫予善人', 蓋本於此.

---

30) 호광 편(胡廣 編), 『논어집주대전(論語集註大全)』「요왈(堯曰)」.

31) 선한 사람들만 부유하게 되었다 : 『논어집주대전』「요왈(堯曰)」에는 "주나라에서 크게 베풀었으니, 선한 사람들만 부유하게 되었다. 아주 가까운 친척이 있을지라도 어질고 현명한 것만 못하니, 주공이 아주 가까운 친척일지라도 현명한 이를 높이는 의리로 중요함을 삼은 것이다. 백성들의 과실은 나 한 사람에게 달려 있는 것이니, 무왕이 천하를 공평하게 한 마음은 성탕과 다름이 없다. 이는 제왕의 일을 기록한 것으로 공자가 늘 문인들에게 말하던 것인데, 끝장에 나열한 것은 앞에 있는 성인과 뒤에 있는 성인의 마음이 부절을 합하듯이 합함을 드러내기 위한 것이다. 지위를 얻지 못해 아래에 있는 것은 공자의 도이고, 지위를 얻어 위에 있는 것은 제왕의 과업이다.(周有大賚, 惟善人之是富. 雖有周至親, 不如仁賢, 如周公雖至親, 亦以尊賢之義爲重也. 百姓有過, 在予一人, 是武王公天下之心, 與成湯無以異也. 此所載帝王之事, 孔子之所常言門人. 列於末章, 所以見前聖後聖之心, 若合符節. 其不得時位而在下, 則夫子之道其得時位而在上, 則帝王之業.)"라고 되어 있다.

32) 『언해』의 풀이는 이와 같지 않다 : 『논어언해』「요왈(堯曰)」에는 '賚'자의 음이 '뢰'로 되어 있는데, 여기서는 '래'로 읽으므로 『언해』의 음이 잘못되었다는 것이다.

「시서(詩序)」에 '베푼다[賚]는 말은 선한 사람들에게 주는 것이다.'라고 하였으니, 여기에 뿌리를 둔 것이다.

詳說

○ 賚序.

'시서(詩序)'는 '뢰서(賚序)'이다.

○ 一作曰.

'운(云 : 말하다)'자는 어떤 판본에는 '왈(曰 : 말하다)'자로 되어 있다.

○ 字義.

'베푼다[賚]'는 말은 글자의 의미이다.

○ 此則論也.

이는 경문의 의미를 설명하였다.

[20-1-5]

"雖有周親, 不如仁人, 百姓有過, 在予一人."
"비록 아주 가까운 친척이 있으나 어진 사람만 같지 못하며, 백성들의 과실은 나 한 사람에게 달려 있다."

朱註

此, 「周書 · 泰誓」之辭.
이는 『서경(書經)』「주서(周書) · 태서(泰誓)」의 말이다.

詳說

○ 先著其所出.

먼저 그 출처를 드러냈다.

朱註

孔氏曰 : "周, 至也.

공씨(孔氏)가 말하였다. "가깝다[周]는 말은 지극하다[아주, 매우]는 뜻이다.

詳說

○ 訓.

훈고이다.

朱註

言紂至親雖多, 不如周家之多仁人."

주왕이 아주 가까운 친척이 비록 많을지라도[33] 주나라에 어진 사람들이 많은 것만 못하다는 말이다."

詳說

○ 厚齋馮氏曰: "三仁不獲用, 十亂皆爲用."[34]

후재 풍씨(厚齋馮氏: 馮椅)가 말하였다. "세 사람의 어진 사람은 등용되지 못하였고, 열 명의 훌륭한 신하는 모두 등용되었다."[35]

---

33) 주왕이 아주 가까운 친척이 비록 많을지라도: 『주자어류(朱子語類)』 권50, 「논어32(論語三十二)」, 3조목에는 "물었다. ''비록 아주 가까운 친척이 있으나'라고 말한 주석에 '주왕이 아주 가까운 친척이 비록 많을지라도'라고 하였는데, 그가 대중을 배반하고 친척과 헤어질 때 그 속에 아주 가까운 사람도 있었습니까?' 주희가 말하였다. '주왕에게 아주 가까운 친척이 어찌 많지 않겠는가? 오직 대중을 배반하고 친척과 헤어지는 것은 일을 잘 해결하지 못했기 때문이다. 그러므로 『서경』에서 말하기를 '주왕은 많은 평범한 사람들을 거느리고 있었지만 마음과 덕이 이반하였다.'라고 하였으니 바로 이것이다.'(問: ''雖有周親', 注: '紂之至親雖多.' 他衆叛親離, 那裏有至親?' 曰: '紂之至親豈不多, 唯其衆叛親離, 所以不濟事. 故書謂『紂有億兆夷人, 離心離德』, 是也')"라고 되어 있다.

34) 호광 편(胡廣 編), 『논어집주대전(論語集註大全)』「요왈(堯曰)」.

35) 세 사람의 어진 사람은 등용되지 못하였고, 열 명의 훌륭한 신하는 모두 등용되었다: 『논어집주대전』「요왈(堯曰)」에는 "미자는 떠났고, 기자는 종이 되었으며, 비간은 간하다가 죽었으니, 주왕이 아주 가까운 친척일지라도 얻어서 등용하지 못한 것이다. 나 소자는 이미 어진 사람을 얻었고, 상제를 공경하여 이었다. 대개 무왕에게는 훌륭한 신하 열 명이 있었고 모두 등용하였으며, 하늘을 받들어 죄인을 토벌하고, 자신에게 죄를 돌리는 것을 근본으로 하였기 때문에 '우임금과 탕왕은 자신에게 죄를 돌렸으니 흥성하는 것이 힘찼다.'라고 하였던 것이다. (微子去之, 箕子爲之奴, 比干諫而死, 雖紂至親不獲用也. 予小子既獲仁人, 祗承上帝. 蓋武王有亂臣十人, 皆爲用也, 奉天討罪, 以罪己爲本, 故曰: '禹湯罪己, 其興也勃焉.')"라고 되어 있다.

○ 釋.

경문의 풀이다.

○ 南軒張氏曰 : "百姓有過, 在予一人, 公天下之心, 與湯無異."[36)]

남헌 장씨(南軒張氏 : 張栻)가 말하였다. "백성의 과실은 나 한 사람에게 달려 있는 것이니, 천하를 공평하게 한 마음은 탕과 다름이 없다.[37)]

○ 上節旣有釋, 故此略之.

앞의 구절에 이미 풀이가 있기 때문에 여기서는 간략하게 하였다.

○ 沙溪曰 : "百姓有過, 『書』註與此, 各是一意."[38)]

사계(沙溪 : 金長生)가 말하였다. "'백성의 과실'이라는 것은 『서경(書經)』의 주석[39)]과 이것이 각기 같은 의미이다."

○ 按, 『書』註, 蓋依『書』本文之意釋之, 故然耳.

살펴보건대, 『서경(書經)』의 주석은 그 본문의 의미에 따라 해석했기 때문에 그런 것일 뿐이다.

---

36) 호광 편(胡廣 編), 『논어집주대전(論語集註大全)』「요왈(堯曰)」.

37) 백성의 과실은 나 한 사람에게 달려 있는 것이니 …… 탕과 다름이 없다 : 『논어집주대전』「요왈(堯曰)」에는 "주나라에서 크게 베풀었으니, 선한 사람들만 부유하게 되었다. 아주 가까운 친척이 있을지라도 어질고 현명한 것만 못하니, 주공이 아주 가까운 친척일지라도 현명한 이를 높이는 의리로 중요함을 삼은 것이다. 백성에게 잘못이 있는 것은 나 한 사람에게 있는 것이니, 무왕이 천하를 공평하게 한 마음은 성탕과 다름이 없다. 이 제왕의 일을 기록한 것으로 공자가 늘 문인들에게 말하던 것인데, 끝장에 나열한 것은 앞에 있는 성인과 뒤에 있는 성인의 마음이 부절을 합하듯이 합함을 드러내기 위한 것이다. 지위를 얻지 못해 아래 있는 것은 공자의 도이고, 지위를 얻어 위에 있는 것은 제왕의 과업이다.(周有大賚, 惟善人之是富. 雖有周至親, 不如仁賢, 如周公雖至親, 亦以尊賢之義爲重也. 百姓有過, 在予一人, 是武王公天下之心, 與成湯無以異也. 此所載帝王之事, 孔子之所常言門人. 列於末章, 所以見前聖後聖之心, 若合符節. 其不得時位而在下, 則夫子之道其得時位而在上, 則帝王之業.)"라고 되어 있다.

38) 김장생(金長生), 『사계전서』 권14, 「경서변의(經書辨疑)」.

39) 『서경(書經)』의 주석 : 『서경(書經)』「태서중(泰誓中)」의 "百姓有過, 在予一人."라는 구절에 대해 『서경집전』에서는 "과는 꾸짖음이다. 이제 백성들이 모두 나를 꾸짖기 '상나라의 죄를 바로잡지 않는다.' 한다.(過, 責也. 今民皆有責於我, 謂不正商罪.)"라고 주석하였다.

[20-1-6]

謹權量, 審法度, 修廢官, 四方之政, 行焉.
저울과 도량을 삼가고, 법도를 살피며, 폐지된 관직을 다시 설치하니, 사방의 정치가 거행되었다.

朱註

權, 稱錘也, 量, 斗斛也. 法度, 禮樂制度, 皆是也.
저울은 저울대와 저울추이고, 도량은 말[斗]과 섬[斛]이다. 법도(法度)는 예악과 제도가 모두 이에 해당한다.

詳說

○ 稱, 去聲.
'칭추(稱錘)'에서 '칭(稱 : 저울대)'자는 거성이다.

○ 直垂反.
'칭추(稱錘)'에서 '추(錘 : 저울 추)'는 '직(直)'과 '수(垂)'의 반절(反切)이다.

○ 量, 去聲.
'양, 두곡야(量, 斗斛也)'에서 '양(量 : 되)'자는 거성이다.

○ 有訓無釋.
훈고는 있으나 경문의 풀이는 없다.

○ 雙峰饒氏曰 : "謹紂之過制, 審因革之宜."[40]
'법도, 예악제도, 개시야(法度, 禮樂制度, 皆是也 : 법도(法度)는 예악과 제도가 모두 여기에 해당한다)'에 대해, 쌍봉 요씨(雙峰饒氏 : 饒魯)가 말하였다. "주왕의 지나친 제재를 삼가고 법도를 살펴서 마땅하게 고치는 일이다."[41]

---

40) 호광 편(胡廣 編), 『논어집주대전(論語集註大全)』「요왈(堯曰)」.

41) 주왕의 지나친 제재를 삼가고 법도를 살펴서 마땅하게 고치는 일이다 : 『논어집주대전』「요왈(堯曰)」에는 "'저울과 도량을 삼간다.'라는 것은 관에 있는 저울대·저울추·말·섬을 고르게 해서 백성들에게 지나치게 취하지 않게 하는 뜻이다. …… 주왕의 때에 반드시 백성들에게 취함에 지나치게 제재했기 때문에 무왕이 여기에서 삼가지 않을 수 없었다. '법도를 살핀다.'라는 말은 법도가 옳은지 그런지 살펴서 마땅하게 고치는 일로 옳은 것은 그대로 따르고 옳지 않은 것은 고치는 것이니……(謹權量, 是平其在官之權衡斗斛, 使無過取於民. …… 當紂之時, 必是取民過制, 所以武王於此, 不容不謹. 審法度, 是審度可否, 因革之宜, 是底因之, 不是底革之……)"

○ 當置而中廢之官, 皆修之.

'법도, 예악제도, 개시야(法度, 禮樂制度, 皆是也 : 법도(法度)는 예악과 제도가 모두 여기에 해당한다)'로 볼 때, 세워야 하는데, 중도에 폐지한 관직들은 모두 다시 설치하였다.

[20-1-7]

興滅國, 繼絶世, 擧逸民, 天下之民, 歸心焉.
멸망한 나라를 일으켜 주고, 끊어진 세대를 계승해 주며, 은둔한 사람을 등용하니, 천하의 백성들이 마음으로 돌아왔다.

朱註

興滅繼絶, 謂封黃帝堯舜夏商之後, 擧逸民, 謂釋箕子之囚, 復商容之位. 三者, 皆人心之所欲也.

멸망한 나라를 일으켜 주고 끊어진 세대를 계승해 주었다는 것은 황제(黃帝)·요(堯)·순(舜)과 하(夏)·상(商)의 후손을 봉해 준 것을 말하며, 은둔한 사람을 등용했다는 것은 갇혀 있던 기자(箕子)를 석방시켜 주고, 상용(商容)의 지위를 회복시켜 준 것을 말한다. 이 세 가지는 모두 사람들이 원하는 일이었다.

詳說

○ 雙峰饒氏曰 : "只是一事."[42]

'흥멸계절(興滅繼絶 : 멸망한 나라를 일으켜 주고 끊어진 세대를 계승해 주었다는 것은)'에 대해, 쌍봉 요씨(雙峰饒氏 : 饒魯)가 말하였다. "하나의 일일 뿐이다."[43]

라고 되어 있다.

42) 호광 편(胡廣 編), 『논어집주대전(論語集註大全)』「요왈(堯曰)」.

43) 하나의 일일 뿐이다 : 『논어집주대전』「요왈(堯曰)」에는 "'저울과 도량을 삼간다.'라는 것은 관에 있는 저울대·저울추·말·섬을 고르게 해서 백성들에게 지나치게 취하지 않게 하는 뜻이다. …… 폐지된 관직을 다시 설치하는 것도 단지 현재의 관직을 따르는 것으로 중요한 일부터 고쳐가는 것이다. 멸망한 나라를 일으켜 주고 끊어진 세대를 계승해 주는 것은 하나의 일일 뿐이

○ 國以地言, 世以人言.

'흥멸계절(興滅繼絶 : 멸망한 나라를 일으켜 주고 끊어진 세대를 계승해 주었다는 것은)'에서 나라는 땅으로 말하였고, 세대는 사람으로 말하였다.

○ 出『禮記』「樂記」.

'봉황제요순하상지후(封黃帝堯舜夏商之後 : 황제(黃帝)·요(堯)·순(舜)과 하(夏)·상(商)의 후손을 봉해 준 것)'에 관한 내용은 『예기』「악기」에 나온다.[44)]

○ 亦出「樂記」.

'거일민, 위석기자지수, 복상용지위(擧逸民, 謂釋箕子之囚, 復商容之位 : 은둔한 사람을 등용했다는 것은 갇혀 있던 기자(箕子)를 석방시켜 주고, 상용(商容)의 지위를 회복시켜 준 것을 말한다)'에 관한 내용은 또한 『예기』「악기」에 나온다.

○ 雙峰饒氏曰 : "得其所欲, 所以歸心."[45)]

'삼자, 개인심지소욕야(三者, 皆人心之所欲也 : 이 세 가지는 모두 사람들이 원하는 일이었다)'에 대해, 쌍봉 요씨(雙峰饒氏 : 饒魯)가 말하였다. "원하는 것을 얻었기 때문에 마음으로 귀의한다."[46)]

다. 황제·요 임금·순 임금·우 임금·탕 임금은 모두 백성들에게 공이 있어 그 자손들이 나라를 가지는 것이 합당하다. 어떻게 끊어진 후손들을 계승해 주지 않겠는가? 은둔한 사람들은 덕이 있는데도 숨어있는 자들이어서 또한 그들에게 봉록이 있는 것이 합당하다. 백성들의 마음은 모두 이처럼 하고자 하고, 나는 일으키고 계승해 주며 등용하니, 이것이 마음으로 돌아오는 까닭이다.(謹權量, 是平其在官之權衡斗斛, 使無過取於民. …… 修廢官, 亦只是因其見在之官, 而廢者, 從頭改去. 興滅繼絶, 只是一事. 黃帝堯舜禹湯, 皆有功德於民, 合當他子孫有國. 如何不繼其絶後得. 逸民, 是有德而隱者, 亦合當教他有祿. 民心皆欲得其如此, 而我則興之繼之擧之, 此其所以歸心.)"라고 되어 있다.

44) 『예기』「악기」가 출처이다 : 『예기』「악기」에 "무왕이 은나라를 정벌하고 상으로 돌아와 마차에서 내리기도 전에 황제의 후손을 계 땅에 봉하고, 요 임금의 후손을 축 땅에 봉하였으며, 순 임금의 후손을 진 땅에 봉하시고, 마차에서 내려와서는 하후씨의 후손을 기당에 은나라의 후손을 송 땅으로 보냈다.(武王克殷反商, 未及下車, 而封黃帝之後於薊, 封帝堯之後於祝, 封帝舜之後於陳, 下車而封夏后氏之後於杞, 投殷之後於宋.)"라는 말이 있다.

45) 호광 편(胡廣 編), 『논어집주대전(論語集註大全)』「요왈(堯曰)」.

46) 원하는 것을 얻었기 때문에 마음으로 귀의하는 것이다 : 『논어집주대전』「요왈(堯曰)」에는 "멸망한 나라를 일으켜주고 끊어진 세대를 계승해 주는 것은 하나의 일일 뿐이다. 황제·요 임금·순 임금·우 임금·탕 임금은 모두 백성들에게 공이 있어 그 자손들이 나라를 가지는 것이 합당하다. 어떻게 끊어진 후손들을 계승해 주지 않겠는가? 은둔한 사람들은 덕이 있는데도 숨어있는 자들이어서 또한 그들에게 봉록이 있는 것이 합당하다. 백성들의 마음은 모두 이처럼 하고자 하고, 나는 일으키고 계승해 주며 등용하니, 이것이 마음으로 돌아오는 까닭이다.(興滅繼

○ 有釋無訓.

경문의 풀이는 있으나 훈고는 없다.

[20-1-8]

所重, 民食喪祭.
소중히 여겼던 것은 백성의 식생활(食生活)과 상례(喪禮)와 제례(祭禮)였다.

朱註

重, 去聲. 「武成」曰 : "重民五教, 惟食喪祭."47)

'소중(所重)'에서 '중(重 : 무겁다)'자는 거성이다. 『서경(書經)』「무성(武成)」에서 "백성의 오교(五教)를 중요하게 여겼는데, 식생활과 상례와 제례에 더 치중하였다." 라고 하였다.

詳說

○ 重之.

'중민(重民)'에서 '중(重)'자는 중요하게 여긴다는 뜻이다.

○ 民之.

'중민(重民)'에서 '민(民)'자는 '백성들의'라는 말이다.

○ 猶言與也.

'유식상제(惟食喪祭)'에서 '유(惟)'자는 '도모하다'는 말과 같다.

○ 有釋無訓.

경문의 풀이는 있으나 훈고는 없다.

○ 雙峰饒氏曰 : "大賚以下, 零碎收拾, 或舉其辭, 或述其事, 湊成武王一段事實."48)

絕, 只是一事. 黃帝堯舜禹湯, 皆有功德於民, 合當他子孫有國. 如何不繼其絕後得. 逸民, 是有德而隱者, 亦合當教他有祿. 民心皆欲得其如此, 而我則興之繼之舉之, 此其所以歸心.)"라고 되어 있다.

47) 重民五教, 惟食喪祭 : 『서경(書經)』「무성」편의 마지막 부분에는 다음과 같이 되어 있다. "列爵惟五, 分土惟三. 建官惟賢, 位事惟能. 重民五教, 惟食 · 喪 · 祭. 惇信明義, 崇德報功. 垂拱而天下治."

48) 호광 편(胡廣 編), 『논어집주대전(論語集註大全)』「요왈(堯曰)」.

쌍봉 요씨(雙峰饒氏 : 饒魯)가 말하였다. "'크게 베풀었으니' 아래의 말은 수합한 것이 자질구레하여 간혹 그 말을 들었고, 간혹 그 일을 기술하며, 무왕에게서 일단의 사실을 모아서 이루었다."[49]

[20-1-9]

寬則得衆, 信則民任焉, 敏則有功, 公則說.
너그러우면 대중을 얻고, 신의가 있으면 백성들이 신임하며, 민첩하면 공적이 있고, 공정하면 기뻐한다.

朱註

說音悅此, 於武王之事, 無所見, 恐或泛言帝王之道也.
'공즉열(公則說)'에서 '열(說)'자는 음이 '열(悅 : 기뻐함)'이다. 이것은 무왕의 일에 보이는 것이 없으니, 아마도 제왕의 도리를 널리 말한 것인 듯하다

詳說

○ 音現.
'무소현(無所見)'에서 '현(見)'자는 음이 '현(現 : 드러내다)'이다.

○ 以總結一章.
한 장을 모두 끝맺었다.

○ 有論無訓釋.
경문의 의미 설명은 있으나 훈고와 경문의 풀이는 없다.

○ 上三句, 已見「陽貨」.
앞의 세 구절에 대한 것은 이미 『논어(論語)』「양화(陽貨)」에 보인다.[50]

---

49) '크게 베풀었으니' 아래의 말은 …… 무왕에게서 일단의 사실을 모아서 이루었다 : 『논어집주대전』「요왈(堯曰)」에는 "'주나라에서 크게 베풀었으니' 이하의 말은 공자가 수합한 것이 자질구레하여 간혹 그 말을 들었고, 간혹 그 일을 기술하며, 무왕에게서 일단의 사실을 모아서 이루었다.(周有大賚以下, 夫子零碎收拾, 或擧其辭, 或述其事, 湊成武王一段事實.)"라고 되어 있다.
50) 앞의 세 구절에 대한 것은 이미 『논어(論語)』「양화(陽貨)」에 보인다 : 『논어(論語)』「양화(陽貨)」

○ 雲峰胡氏曰 : "泛言則寬信敏公, 約言曰中而已."[51]

운봉 호씨(雲峯胡氏 : 胡炳文)가 말하였다. "넓게 말하면, 너그러움·신의·민첩함·공정함이고, 요약해서 말하면, 알맞음일 뿐이다."[52]

朱註

楊氏曰 : "『論語』之書, 皆聖人微言, 而其徒傳守之, 以明斯道者也. 故於終篇, 具載堯舜咨命之言, 湯武誓師之意, 與夫施諸政事者, 以明聖學之所傳者, 一於是而已, 所以著明二十篇之大旨也.

양씨가 말하였다. "『논어(論語)』의 내용은 모두 성인의 은미한 말로 그 제자들이 전하고 지켜서 이 도리를 밝힌 것이다. 그러므로 마지막 편에서 요 임금과 순 임금이 불러 명하신 말씀과 탕 임금과 무왕이 군사들에게 맹세한 뜻과 정사에 시행한 것들을 자세히 기재하여 성학(聖學)이 전하는 것이 여기에 한결같을 뿐임을 밝혔으니, 『논어(論語)』 20편의 큰 뜻을 드러내 밝히기 위한 것이다.

詳說

○ 精微之言.

'성인미언(聖人微言 : 성인의 은미한 말)'은 깊고 미묘한 말이다.

○ 音扶.

'여부(與夫)'에서 '부(夫)'자는 음이 '부(扶 : 돕다)'이다.

에서 "자장이 공자에게 인(仁)에 대해 물으니, 공자가 말하였다. '다섯 가지를 천하에 행할 수 있으면 인(仁)이 된다.'자장(子張)이 가르쳐 주시기를 청하니, 말하였다. '공손함·너그러움·믿음·민첩함·은혜로움이니, 공손하면 업신여김을 받지 않고, 너그러우면 여러 사람들을 얻게 되고, 믿음이 있으면 남들이 의지하게 되고, 민첩하면 공이 있게 되고, 은혜로우면 충분히 남들을 부릴 수 있게 된다.'(子張問仁於孔子. 孔子曰 : '能行五者於天下, 爲仁矣.' 請問之, 曰 : '恭寬信敏惠, 恭則不侮, 寬則得衆, 信則人任焉, 敏則有功, 惠則足以使人.')라고 하였다.

51) 호광 편(胡廣 編), 『논어집주대전(論語集註大全)』「요왈(堯曰)」.

52) 넓게 말하면, 너그러움·신의·민첩함·공정함이고, 요약해서 말하면, 알맞음일 뿐이다. : 『논어집주대전』「요왈(堯曰)」에는 "제왕의 도는 '알맞음'이라는 하나의 말을 벗어날 수 없는 것이니, 요 임금과 순 임금은 선양하는 것을 알맞음으로 삼았고, 탕 임금과 무왕은 정벌을 알맞음으로 삼았다. 넓게 말하면 '너그러움·신의·민첩함·공정함이다.'라고 하고, 요약해서 말하면, '알맞음일 뿐이다.'라고 한다.(帝王之道, 不能外一中字. 堯舜以禪讓爲中, 湯武以征伐爲中. 泛言之, 則曰寬曰信曰敏曰公. 約言之, 曰中而已.)"라고 되어 있다.

○ 大賚以下.

'어종편, 구재요순자명지언, 탕무서사지의, 여부시제정사자(於終篇, 具載堯舜咨命之言, 湯武誓師之意, 與夫施諸政事者 : 마지막 편에서 요 임금과 순 임금이 불러 명하신 말씀과 탕 임금과 무왕이 군사들에게 맹세한 뜻과 정사에 시행한 것들을 자세히 기재하여)'의 내용은 '크게 베풀었으니' 아래에 있다.

○ 無他之辭.

'이명성학지소전자, 일어시이이(以明聖學之所傳者, 一於是而已 : 성학(聖學)이 전하는 것이 여기에 한결같을 뿐임을 밝혔으니)'라는 구절에서 보면, 그의 말은 없다.

○ 雲峯胡氏曰 : "前篇末, 言夫子之得邦家者, 其用必如此, 此篇之首, 叙述帝王之用, 固如, 此二十篇之大旨, 不過如此."[53]

운봉 호씨(雲峯胡氏 : 胡炳文)가 말하였다. "앞 편의 끝에서 공자가 나라를 얻는다면 그 쓰임이 이와 같다[54]고 말하였고, 이 편의 머리에서 제왕의 쓰임이 진실로 이와 같다고 서술하였으니, 이 『논어(論語)』 20편의 큰 뜻이 이와 같은 데 불과하다."[55]

○ 朱子曰 : "此篇夫子誦述前聖之言, 弟子類記於此."[56]

주자(朱子 : 朱熹)가 말하였다. "이 편은 공자가 이전 성인의 말씀을 외워 기술하고, 제자들이 부류대로 나눠 여기에 기록하였다."

○ 又曰 : "此篇多闕文, 常各本其所出而解之, 不可通者, 闕之."[57]

---

53) 호광 편(胡廣 編), 『논어집주대전(論語集註大全)』「요왈(堯曰)」.

54) 공자가 나라를 얻는다면 그 쓰임이 이와 같다 : 『논어(論語)』「자장(子張)」에서 "만일 공자가 나라를 얻는다면 이른바 세우면 이에 서고, 인도하면 이에 행하고, 편안하게 해 주면 이에 따라오고, 움직이게 하면 이에 화합하여, 그가 살아 있으면 영광스럽게 여기고, 돌아가면 슬퍼한다는 것이니, 어떻게 따를 수 있겠는가?(夫子之得邦家者, 所謂立之斯立, 道之斯行, 綏之斯來, 動之斯和, 其生也榮, 其死也哀, 如之何其可及也.)"라고 하였다.

55) 앞 편의 끝에서 공자가 나라를 얻는다면 …… 이와 같은 데 불과하다 : 『논어집주대전』「요왈(堯曰)」에는 "앞 편의 끝에서 '공자가 나라를 얻는다면 그 쓰임이 이와 같다고 말하였고, 이 편의 머리에서 옛날부터 제왕의 쓰임이 진실로 이와 같다고 서술해서 성학(聖學)이 전하는 것이 본체와 쓰임이 있지 않음이 없고, 『논어(論語)』 20편의 큰 뜻이 모두 여기에서 벗어나지 않음을 드러냈다.(前篇之末, 言夫子之得邦家者, 其用必如此, 此篇之首, 則述叙自古帝王之用, 固如此, 以見聖學之所傳者, 無非有體有用之學, 而凡『論語』二十篇之大旨. 皆不外此也)"라고 되어 있다.

56) 호광 편(胡廣 編), 『논어집주대전(論語集註大全)』「요왈(堯曰)」.

57) 호광 편(胡廣 編), 『논어집주대전(論語集註大全)』「요왈(堯曰)」.

주자(朱子 : 朱熹)가 또 말하였다. "이 편에는 의심스러워 빼놓은 글들이 많으니, 언제나 각기 그 출처에 근본해서 풀이하고, 통하지 않는 것들을 빼놓는다."[58]

朱註

『孟子』於終篇, 亦歷叙堯舜湯文孔子相承之次, 皆此意也."

『맹자(孟子)』도 마지막 편에서 요 임금 · 순 임금 · 탕왕 · 문왕 · 공자가 서로 계승한 차례를 일일이 서술하였으니, 모두 이러한 뜻이다."

詳說

○ 雲峰胡氏曰 : "但孟子從知上說, 此則徒行道上說."[59]

운봉 호씨(雲峯胡氏 : 胡炳文)가 말하였다. "다만 맹자는 지(知)를 가지고 설명하고, 여기에서는 도를 행하는 일[行道]을 가지고 설명하였다."[60]

○ '中'字, 此章之題目.

'중(中 : 알맞음)'자가 이 장의 제목이다.

---

58) 이 편에는 의심스러워 빼놓은 글들이 많으니 …… 통하지 않는 것들을 빼놓는다 : 『논어집주대전』「요왈(堯曰)」에는 "이 편에는 의심스러워 빼놓은 글들이 많으니, 언제나 각기 그 출처에 근본해서 풀이하고, 통하지 않는 것들을 빼놓는다. '저울과 도량을 삼간다.'라는 것 아래는 모두 무왕의 일이니, '주나라에서 크게 베풀었다.'라는 구절 아래부터 '공정하면 기뻐한다.'라는 구절까지는 하나의 장으로 해야 한다. 멸망한 나라를 일으켜 주고, 끊어진 세대를 계승해 주며, 은둔한 사람을 등용하는 일은 당시에 모두 그 일이 있었다.(此篇多闕文, 當各本其所出而解之, 有不可通者, 闕之可也. 謹權量以下, 皆武王事, 當自周有大賚以下, 至公則說, 爲一章. 蓋興滅國繼絶世擧逸民, 當時皆有其事.)"라고 되어 있다.

59) 호광 편(胡廣 編), 『논어집주대전(論語集註大全)』「요왈(堯曰)」.

60) 다만 맹자는 지(知)를 가지고 설명하고, 여기에서는 도를 행하는 일[行道]을 가지고 설명하였다 : 『논어집주대전』「요왈(堯曰)」에는 "…… 『논어(論語)』 20편의 큰 뜻이 모두 여기에서 벗어나지 않음을 드러냈다. 『맹자(孟子)』의 마지막 편도 이런 의미이다. 다만 들어서 알고 보고서 아는 것은 도를 아는 것으로 지(知)를 가지고 설명하였고, 여기서는 도를 행하는 일[行道]을 가지고 설명한 것이다. 그런데 행함은 지(知)에 근본하지 않음이 없어 지(知)가 곧 행하는 까닭이기 때문에 진실로 차이가 없다.(…… 而凡『論語』二十篇之大旨. 皆不外此也. 『孟子』篇終即此意. 但孟子聞知見知者, 知其道也, 是從知上説, 此則從行道上說. 行無不本於知, 知即所以行, 固無異也.)"라고 되어 있다.

[20-2-1]

子張問於孔子曰 : "何如, 斯可以從政矣." 子曰 : "尊五美, 屛四惡,斯可以從政矣." 子張曰 : "何謂五美." 子曰 : "君子惠而不費, 勞而不怨, 欲而不貪, 泰而不驕, 威而不猛."

자장이 공자에게 물었다. "어떻게 해야 정사에 종사할 수 있습니까?"공자가 말하였다. "다섯 가지 아름다운 것을 높이고 네 가지 나쁜 것을 물리치면 이 정사에 종사할 수 있다." 자장이 물었다. "무엇을 다섯 가지 아름다운 것이라고 합니까?" 공자가 말하였다. "군자는 은혜롭게 해 주지만 허비하지 않고, 수고롭게 하지만 원망을 받지 않으며, 하고자 하지만 탐욕을 부리지 않고, 태연하지만 교만하지 않으며, 위엄이 있지만 사납지 않다."

朱註

費, 芳味反.

'혜이불비(惠而不費)'에서 '비(費)'는 '방(芳)'과 '미(味)'의 반절(反切)이다.

詳說

○ 『集註』無文.

『논어집주(論語集註)』에는 글[주석]이 없다.

○ 新安倪氏曰 : "屛, 當去聲讀, 而舊音丙."61)

신안 예씨(新安倪氏 : 倪士毅)가 말하였다. "'병(屛 : 물리치다)'자는 거성으로 읽어야 하고, 옛날의 음으로는 '병(丙)'이다."62)

○ 勞而不怨, 已見「里仁」, 泰而不驕, 已見「子路」, 威而不猛, 已見「述而」, 當參看.

'수고로울지라도 원망하지 않는다.'63)라는 말은 『논어(論語)』「이인(里仁)」에 이미

---

61) 호광 편(胡廣 編), 『논어집주대전(論語集註大全)』「요왈(堯曰)」.

62) '병(屛 : 물리치다)'자는 거성으로 읽어야 하고, 옛날의 음으로는 '병(丙)'이다 : 『논어집주대전』「요왈(堯曰)」에는 "살펴보건대, 운서(韻書)에서 '병(屛 : 물리치다)'자는 상성일 경우에는 '가린다[蔽]'로 주석하였고, 거성일 경우에는 '제거한다[除]'는 것으로 주석하였다. 그러니 '네 가지 사악함을 물리친다.[屛四惡]'라고 할 때의 '물리친다[屛]'는 것은 거성으로 읽어야 하고, 옛날의 음으로는 병이다.(按, 韻書屛字上聲者, 註云蔽也, 去聲者, 註云除也. 屛四惡之屛, 當去聲讀, 而舊音丙.)"라고 되어 있다.

63) 수고로울지라도 원망하지 않는다 : 『논어(論語)』「이인(里仁)」에서 "공자가 말하였다. '부모를

보이고, '태연하면서도 교만하지 않는다.'[64]라는 말은 『논어(論語)』「자로(子路)」에 이미 보이며, '위엄이 있으면서도 사납지 않다.'[65]라는 말은 『논어(論語)』「술이(述而)」에 이미 보이니, 참고해서 봐야 한다.

○ 曰 : "孔子曰五美四惡有類, 於『齊論』·『古論』之以此別爲一篇, 豈爲是歟."
말한다. "공자가 다섯 가지 아름다운 것과 네 가지 나쁜 것을 말함에 부류대로 해서 『제논어』와 『고논어』에서 이것들을 별도로 하나의 편으로 했다면, 어찌 옳은 것이겠는가?"

[20-2-2]

子張曰 : "何謂惠而不費." 子曰 : "因民之所利而利之, 斯不亦惠而不費乎. 擇可勞而勞之, 又誰怨. 欲仁而得仁, 又焉貪. 君子, 無衆寡, 無小大, 無敢慢, 斯不亦泰而不驕乎. 君子, 正其衣冠, 尊其瞻視儼然, 人望而畏之, 斯不亦威而不猛乎."
자장이 물었다. "무엇을 은혜롭게 해 주지만 허비하지 않는 것이라고 합니까?" 공자가 말하였다. "백성들이 이롭게 여기는 것에 따라 이롭게 해 주니, 이는 은혜롭게 해 주지만 허비하지 않는 것이 아니겠는가! 수고롭게 할 만한 일을 선택하여 수고롭게 하니, 또 누가 원망하겠는가! 인(仁)을 하고자 해서 그것을 얻으니 또 어찌 탐욕을 부리겠는가! 군자는 많거나 적거나 크거나 작거나에 관계없이 감히 교만함이 없으니, 이는 태연하면서 교만하지 않은 것

섬김에 은미하게 간해야 하니, 부모의 뜻이 내 말대로 되지 않음을 보고서도 더욱 공경하고 어기지 않으며, 수고로울지라도 원망하지 않아야 한다.'(子曰 : '事父母, 幾諫, 見志不從, 又敬不違, 勞而不怨.')"라고 하였다.

64) 태연하면서도 교만하지 않는다 : 『논어(論語)』「자로(子路)」에서 "공자가 말하였다. '군자는 태연하면서 교만하지 않고, 소인은 교만하면서 태연하지 못하다.'(子曰 : '君子泰而不驕, 小人驕而不泰.')"라고 하였다.

65) 위엄이 있으면서도 사납지 않다 : 『논어(論語)』「술이(述而)」에서 "공자는 온화하면서도 엄숙하고, 위엄이 있으면서도 사납지 않았고, 공손하면서도 편안하였다.(子溫而厲, 威而不猛, 恭而安.)"라고 하였다.

이 아니겠는가! 군자는 의관을 바르게 하고 보는 것을 의젓이 존엄하게 하여 사람들이 바라보고 두려워하니, 이는 위엄이 있지만 사납지 않은 것이 아니겠는가!"

朱註

焉, 於虔反.

'우언탐(又焉貪)'에서 '언(焉)'은 '어(於)'와 '건(虔)'의 반절(反切)이다.

詳說

○『集註』無文.

『집주(集註)』에는 글[주석]이 없다.

○ 子張之問惠而不費, 只擧其一以該其四.

자장이 은혜롭게 해 주지만 허비하지 않는 것에 대해 물은 것은 단지 그 하나를 들어 나머지 넷을 갖추었다.

○ 朱子曰: "因四時之和, 原隰之利, 五方之財, 以厚生, 勞人以力所堪, 以佚道使民, 仁是我所固有而我得之."[66]

주자(朱子: 朱熹)가 말하였다. "네 계절의 조화와 벌판의 이익과 다섯 방향의 재물로 삶을 두텁게 하고, 사람들을 힘쓰게 함에 힘으로 감당할 수 있고, 편안한 도로 백성들을 부리니, 인(仁)이 진실로 나에게 있어 내가 그것을 얻은 것이다."[67]

---

66) 호광 편(胡廣 編), 『논어집주대전(論語集註大全)』「요왈(堯曰)」.

67) 네 계절의 조화와 벌판의 이익과 …… 진실로 나에게 있어 내가 그것을 얻은 것이다: 『논어집주대전』「요왈(堯曰)」에는 "주자(朱子: 朱熹)가 말하였다. '사씨가 '창고의 재물을 사람들에게 주면, 은혜롭게 해서 허비한 것이니, 또 어찌 사람마다 넉넉하게 해 주겠는가? 오직 네 계절의 조화에 따르고 벌판의 이익에 따르며 다섯 방향의 재물에 따라 사물을 크게 하고 삶을 두텁게 하며, 백성들이 굶주리지 않게 하고 춥지 않게 하니, 어찌 허비하는 것이 있겠는가? 사람들을 힘쓰게 함에 힘으로 감당할 수 없으면 원망을 면하지 못하니, 힘쓸 때를 택해 힘쓰게 하며 편안한 도로 백성들을 부린다. 편안함을 함께 누림이 그 읍들에 일정하지 않게 해도 되고, 끝내 편안한 집과 많은 담장을 얻는 것은 모두 일어나도 된다. 이렇게 한다면 무슨 원망이 있겠는가?'라고 하였다.'(朱子曰: '謝氏云, 以府庫之財與人, 則惠而費矣, 又安得人人而給之. 惟因四時之和, 因原隰之利, 因五方之財, 以阜物以厚生, 使民不饑不寒, 何費之有. 勞人以力所不堪, 則不免於怨, 擇可勞而勞之, 以佚道使民. 惟喜康共, 不常厥邑可也, 其究安宅百堵皆作可也. 如此, 則又何怨之有.')"라고 되어 있다. 또 "물었다. '인(仁)을 하고자 해서 그것을 얻으니 또 어찌 탐욕을 부리겠는가!'라고 한 것은 어떤 의미입니까?' 답하였다. '인은 내가 본래부터 가지고 있어

○ 胡氏曰 : "泰, 安舒自得, 近於驕, 然君子處一於敬, 不以彼之衆寡大小而貳其心."[68]
호씨(胡氏 : 胡泳)가 말하였다. "태연함은 편안하고 여유 있음을 스스로 얻은 것으로 교만함에 가깝다. 그런데 군자는 경(敬)으로 처신하고 한결 같으니, 저것들이 많거나 적거나 크거나 작거나 그 마음을 둘로 하지 않는다."[69]

○ 南軒張氏曰 : "惠勞, 施於人者也, 欲泰威, 存於己者也, 爲政內外始終之道, 備矣."[70]
남헌 장씨(南軒張氏 : 張栻)가 말하였다. "은혜롭게 하고 수고롭게 하는 것은 남들에게 베푸는 일이고, 하고자 하고 태연하며 위엄이 있는 것은 자신에게 보존하는 일이니, 정치를 하는 안과 밖, 처음과 마침의 도가 또한 갖추어져 있다."[71]

그것을 얻은 것이니, 어찌 탐함이 있었겠습니까? 이것이 바깥 사물이라면 하고자 하는 것이 탐욕이 될 것입니다. 이것은 바로 '인에 대해 책임지는 것은 스승에게도 양보하지 않는다.'라는 것과 같은 의미입니다.' 물었다. '정치를 하는 데까지 미친 것은 무엇 때문입니까?' 답하였다. '자신을 다스리고 남을 다스리는 것은 이치가 하나이기 때문입니다.'(問 : '欲仁得仁, 又焉貪, 如何.' 曰 : '仁是我所固有, 而我得之, 何貪之有. 若是外物欲之, 則爲貪. 此正與當仁不讓於師同意.' 曰 : '於問政及之, 何也.' 曰 : '治己治人, 其理一也.')"라고 하였다.

68) 호광 편(胡廣 編), 『논어집주대전(論語集註大全)』「요씨」.

69) 태연함은 편안하고 여유 있음을 스스로 …… 크거나 작거나 그 마음을 둘로 하지 않는다 : 『논어집주대전』「요왈(堯曰)」에는 "높은 자리에 있는 경우에는 사람의 욕심 때문에 많은 일을 하니, 그것을 막지 않는다면 그 탐욕이 때가 없다. 이런 마음을 돌려 인(仁)을 하고자 하면, 자신에게 구해 반드시 얻으니, 어떤 것이 그 마음에 그다지 장애가 되겠는가? 무엇을 탐하겠는가? 태연함은 편안하고 여유 있음을 스스로 얻었다는 말로 교만함에 가깝다. 그러나 군자는 경으로 처신하고 한결 같아 저것들의 많고 적음과 크고 작음으로 그 마음을 둘로 하지 않으니, 자처하는 것이 편안하지 않은 적이 없다. 그런데 어찌 교만함이 있겠는가?(在人上者, 人欲爲多, 不能窒之, 則其貪無時而已. 惟反是心以欲仁, 則求諸己而必得, 何物足以累其心. 夫何貪. 泰者, 安舒自得之謂, 近於驕. 然君子心一於敬, 不以彼之衆寡小大, 而貳其心, 則其自處未嘗不安. 何驕之有.)"라고 되어 있다.

70) 호광 편(胡廣 編), 『논어집주대전(論語集註大全)』「요왈(堯曰)」.

71) 은혜롭게 하고 수고롭게 하는 것은 …… 정치를 하는 안과 밖, 처음과 마침의 도가 또한 갖추어져 있다 : 『논어집주대전』「요왈(堯曰)」에는 "'은혜롭게 해 주지만 허비하지 않고, 수고롭게 하지만 원망을 받지 않는다.'라는 것은 남들에게 베푸는 일이고, '하고자 하지만 탐욕을 부리지 않고, 태연하지만 교만하지 않으며, 위엄이 있지만 사납지 않다.'라는 것은 자신에게 보존하는 일이니, 정치를 하는 안과 밖, 처음과 마침의 도가 또한 갖추어져 있다고 하지만, 인(仁)하고자 하는 것이 근본일 것이다.(惠不費, 勞不怨, 施於人者也, 欲不貪, 泰不驕, 威不猛, 存於己者也, 爲政內外始終之道, 亦云備矣, 然欲仁其本歟.)"라고 되어 있다.

[20-2-3]

子張曰："何謂四惡." 子曰："不敎而殺, 謂之虐, 不戒視成, 謂之暴, 慢令致期, 謂之賊, 猶之與人也, 出納之吝, 謂之有司."
자장이 물었다. "무엇을 네 가지 나쁜 것이라고 합니까?" 공자가 답하였다. "가르치지 않고 죽이는 것을 잔학함이라고 하고, 경계하지 않고 성공을 보려 하는 것을 포악함이라고 하며, 명령을 태만히 하고 기일을 다그치는 것을 도적이라 하고, 똑같이 남에게 주면서도 출납할 때 인색하게 하는 것을 유사(有司)라고 한다."

朱註

出, 去聲. 虐, 謂殘酷, 不仁, 暴, 謂卒遽, 無漸.
'출납(出納)'에서 '출(出 : 내다)'자는 거성이다. 잔학함은 잔혹하여 인애(仁愛)롭지 못함이고, 포악함은 갑자기 하고 차츰차츰 하지 않는 것이다.

詳說

○ 音梏.
'잔혹(殘酷)'에서 '혹(酷)'자는 음이 '곡(梏 : 쇠고랑)'이다.

○ 猝同.
'위졸거(謂卒遽)'에서 '졸(卒: 갑자기)'자는 '급하게[猝]'와 같다.

○ 不素戒, 而猝責成.
'무점(無漸 : 차츰차츰 하지 않는 것이다)'은 평소 경계시키지 않고 갑자기 이루기를 문책하는 것이다.

朱註

致期, 刻期也. 賊者, 切害之意,
'기일을 다그친다[致期]'는 것은 기일을 각박하게 하는 것이다. 도적은 해친다는 뜻이니,

詳說

○ 猶促也.

'각기(刻期)'에서 '각(刻 : 각박하게 하다)'자는 '재촉한다'는 말과 같다.

○ 訓.

훈고이다.

朱註

緩於前, 而急於後, 以誤其民, 而必刑之, 是賊害之也.

앞서는 느슨하게 하고 뒤에는 급하게 해서 백성을 그르치게 해 놓고, 반드시 형벌을 가한다면 이는 백성을 해치는 일이다.

詳說

○ 朱子曰 : "罔民也."[72]

주자(朱子 : 朱熹)가 말하였다. "백성들을 그물질하는 것이다."[73]

○ 釋.

경문의 풀이다.

朱註

猶之, 猶言均之也,

'똑같이 준다[猶之]'는 것은 균등하게 해준다는 말과 같으니,[74]

詳說

○ 『諺』釋誤.

『언해』본의 풀이가 잘못되었다.[75]

---

72) 호광 편(胡廣 編), 『논어집주대전(論語集註大全)』「요왈(堯曰)」.

73) 백성들을 그물질하는 것이다 : 『논어집주대전』「요왈(堯曰)」에는 "이와 같이 기일을 다그친다. 기일이 되었는데도 이르지 않는다고 벌주는 일은 백성들을 그물질하는 것이다.(如是而致期焉. 期而不至, 則罪之, 是罔民也.)"라고 되어 있다.

74) '똑같이 준다[猶之]'는 것은 균등하게 해준다는 말과 같으니 : 『주자어류(朱子語類)』 권50, 「논어32(論語三十二)」, 제6조목에는 다음과 같이 설명되어 있다. "'유지(猶之)'는 '균지(均之)'와 같다. 균지는 이와 같이 한결같다는 말과 같다. 역사책에는 대부분 '차반(此般)'이라는 글자가 있다.('猶之', 猶'均之'也. 均之, 猶言一等是如此. 史家多有'此般'字.)"

75) 『언해』본의 풀이가 잘못되었다 : 『언해』에서는 '똑같이 준다[猶之]'에서 '유(猶)'를 '오히려'로 풀이하였는데 이를 잘못되었다고 지적한 것이다.

○ 訓.

훈고이다.

朱註

均之以物與人, 而於其出納之際, 乃或吝而不果, 則是有司之事, 而非爲政之體. 所與雖多人, 亦不懷其惠矣.

남들과 똑같이 물건을 주면서도 출납할 때 간혹 인색하여 과감하지 못하면 이는 재정을 맡은 유사의 일이고, 정치를 하는 체통이 아니다. 이렇게 하면 주기를 비록 많이 하더라도 사람들은 은혜롭게 생각하지 않는다.

詳說

○ 吝而予, 果而予, 其爲予同.

인색한데도 주는 것과 과감한데도 주는 것은 그 주는 측면에서는 같다.

○ 『諺』音誤.

'출납지제(出納之際)'에서 '출(出)'자는 『언해』본의 음이 잘못되었다.[76]

○ 納字, 帶過說.

'납(納)'자는 '두르고 따라가는 말이다.

○ 朱子曰: "本職當然."[77]

'유사지사(有司之事: 재정을 맡은 유사의 일)에 대해, 주자(朱子: 朱熹)가 말하였다. "본래의 직분에 당연한 것이다."[78]

○ 釋.

경문의 풀이다.

---

76) '출(出)'자는 『언해』본의 음이 잘못되었다: 『언해』에서는 '출'이 아니라 '츄'로 되어 있어, 이를 지적한 것이다.

77) 호광 편(胡廣 編), 『논어집주대전(論語集註大全)』「요왈(堯曰)」. 『주자어류(朱子語類)』 권50, 「논어32(論語三十二)」, 6조목.

78) 본래의 직분에 당연한 것이다: 『논어집주대전』「요왈(堯曰)」과 『주자어류(朱子語類)』 권50, 「논어32(論語三十二)」, 6조목에는 "이처럼 유사가 출납할 때 인색하고 아까워서 감히 스스로 마음대로 하지 않는 것은 본래의 직분에 당연한 것이다. 임금이 정치를 하는 큰 요체는 이와 같아서는 안 되니, 주어야 될 것이라면 바로 과감하게 결단해서 주어야 한다.(若是有司出納之間, 吝惜不敢自專, 却是本職當然. 人君爲政大體, 却不可如此, 當與便果決與之.)"라고 되어 있다.

○ 有司非惡, 吝是惡.

유사가 악한 것이 아니고 인색한 것이 악하다.

○ 此補本文未足之意.

이는 경문에 부족한 뜻을 보충하였다.

朱註

項羽使人, 有功當封刻印刓, 忍不能予, 卒以取敗, 亦其驗也.

항우는 사람을 시켜 공로가 있어서 봉작(封爵)하게 되면, 인장을 새겨 모서리가 닳아 망가지는데도 차마 주지 못해 끝내 패망하게 되었으니, 또한 그 징험이다.

詳說

○ 遣人攻戰.

'항우사인(項羽使人 : 항우는 사람을 시켜)'에서 '사인(使人)'은 사람을 보내 공격하여 전쟁하였다는 말이다.

○ 五官反.

'각인완(刻印刓)'에서 '완(刓)'은 '오(五)'와 '관(官)'의 반절(反切)이다.

○ 猶惜也.

'인불능여(忍不能予 : 차마 주지 못해)'에서 '인(忍 : 차마)'은 '아까워'라는 말과 같다.

○ 音與.

'불능여(不能予)'에서 '여(予)'자는 음이 '여(與 : 주다)'이다.

○ 見『史記』「淮陰侯傳」.

『사기(史記)』「회음후열전」에 보인다.[79]

○ 此則其證也.

'졸이취패, 역기험야(卒以取敗, 亦其驗也 : 끝내 패망하게 되었으니, 또한 그 징험이다)'는 구절로 볼 때, 이는 그 증거이다.

○ 朱子曰 : "吝比三惡似輕然, 亦極害事, 是多猜嫌疑慮之人, 唐德宗, 是也."[80]

---

79) 『사기(史記)』「회음후열전」에 있다 : 『사기(史記)』「회음후열전」에 "사람에게 공이 있어 봉작해야 할 경우에 도장이 닳아 없어질 때까지 차마 주지 못하였으니, 이것이 이른바 여인들의 인(仁)이라고 하는 것이다.(使人有功, 當封爵者, 印刓弊忍不能予, 此所謂婦人之仁也.)"라는 말이 있다.

주자(朱子 : 朱熹)가 말하였다. “인색한 것은 세 가지 나쁜 일보다 가벼운 사안 같지만 또한 일에 극히 해로우니, 원망과 의심이 많은 사람으로 당나라의 덕종(德宗)이 이에 해당한다.”[81]

○ 雲峯胡氏曰 : “虐暴賊剛惡, 吝柔惡.”[82]

운봉 호씨(雲峯胡氏 : 胡炳文)가 말하였다. “잔학함 · 포악함 · 도적은 굳세어서 나쁜 것이고, 인색함은 부드러워서 나쁜 것이다.”[83]

朱註

尹氏曰 : “告問政者多矣, 未有如此之備者也. 故記之以繼帝王之治, 則夫子之爲政可知也”

윤씨가 말하였다. “정치를 묻는 질문에 말해 준 내용은 많으나, 이와 같이 구비된 것은 없다. 그러므로 이것을 제왕의 정치에 이어서 기록한 것이니, 공자가 정치한 것을 알 수 있다.”

---

80) 호광 편(胡廣 編), 『논어집주대전(論語集註大全)』「요왈(堯曰)」. 『주자어류(朱子語類)』 권50, 「논어32(論語三十二)」, 5조목.

81) 인색한 것은 세 가지 나쁜 일보다 …… 덕종(德宗)이 이에 해당한다 : 『논어집주대전』「요왈(堯曰)」과 『주자어류(朱子語類)』 권50, 「논어32(論語三十二)」, 5조목에는 “물었다. ‘똑같이 남에게 주면서도 출납할 때 인색한 것을 어째서 네 가지 나쁜 일의 종류에 두었습니까?’ 답하였다. ‘이 한 가지 나쁜 일은 앞의 세 가지 나쁜 일에 비해 가벼운 사안 같지만 또한 일에 극히 해롭습니다. 이런 사람들은 바로 원망과 의심이 많은 사람으로 상을 주거나 주지 않고 벌을 내리거나 내리지 않는 것에 의심하고 인색해서 결정하지 못하니, 바로 당나라 덕종 같은 사람이 이에 해당합니다.’(問 : ‘猶之與人也, 出納之吝, 何以在四惡之數.’ 曰 : ‘此一惡, 比上三惡, 似輕然, 亦極害事. 蓋此人乃, 是箇多猜嫌疑慮之人, 賞不賞罰不罰, 疑吝不決, 正如唐德宗是也.’)”라고 되어 있다.

82) 호광 편(胡廣 編), 『논어집주대전(論語集註大全)』「요왈(堯曰)」.

83) 잔학함 · 포악함 · 도적은 굳세어서 나쁜 것이고, 인색함은 부드러워서 나쁜 것이다 : 『논어집주대전』「요왈(堯曰)」에는 “네 가지 나쁜 것에서 잔학함이 심하고, 포악함이 다음이며, 도적이 또 그 다음이니, 굳세어서 나쁜 것이다. 인색함이 유사와 같아서는 마음대로 결단할 수 없으니, 부드러워서 나쁜 것이다. 인색하다는 말은 유사에게서 바로 나쁜 것이라고 할 수 없고, 정사에 종사하는데 유사라고 한다면 나쁜 것이다. 그러므로 항우가 인색해서 패망하게 된 일로 특별히 주석을 달아 정사를 함에 대체를 모르는 경계를 보여주었다.(四惡, 虐爲甚, 暴次之, 賊又次之, 剛惡也. 吝如有司, 不能專決, 柔惡也. 蓋吝之一字, 在有司, 不便謂之惡, 從政而謂之有司, 則惡矣. 故特註項羽以吝取敗之事, 以示爲政不知大體者之戒.)”라고 되어 있다.

詳說

○ 雲峯胡氏曰 : "齊景公葉公仲弓子路子張子夏, 各一, 季康子凡二."[84)]

'고문정자다의(告問政者多矣 : 정치를 묻는 질문에 말해 준 것이 많으나)'에 대해, 운봉 호씨(雲峯胡氏 : 胡炳文)가 말하였다. "제나라 경공 · 섭공 · 중궁 · 자로 · 자장 · 자하는 각기 하나씩이고, 계강자는 둘이다."[85)]

○ 去聲.

'제왕지치(帝王之治)'에서 '치(治 : 다스림)'자는 거성이다.

○ 趙氏曰 : "與帝王若合符節."[86)]

조씨가 말하였다. "제왕이 부절에 합하는 것과 같다."[87)]

○ '從政', 此章之題目.

'종정(從政 : 정사에 종사하다)'이 이 장의 제목이다.

---

84) 호광 편(胡廣 編), 『논어집주대전(論語集註大全)』「요왈(堯曰)」.

85) 제나라 경공 · 섭공 · 중궁 · 자로 · 자장 · 자하는 각기 하나씩이고, 계강자는 둘이다 : 『논어집주대전』「요왈(堯曰)」에는 "정치에 대해 물은 것이 『논어(論語)』에 있는 것으로는 제 경공 · 섭공이 각기 하나씩이고, 계강자가 모두 둘이며, 중궁 · 자로 · 자장 · 자하가 각기 하나씩이다. 공자가 답한 것으로 이와 같이 자세한 내용은 없다. 은혜롭게 함에는 허비하지 않음이 없고, 수고롭게 함에는 원망하지 않음이 없다. 하고자 하면 탐욕스럽게 되기 쉽고, 태연하면 교만하기 쉬우며, 위엄이 있으면 사납기 쉬운데, 지금 모두 그렇게 하지 않기 때문에 아름다운 것이다. 잔학해서 가르쳐 줌을 모르고, 포악해서 경계시킴을 모르며, 도적이어서 명령내림을 알지 못하고, 인색해서 주는 것을 모르니, 백성들의 부모가 된 경우에 어찌 차마 이와 같이 할 수 있겠는가? 이 때문에 나쁜 것이다.(問政見於論語者, 齊景公葉公各一, 季康子凡二, 仲弓子路子張子夏各一. 夫子答之, 未有如此章之詳者. 蓋惠未有不費, 勞未有不怨. 欲則易貪, 泰則易驕, 威則易猛, 今皆不然, 所以爲美也. 虐之而不知敎, 暴之而不知戒, 賊之而不知令, 吝之而不知與, 爲民父母者, 奚忍如是哉. 此所以爲惡也.)"라고 되어 있다.

86) 호광 편(胡廣 編), 『논어집주대전(論語集註大全)』「요왈(堯曰)」.

87) 제왕이 부절에 합하는 것과 같다 : 『논어집주대전』「위령공(衛靈公)」에는 "공자가 정치하는 방법을 논한 것이 여기보다 자세한 것이 없기 때문에 문인들이 취해서 앞 장의 뒤에 붙여 놨다. 공자가 정치하는 일은 제왕이 부절에 합하는 것과 같다.(孔子論爲政之方, 莫詳於此, 故門人取以附前章之後. 夫子之爲政, 蓋與帝王若合符節.)"라고 되어 있다.

[20-3-1]

子曰 : "不知命, 無以爲君子也,
공자가 말하였다. "명을 알지 못하면 군자가 될 방법이 없고,

朱註

程子曰 : "知命者, 知有命而信之也.
정자가 말하였다. "명(命)을 안다는 것은 명이 있음을 알아서 믿는다는 뜻이다.

詳說

○ 當考.
'정자왈(程子曰)'에서 '정자(程子)'는 동생 정이(程頤)인지 형 정호(程顥)인지 살펴보아야 한다.

○ 朱子曰 : "壽夭貴賤之命, 自有分定, 與知天命不同."[88]
'지명자(知命者 : 명(命)을 안다는 것은)'에 대해, 주자(朱子 : 朱熹)가 말하였다. "오래 살고 일찍 죽으며 귀하게 되고 천하게 되는 운명은 본래 분수대로 정해진 것이 있으니, '천명을 안다.'[89]라고 하는 말과는 같지 않다."[90]

○ 訓.
훈고이다.

○ 雲峰胡氏曰 : "夕死註亦云, '知而信者爲難.'"[91]
운봉 호씨(雲峯胡氏 : 胡炳文)가 말하였다. "'저녁에 죽어도 좋다.'[92]라는 구절의 주석에서 '알아서 믿는 것은 어렵다.'[93]라고 하였다."[94]

---

88) 호광 편(胡廣 編), 『논어집주대전(論語集註大全)』「요왈(堯曰)」.

89) 천명을 안다 : 『논어(論語)』「위정(爲政)」에 "쉰 살이 되어 천명을 알았다.(五十而知天命.)"라는 말이 있다.

90) 오래 살고 일찍 죽으며 귀하게 되고 …… 천명을 안다고 하는 말과는 다르다 : 『논어집주대전』「요왈(堯曰)」에는 "이것은 쉰 살이 되어 천명을 안다는 말과는 같지 않다. '천명을 안다.'라는 말은 그 이치가 어디에서부터 왔는지를 아는 것을 말하고, 여기에서 '명을 알지 못한다.'라는 것은 죽고 살며 오래 살고 일찍 죽으며 귀하게 되고 천하게 되는 운명을 말한다.(此與五十知天命, 不同. 知天命, 謂知其理之所自來, 此不知命. 是說死生壽夭貧富貴賤之命.)"라고 되어 있다.

91) 호광 편(胡廣 編), 『논어집주대전(論語集註大全)』「요왈(堯曰)」.

92) 저녁에 죽어도 좋다 : 『논어(論語)』「이인(里仁)」에서 "공자가 말하였다. '아침에 도를 깨달으면 저녁에 죽어도 괜찮다.'(子曰 : '朝聞道, 夕死可矣.')"라고 하였다.

朱註

人不知命, 則見害必避, 見利必趨, 何以爲君子."
사람들이 명(命)을 알지 못하면, 해로움을 보면 반드시 피하고 이로움을 보면 반드시 좇아갈 것이니, 어떻게 군자가 되었다고 하겠는가?"

詳說

○ 一無人字.
어떤 판본에는 '인부지명(人不知命)'에서 인(人 : 사람들이)'이라는 글자가 없다.

○ 去聲.
'필추(必趨)'에서 '추(趨 : 좇아가다)'자는 거성이다.

○ 雲峰胡氏曰 : "皆小人之爲."[95]
'견해필피, 견리필추(見害必避, 見利必趨 : 해로움을 보면 반드시 피하고 이로움을 보면 반드시 좇아갈 것이니)'에 대해, 운봉 호씨(雲峯胡氏 : 胡炳文)가 말하였다. "모두 소인이 하는 짓이다."[96]

○ 釋.
경문의 풀이다.

○ 朱子曰 : "首云, 不亦君子乎, 終云, 無以爲君子也. 此深有意, 蓋學者所以學爲君子."[97]

---

93) 알아서 믿는 것은 어렵다 : 『논어(論語)』「이인(里仁)」의 정자 주석에 "또 말씀하였다. "이는 모두 진실한 이치이니, 사람이 이것을 알아서 믿는 것은 어렵다. 죽고 사는 것도 큰 것이니, 진실로 얻는 것이 있지 않다면 어찌 저녁에 죽는 것을 괜찮다고 하겠는가?(又曰 : '皆實理也, 人知而信者爲難. 死生亦大矣, 非誠有所得, 豈以夕死爲可乎.')"라는 말이 있다.

94) '저녁에 죽어도 좋다.'라는 구절의 주석에서 '알아서 믿는 것은 어렵다.'라고 하였다 : 『논어집주대전』「요왈(堯曰)」에는 "정자는 '아침에 도를 깨달으면'에 대해 풀이하기를 '알아서 믿는 것은 어렵다.'라고 하였고, 여기에서도 '알아서 믿는다.'라는 것을 말하였으니, 알아서 믿지 않는다면 앎이 아직 이르지 않은 것이다. 앎이 아직 이르지 않았다면, ……(程子釋朝聞道, 謂知而信者爲難, 此亦謂知而信之者, 知而不信, 知之猶未至也. 知之猶未至, ……)"라고 되어 있다.

95) 호광 편(胡廣 編), 『논어집주대전(論語集註大全)』「요왈(堯曰)」.

96) 모두 소인이 하는 짓이다 : 『논어집주대전』「요왈(堯曰)」에는 "앎이 아직 이르지 않았다면, 이로움을 보면 반드시 좇아가고 해로움을 보면 반드시 피하니, 모두 소인이 하는 짓으로 군자가 되고 싶어도 할 수 있겠는가? 첫 편에서 '또한 군자가 아닌가!'라는 말은 이미 군자의 경지에 이른 것이고, 여기에서 '군자가 될 방법이 없다.'라는 말은 군자의 근본을 닦고 있는 것이다.(知之猶未至, 則凡見利必趨, 見害必避, 皆小人之爲也, 欲爲君子得乎. 首篇不亦君子乎, 是已到君子地位, 此曰無以爲君子也, 是方做君子根脚.)"라고 되어 있다.

주자(朱子 : 朱熹)가 말하였다. "첫 편에서는 '또한 군자가 아니겠는가?'[98]라고 하였고, 끝 편에서는 '군자가 될 방법이 없다.'라고 하였다. 여기에는 깊은 의미가 있으니, 배우는 사람들은 군자가 되기 위해 배우기 때문이다."[99]

○ 雲峰胡氏曰 : "首篇是已到君子地位, 此是方做君子根脚."[100]

운봉 호씨(雲峯胡氏 : 胡炳文)가 말하였다. "첫 편은 이미 군자의 경지에 이른 사안이고, 여기는 군자의 근본을 닦고 있는 상황이다."[101]

○ 爲字有方做意.

'하이위군자(何以爲君子 : 어떻게 군자가 되었다고 하겠는가)'에서 '위(爲 : ~하다)'라는 글자에는 '막 ~되다[方做]'는 의미가 있다.

○ 三無以也文勢, 亦與首篇三不亦乎, 相爲呼應.

세 번 '~할 방법이 없다[無以]'라고 한 어투가 또한 첫 편에서 세 번 '또한 ~가 아니겠는가[不亦]'[102]라고 한 것과 서로 호응한다.

---

97) 호광 편(胡廣 編), 『논어집주대전(論語集註大全)』「요왈(堯曰)」.

98) 군자가 아니겠는가 : 『논어(論語)』「학이(學而)」에서 "사람들이 알아주지 않더라도 서운해 하지 않는다면 군자가 아니겠는가?(人不知而不慍, 不亦君子乎.)"라고 하였다.

99) 첫 편에서는 '군자가 아니겠는가?' …… 군자가 되기 위한 것이기 때문이다 : 『논어집주대전』「요왈(堯曰)」과 『주자어류(朱子語類)』 권50, 「논어32(論語三十二)」, 8조목에는 "첫 편에서는 '사람들이 알아주지 않더라도 서운해 하지 않는다면 군자가 아니겠는가?'라고 하였고, 끝 편에서는 '군자가 될 방법이 없다.'라고 하였다. 여기에는 깊은 의미가 있으니, 배우는 사람들은 군자가 되기 위해 배우기 때문이다. 명을 알지 못한다면 군자가 되는 것을 이루지 못한다.(論語首云, 人不知而不慍, 不亦君子乎, 終云, 無以爲君子也. 此深有意, 蓋學者, 所以學爲君子. 若不知命, 則做君子不成.)"라고 되어 있다.

100) 호광 편(胡廣 編), 『논어집주대전(論語集註大全)』「요왈(堯曰)」.

101) 첫 편은 이미 군자의 경지에 이른 사안이고, 여기는 군자의 근본을 닦고 있는 상황이다 : 『논어집주대전』「요왈(堯曰)」에는 "모두 소인이 하는 짓으로 군자가 되고 싶어도 할 수 있겠는가? 첫 편에서 '또한 군자가 아닌가!'라는 말은 이미 군자의 경지에 이른 사안이고, 여기에서 '군자가 될 방법이 없다.'라는 말은 군자의 근본을 닦고 있는 상황이다.(皆小人之爲也, 欲爲君子得乎. 首篇不亦君子乎, 是已到君子地位, 此曰無以爲君子也, 是方做君子根脚.)"라고 되어 있다.

102) 또한 ~가 아니겠는가[不亦] : 『논어(論語)』「학이(學而)」에 "공자가 말하였다. '배우고 그것을 때때로 익히면 기쁨이 아니겠는가? 동지가 먼 지방으로부터 찾아온다면 즐거움이 아니겠는가? 사람들이 알아주지 않더라도 서운해 하지 않는다면 군자가 아니겠는가?'(子曰 : '學而時習之, 不亦說乎. 有朋自遠方來, 不亦樂乎. 人不知而不慍, 不亦君子乎.')"라는 세 구절을 말한다.

[20-3-2]

不知禮, 無以立也,
예를 알지 못하면 설 방법이 없고,

朱註

> 不知禮, 則耳目無所加, 手足無所措.
> 예를 알지 못하면 귀와 눈을 더할 곳이 없고 수족을 둘 곳이 없다.

詳說

○ 有釋無訓.
경문의 풀이는 있으나 훈고는 없다.

○ 雲峯胡氏曰 : "是形容無以立三字."[103)]
운봉 호씨(雲峯胡氏 : 胡炳文)가 말하였다. "'~할 방법이 없다'는 말을 형용한 것이다."

○ 此當與立於禮學禮乎兩章叅看.
이곳은 '입어례장(立於禮章)'[104)]과 '학례호장(學禮乎章)'[105)]을 함께 참고해서 봐야 한다.

[20-3-3]

不知言, 無以知人也."
말을 알지 못하면 사람을 알 방법이 없다."

---

103) 호광 편(胡廣 編), 『논어집주대전(論語集註大全)』「요왈(堯曰)」.

104) 입어례장(立於禮章) : 『논어(論語)』「태백(泰伯)」에서 "공자가 말하였다. '시(詩)에 흥기하고, 예(禮)에서 서며, 악(樂)에서 완성한다.(子曰 : '興於詩, 立於禮, 成於樂.')"라고 하였다.

105) 학례호장(學禮乎章) : 『논어(論語)』「계씨(季氏)」에서 "다른 날에 또 홀로 서 계실 때 내가 빨리 걸어 뜰을 지나는데, '예를 배웠느냐?' 하고 물으시기에 '못하였습니다.' 하고 대답하였더니, '예를 배우지 않으면 설 수 없다.' 하시므로 내가 물러 나와 예를 배웠습니다.(他日, 又獨立, 鯉趨而過庭, 曰 : '學禮乎.' 對曰 : '未也.' '不學禮, 無以立.' 鯉退而學禮.)"라고 하였다.

朱註

言之得失, 可以知人之邪正.

말의 잘잘못에 따라 사람의 간사함과 올바름을 알 수 있다.

詳說

○ 慶源輔氏曰 : "言心聲也."[106]

경원 보씨(慶源輔氏 : 輔廣)가 말하였다. "마음의 소리를 말한 것이다."[107]

○ 有釋無訓.

경문의 풀이는 있으나 훈고는 없다.

○ 雲峰胡氏曰 : "孟子'知言'本於此. 但孟子自言, 此爲學者言, 故『集註』之釋不同."[108]

운봉 호씨(雲峯胡氏 : 胡炳文)가 말하였다. "맹자의 '말을 안다.'[109]라는 말은 여기에 뿌리를 둔 것이다. 다만 맹자는 스스로 말한 것이고, 이곳은 학자들을 위해 말한 것이기 때문에 『맹자집주(孟子集註)』의 해석이 같지 않다.[110]"[111]

---

106) 호광 편(胡廣 編), 『논어집주대전(論語集註大全)』「요왈(堯曰)」.

107) 마음의 소리를 말한 것이다 : 『논어집주대전』「요왈(堯曰)」에는 "마음의 소리를 말한 것이다. 말의 잘잘못에 따라 사람의 간사함과 올바름을 알 수 있으니, 오직 사물에 나아가 이치를 궁구한 군자만이 할 수 있는 것이다.(言心聲也. 因言之得失, 可以知人之邪正, 惟格物窮理之君子, 能之.)"라고 되어 있다.

108) 호광 편(胡廣 編), 『논어집주대전(論語集註大全)』「요왈(堯曰)」.

109) 말을 안다 : 『맹자(孟子)』「공손추상(公孫丑上)」에서 "감히 묻겠습니다. '선생님께서는 어디에 장점이 있습니까?' 맹자가 답하였다. '나는 말을 알며, 나는 나의 호연지기(浩然之氣)를 잘 기르노라.'(敢問 : '夫子惡乎長.' 曰 : '我知言, 我善養吾浩然之氣.')"라고 하였다.

110) 『맹자집주(孟子集註)』의 해석이 같지 않다 : 『맹자(孟子)』「공손추상(公孫丑上)」의 『집주(集註)』에는 "'말을 안다.'라는 뜻은 마음을 다하고 성(性)을 알아서 모든 천하의 말에 그 이치를 궁구하고 지극히 하여, 그 시비득실이 그런 까닭을 알지 못함이 없는 것이다.(言者, 盡心知性, 於凡天下之言, 無不有以究極其理, 而識其是非得失之所以然也.)"라고 되어 있다.

111) 맹자가 '말을 안다.'라는 것은 …… 『맹자집주(孟子集註)』의 해석이 같지 않다 : 『논어집주대전』「요왈(堯曰)」에는 "맹자가 '말을 안다.'라고 한 말은 여기에 뿌리를 둔 것이다. 다만 『맹자집주(孟子集註)』에서는 '맹자가 말을 안다.'라는 것에 대해 '모든 천하의 말에 그 시비득실이 그런 까닭을 아는 것이다.'라고 풀이하였고, 여기에서는 '사람들의 간사함과 올바름을 알 방법이 없다.'라고 말한 것에 불과하다. 이곳은 학자들을 위해 말한 것이고 저것은 맹자 스스로 말한 것이니, 여기에서도 『집주(集註)』의 정밀함을 알 수 있다.(孟子知言之謂, 蓋本於此. 但『集註』釋孟子知言, 則曰凡天下之言, 識其是非得失之所以然, 而此不過曰無以知人之邪正. 此爲學者言, 彼則孟子自言也, 於此亦見『集註』之精.)"라고 되어 있다.

朱註

尹氏曰 : "知斯三者, 則君子之事, 備矣.

윤씨가 말하였다. "이 세 가지를 안다면 군자의 일이 갖추어진다.

詳說

○ 勉齋黃氏曰 : "知命, 知其在天者, 知禮, 知其在己者, 知言, 知其在人者."112)

면재 황씨(勉齋黃氏 : 黃幹)가 말하였다. "명을 안다는 말은 그것이 하늘에 있음을 아는 것이고, 예를 안다는 말은 그것이 자신에게 있음을 아는 것이며, 말을 안다는 말은 그것이 사람에게 있음을 아는 것이다."113)

朱註

弟子記此以終篇, 得無意乎. 學者少而讀之, 老而不知一言爲可用, 不幾於侮聖言者乎. 夫子之罪人也, 可不念哉."

제자들이 이 말씀을 기록하여 편을 마쳤으니, 어찌 깊은 뜻이 없겠는가? 배우는 사람들이 어려서부터 이 책을 읽고서도 늙어서 한마디 말도 쓸 만하다는 것을 알지 못한다면, 성인의 말씀을 모독하는 자에 가깝지 않겠는가? 공자에 대해 죄인이니, 생각하지 않을 수 있겠는가?"

詳說

○ 終其篇.

'제자기차이종편(弟子記此以終篇 : 제자들이 이 말씀을 기록하여 편을 마쳤으니)'은 편을 마쳤다는 말이다.

---

112) 호광 편(胡廣 編), 『논어집주대전(論語集註大全)』「요왈(堯曰)」.

113) 명을 안다는 말은 그것이 하늘에 있는 것을 …… 사람에게 있음을 아는 것이다 : 『논어집주대전』「요왈(堯曰)」에는 "명을 안다는 말은 그것이 하늘에 있음을 아는 것이고, 예를 안다는 말은 그것이 자신에게 있음을 아는 것이며, 말을 안다는 말은 그것이 사람에게 있음을 아는 것이다. 하늘을 알면 이로움과 해로움이 바깥에서 움직일 수 있지 않게 된 다음에 자신을 닦을 수 있다. 예를 알면 의미가 안에서 길러진 다음에 사람들을 살필 수 있다. 하늘을 알고 자신을 모르면 반드시 하늘에 편안할 수 없고, 자신을 알고 사람들을 모르면 반드시 자신에게 보탤 수 없다.(知命, 知其在天者, 知禮, 知其在己者, 知言, 知其在人者. 知天, 則利害不能動乎外, 而後可以修諸己. 知禮, 則義理有以養乎內, 而後可以察諸人. 知天而不知己, 未必能安乎天, 知己而不知人, 未必能益乎己.)"라고 되어 있다.

○ 去聲

'학자소(學者少)'에서 '소(少 : 어리다)'자는 거성이다.

○ 音祈.

'불기어모성언자호(不幾於侮聖言者乎)'에서 '기(幾)'자는 음이 '기(祈 : 빌다)'이다.

○ 見「季氏」.

'불기어모성언자호(不幾於侮聖言者乎 : 성인의 말씀을 모독하는 자에 가깝지 않겠는가)'와 관련된 내용이 『논어(論語)』「계씨(季氏)」에 보인다.114)

○ 學者以下, 是通全書而言, 卽「序說」所云使, 是不曾讀之意. 而罪念二字, 有足使人惕然動心者矣.

'학자소이독지(學者少而讀之)'의 '학자(學者 : 배우는 사람)들이' 아래로는 전체 책을 통괄해서 말했으니, 바로 『논어집주(論語集註)』「서설(序說)」에서 '곧 읽지 않은 것이다.'라고 말한 의미이다.115) 그런데 '죄인이니 생각하지 않을 수 있겠는가?'라는 말에는 무섭게 마음을 움직이는 것이 있다.

○ '君子', 此章之題目.

'군자(君子)'가 이 장의 제목이다.

---

114) 『논어(論語)』「계씨(季氏)」에 보인다 : 『논어(論語)』「계씨(季氏)」에서 "소인은 천명을 알지 못하여 두려워하지 않고, 대인을 함부로 대하며 성인의 말씀을 업신여긴다.(小人, 不知天命而不畏也, 狎大人, 侮聖人之言.)"라고 하였다.

115) 『논어집주(論語集註)』「서설(序說)」에서 '곧 읽지 않은 것이다.'라고 말한 의미이다 : 『논어집주(論語集註)』「서설(序說)」에 "정자가 말하였다. '지금 사람들은 책을 읽을 줄 모른다. 예를 들면 『논어(論語)』를 읽었을 때, 읽기 전에도 이러한 사람이고, 읽고 난 뒤에도 또 이러한 사람일 뿐이라면, 곧 읽지 않은 것이다.'(程子曰 : '今人, 不會讀書. 如讀論語, 未讀時, 是此等人, 讀了後, 又只是此等人, 便是不曾讀.')"라는 말을 가리킨다.

연구번역자 소개

신창호(申昌鎬)

현) 고려대학교 교수
고려대학교 박사(동양철학/교육사철학 전공)
고려대학교 교육문제연구소 소장
한국교육철학학회 회장·한중철학회 회장
「『중용』 교육사상의 현대적 조명」(박사학위논문), 『유교의 교육학 체계』 외 다수의 논문·번역·저서가 있음

김학목(金學睦)

현) 고려대학교 연구교수
건국대학교 박사(한국철학 전공)
해송학당 원장(동양학·사주명리 강의)
「박세당의 『신주도덕경』 연구」(박사학위논문), 『한국주역대전』 외 다수의 논문·번역·저서가 있음

윤원현(尹元鉉)

전) 고려대학교 연구교수
私立中國文化大學 박사(朱子哲學 전공)
한중철학회 회장
「從朱子思想中之天人架構闡論其義理脈絡」(박사학위논문), 『성리대전』 외 다수의 논문·번역·저서가 있음

조기영(趙麒永)

현) 고려대학교 연구교수
연세대학교 박사(한문학 전공)
서정대 교수·연세대국학연구원 연구원
「하서 김인후 시 연구」(박사학위논문), 『한국시가의 정신세계』 외 다수의 논문·번역·저서가 있음

김언종(金彦鍾)

현) 고려대학교 명예교수
國立臺灣師範大學(韓國經學 전공)
한국고전번역원 이사·고전번역학회 회장
「丁茶山論語古今注原義總括考徵」(박사학위논문), 『(역주)시경강의』 외 다수의 논문·번역·저서가 있음

임헌규(林憲圭)

현) 강남대학교 교수
한국학중앙연구원 박사(동양철학 전공)
동양고전학회 회장
「유가의 심성론 연구 – 맹자와 주희를 중심으로」(박사학위논문), 『공자에서 다산 정약용까지 – 유교 인문학의 동서철학적 성찰』 외 다수의 논문·번역·저서가 있음

허동현(許東賢)

현) 경희대학교 교수
고려대학교 박사(한국근대사 전공)
경희대학교 학부대학 학장·한국현대사연구원 원장
「1881년 조사시찰단 연구」(박사학위논문), 『한국의 국가 형성과 민주주의』 외 다수의 논문·번역·저서가 있음

논어집주상설 연구번역 연구진

연구책임자

신창호(고려대학교)

전임연구원	공동연구원
김학목(고려대학교)	김언종(고려대학교)
윤원현(고려대학교)	임헌규(강남대학교)
조기영(고려대학교)	허동현(경희대학교)
	박성빈(고려대학교, 전산)

논어집주상설 10

초판발행 2019년 8월 25일

지은이 박문호
책임역주 신창호
공동역주 김학목 · 윤원현 · 조기영 · 김언종 · 임헌규 · 허동현
펴낸이 노현

편 집 문선미
표지디자인 BEN STORY
제 작 우인도 · 고철민

펴낸곳 ㈜ 피와이메이트
서울특별시 금천구 가산디지털2로 53 한라시그마밸리 210호(가산동)
등록 2014. 2. 12. 제2018-000080호
전 화 02)733-6771
f a x 02)736-4818
e-mail pys@pybook.co.kr
homepage www.pybook.co.kr
ISBN 979-11-90151-15-3 94140
979-11-90151-05-4 (세트)

정 가 19,000원 (세트 210,000원)